集合住宅の音に関する紛争予防の基礎知識

Technical Knowledge about Dispute Prevention
on Sound Insulation in Multiple Dwelling House

日本建築学会

ご案内
本書の著作権・出版権は㈠社)日本建築学会にあります．本書より著書・論文等への引用・転載にあたっては必ず本会の許諾を得てください．
Ⓡ〈学術著作権協会委託出版物〉
本書の無断複写は，著作権法上での例外を除き禁じられています．本書を複写される場合は，㈠社)学術著作権協会（03-3475-5618）の許諾を受けてください．

　　　　　　　　　　　　　　　　　　一般社団法人　日本建築学会

集合住宅の音に関する紛争予防の基礎知識

目　次

序章　本書の刊行目的…………………………………………………………………………… 1

第1編　基本事項と性能評価・表示

第1章　対象となる音源の種類と特徴………………………………………………………… 5
- 1.1　空気伝搬音と固体伝搬音 …………………………………………………………… 5
- 1.2　屋外騒音源 ……………………………………………………………………………… 5
  - 1.2.1　道路騒音・市街地騒音 ………………………………………………………… 5
  - 1.2.2　鉄道騒音・地下鉄騒音 ………………………………………………………… 6
  - 1.2.3　建設工事騒音 …………………………………………………………………… 6
- 1.3　屋内騒音源 ……………………………………………………………………………… 6
  - 1.3.1　生　活　音 ……………………………………………………………………… 6
  - 1.3.2　設備機器発生音 ………………………………………………………………… 10

第2章　音響性能評価尺度と評価量………………………………………………………… 12
- 2.1　性能の表記方法に関する解説 ……………………………………………………… 12
- 2.2　遮音性能基準による基本的音響性能の評価量 …………………………………… 12
  - 2.2.1　遮音性能評価指標の基本的考え方 …………………………………………… 12
- 2.3　遮音性能基準による音響性能の評価方法 ………………………………………… 13
  - 2.3.1　居室間空気音遮断性能の評価量 ……………………………………………… 13
  - 2.3.2　外周壁（窓サッシ）の評価量 ………………………………………………… 16
  - 2.3.3　床衝撃音遮断性能の評価量 …………………………………………………… 17
  - 2.3.4　室内静ひつ性能の評価量 ……………………………………………………… 19
- 2.4　住宅性能表示制度による性能表示方法 …………………………………………… 22
  - 2.4.1　空気音遮断性能 ………………………………………………………………… 23
  - 2.4.2　床衝撃音遮断性能 ……………………………………………………………… 24

第3章　住戸内の音環境に対する居住者反応・評価……………………………………… 27
- 3.1　住戸内における音環境の居住者評価 ……………………………………………… 27
  - 3.1.1　居住者の音環境性能に関する満足度 ………………………………………… 27
  - 3.1.2　住宅購入時における音環境に関する説明内容 ……………………………… 29
- 3.2　音響（遮音）性能と居住者の生活実感 …………………………………………… 31
  - 3.2.1　生活実感による音響（遮音）性能の表現方法 ……………………………… 32

3.2.2　床衝撃音に対する評価規準と生活実感との対応 ················· 33
3.3　生活実感による床衝撃音遮断性能の表現 ···························· 35

第2編　設計目標値設定上の留意点

第4章　設計目標値の設定 ··· 38
4.1　設計目標値設定の背景 ·· 38
4.1.1　音響性能水準としての適用等級 ···································· 38
4.1.2　要求値と要求水準 ·· 39
4.2　音響性能設計目標値 ·· 44
4.2.1　住戸間の空気音遮断性能 ·· 44
4.2.2　自住戸内の室間遮音性能 ·· 44
4.2.3　上下階住戸間の床衝撃音遮断性能 ································ 46
4.2.4　下階住戸を音源室，上階住戸を受音室とした場合の床衝撃音遮断性能 ··· 46
4.2.5　コンクリート躯体床（素面）の床衝撃音遮断性能 ········ 46
4.2.6　共用通路・共用階段と近接住戸間の床衝撃音遮断性能設計目標値 ······ 47
4.2.7　床仕上げ構造の床衝撃音レベル低減量 ························· 47
4.2.8　住宅性能表示制度試験ガイドライン ···························· 52
4.2.9　屋外からの透過音による室内静ひつ性能 ····················· 52
4.2.10　設備機器，管路系発生音による室内静ひつ性能 ········ 53
4.2.11　開口部衝撃音，落下音による室内静ひつ性能 ············ 53
4.2.12　他住戸からの歩行音による室内静ひつ性能 ··············· 53
4.2.13　共用施設に対する住戸の基本的音響性能 ··················· 54

第5章　音響性能目標値に対する遮音設計方法 ·································· 55
5.1　道路騒音・市街地騒音・鉄道騒音などの屋外騒音を対象とした遮音設計方法 ····· 55
5.1.1　建物の配置計画による設計上の対応 ···························· 55
5.1.2　音源となる道路騒音・市街地騒音の把握 ····················· 55
5.1.3　鉄道騒音の測定 ·· 62
5.1.4　外周壁の遮音設計の方法 ·· 62
5.2　内部騒音源に対する遮音設計方法 ······································· 69
5.2.1　住戸間の遮音設計の方法 ·· 69
5.2.2　音源強度と受音室の室内静ひつ性能の設計目標値からの界壁構造の選定 ··· 69
5.2.3　室間音圧レベル差（D）による界壁構造の選定 ··········· 74
5.3　上下階住戸間界床の床衝撃音遮断性能の設計方法 ·············· 75
5.3.1　床衝撃音遮断設計の基本的な考え方 ···························· 75
5.3.2　床衝撃音遮断設計の方法 ·· 77

5.4 地下鉄・鉄道軌道からの固体音を対象とした遮断設計方法 ················· 81
　5.4.1 計画敷地における振動加速度レベルの把握 ························· 81
　5.4.2 設計目標値の設定 ··· 82
　5.4.3 鉄道軌道・地下鉄軌道からの固体音遮断設計方法 ··················· 82
5.5 共用・専有設備機器の発生音（振動）を対象とした遮音設計方法 ········· 87
　5.5.1 共用設備諸室と住戸居室間の遮音設計 ····························· 87
　5.5.2 共用設備機器に対する遮音設計時の留意事項 ······················· 88
　5.5.3 個々の共用設備機器を対象とした設計時の留意事項 ················· 89
　5.5.4 専有設備機器を対象とした遮音設計時の留意事項 ··················· 92
　5.5.5 設備機器等からの固体音の遮断設計方法 ··························· 94

第6章　音響性能の検証方法 ·· 96

6.1 音響性能検証方法の基本的な考え方 ··································· 96
6.2 空気音遮断性能の検証方法 ··· 96
　6.2.1 空間性能と部位性能 ··· 96
　6.2.2 居室間，特定場所間の空気音遮断性能の測定方法 ··················· 97
6.3 窓サッシの遮音性能の検証方法 ······································· 102
　6.3.1 測定方法の種類 ··· 102
　6.3.2 測定時の共通事項 ··· 102
　6.3.3 内部音源法による測定方法 ······································· 103
　6.3.4 実騒音を音源とする測定方法 ····································· 104
6.4 床衝撃音遮断性能の検証方法 ··· 105
　6.4.1 標準重量衝撃源導入の経緯 ······································· 106
　6.4.2 上下階住戸間の床衝撃音遮断性能の測定方法 ······················· 112
　6.4.3 コンクリート躯体床での床衝撃音遮断性能中間試験 ················· 117
6.5 室内静ひつ性能の検証方法 ··· 118
　6.5.1 室内静ひつ性能の測定方法 ······································· 118
6.6 L数，N数とA特性音圧レベルの関係 ··································· 120
6.7 規準化・標準化 ··· 122
　6.7.1 規準化・標準化の意味 ··· 122
　6.7.2 日本建築学会"遮音性能基準"の規準化・標準化との関わり ·········· 124

第7章　音響性能に関する目標値設定・設計・施工・監理上の問題 ············· 126

7.1 音響性能の設計目標値設定上の責任 ··································· 126
　7.1.1 設計業務一般における契約上の注意義務 ··························· 126
　7.1.2 依頼者の要求に沿って設計条件を合理的に設定する注意義務 ········· 126

7.1.3　遮音設計における不法行為上の注意義務……………………………………127
　7.2　施工者の責任 …………………………………………………………………………128
　7.3　工事監理者の責任 ……………………………………………………………………128
　7.4　売主の責任 ……………………………………………………………………………128
　7.5　音響性能に関する基準，規準，規格と事業者，設計者との責任上の関わり ……129
　　7.5.1　建築基準法により規定されている音響性能と設計者・施工者・監理者の責任………129
　　7.5.2　住宅品確法を基に設定された音響性能と設計者・施工者の責任……………129
　　7.5.3　日本建築学会推奨基準を基に設定された音響性能と設計者・施工者・監理者の
　　　　　責任…………………………………………………………………………………131

第3編　苦情・紛争発生時の対応

第8章　集合住宅の音の不具合に関する電話相談………………………………………132
　8.1　「住まいるダイヤル」における電話相談の状況 ……………………………………132
　8.2　音の不具合に関する電話相談の傾向 ………………………………………………132
　　8.2.1　音の不具合の種類と発生部位………………………………………………132
　　8.2.2　音の不具合と苦情申し立ての相手方………………………………………133
　　8.2.3　音の不具合に対して希望する解決方法……………………………………134
　8.3　音の不具合に関する主な電話相談事例 ……………………………………………134
　8.4　建物の遮音性能に関する苦情と欠陥・瑕疵 ………………………………………136
　　8.4.1　欠陥と瑕疵……………………………………………………………………136
　　8.4.2　建物の遮音性に関する紛争事例……………………………………………138
　　8.4.3　居住者の生活方法と苦情との関わり………………………………………139
　8.5　音響性能に関する紛争時の基本的対応 ……………………………………………140
　　8.5.1　居住者からの苦情と音響的不具合…………………………………………140
　　8.5.2　苦情等の申し立てがあった場合の対応……………………………………141

第9章　外壁・界壁の透過音（空気音）に関わる苦情発生の要因と対応………………144
　9.1　外周壁に関わる苦情発生要因と対応 ………………………………………………144
　　9.1.1　外周壁に入射する音響負荷量設定の過誤…………………………………144
　　9.1.2　壁付換気口の遮音性能および換気口からの透過音に対する配慮不足…145
　　9.1.3　窓サッシの公称遮音性能と実建物での遮音性能の乖離…………………147
　9.2　界壁・隔壁に関わる苦情発生要因と対応 …………………………………………150
　　9.2.1　内装工法特有の遮音欠損に関わる苦情要因………………………………150
　　9.2.2　遮音性能に対する要求水準が高いことによる苦情………………………155
　　9.2.3　界壁の迂回路伝搬音による遮音性能低下が要因となる苦情……………156
　　9.2.4　自住戸内の隔壁の居室間透過音によるプライバシー低下が要因となる苦情…………157

  9.2.5 玄関扉の遮音性能に関わる苦情 ……………………………………………………… 158

第10章 床衝撃系生活音・開口衝撃音に関わる苦情の要因と対応 ……………………… 160
 10.1 上下階住戸居室からの歩行音に関わる苦情発生の要因と対応 ……………………… 160
  10.1.1 上階住戸からの歩行音に関わる苦情 …………………………………………… 160
  10.1.2 下階住戸からの歩行音に関わる苦情 …………………………………………… 161
 10.2 共用部での歩行音に関わる苦情発生の要因と対応 …………………………………… 163
  10.2.1 共用階段からの歩行音に関わる苦情 …………………………………………… 163
  10.2.2 共用廊下からの歩行音に関わる苦情 …………………………………………… 164
  10.2.3 共用通路からの歩行音に関わる苦情 …………………………………………… 165
 10.3 その他の床衝撃系生活音に関わる苦情発生の要因と対応 …………………………… 167
  10.3.1 子供室からの玩具の落下音による苦情 ………………………………………… 167
  10.3.2 浴室からの物の落下音による苦情 ……………………………………………… 168
  10.3.3 浴室からの浴槽ふた開閉音，ワイパーによる壁面拭取り音に関わる苦情 ………… 169
  10.3.4 台所回りからの家事作業時の固体音に関わる苦情 …………………………… 170
 10.4 開口衝撃音に関わる苦情発生の要因と対応 …………………………………………… 171
  10.4.1 扉・引戸の開閉音に関わる苦情 ………………………………………………… 171
 10.5 その他の生活系固体音に関わる苦情発生の要因と対応 ……………………………… 172
  10.5.1 ハンガーを掛ける音による苦情 ………………………………………………… 172

第11章 建築設備機器等による発生音に関わる苦情の要因と対応 ……………………… 174
 11.1 給排水音に関わる苦情の要因と対応 …………………………………………………… 174
  11.1.1 給水管路系からの固体音による苦情 …………………………………………… 174
  11.1.2 汚水排水管からの固体音による苦情 …………………………………………… 175
  11.1.3 台所排水管からの固体音による苦情 …………………………………………… 175
  11.1.4 トイレ排水管からの固体音による苦情 ………………………………………… 176
  11.1.5 放尿時の固体音に関わる苦情 …………………………………………………… 177
 11.2 家庭用専有設備機器音に関わる苦情の要因と検証 …………………………………… 179
  11.2.1 専有ガス熱源機器稼動音による苦情 …………………………………………… 179
 11.3 共用設備機器音に関わる苦情の要因と対応 …………………………………………… 180
  11.3.1 給水ポンプ，排水ポンプ等の固体音による苦情 ……………………………… 180
  11.3.2 汚水ポンプからの固体音による苦情 …………………………………………… 181
  11.3.3 排気ダクトからの固体音による苦情 …………………………………………… 182
  11.3.4 変圧器等の電気設備機器からの騒音による苦情 ……………………………… 183
  11.3.5 機械式立体駐車施設の稼動音による苦情 ……………………………………… 185
 11.4 その他の建築設備機器系発生音に関わる苦情の要因と対応 ………………………… 186

11.4.1	管路系の熱伸縮による発生音による苦情	186
11.4.2	天井懐内で生じた異音による苦情	188

11.5 建設部材の熱伸縮による発生音に関わる苦情の要因と対応 ································ 189
  11.5.1 型枠セパレータの熱伸縮に伴う発生音に関わる苦情 ···················· 189

第12章 苦情の発生に伴う音響測定時の留意点 ································ 191
12.1 苦情に伴う測定時の基本的な考え方 ································ 191
12.2 空気音遮断性能に関する障害を対象とした測定 ································ 192
12.3 床衝撃音遮断性能に関する障害を対象とする測定 ································ 192
12.4 設備機器・施設に対する音響的不具合を対象とした測定 ································ 193
12.5 生活音による不具合を対象とした測定 ································ 194
12.6 苦情の発生による騒音源特定のための測定事例 ································ 194

第4編 訴訟事例の解説

第13章 裁判例 ································ 202
13.1 隣戸からの透過音に関する裁判例 ································ 202
13.2 外周壁からの透過音に関する裁判例 ································ 202
13.3 床衝撃音に関する裁判例 ································ 203
13.4 設備機器稼動音に関する裁判例 ································ 204

第5編 集合住宅の音響性能について理解を深めるための用語解説

第14章 基礎的音響関連用語の説明 ································ 225
14.1 音の性質 ································ 225
14.2 dB尺度による表示 ································ 231
14.3 A特性音圧レベル（A-weighted sound pressure level） ································ 234
14.4 オクターブバンド音圧レベルからA特性音圧レベルへの換算 ································ 239
14.5 音響技術用語 ································ 240
14.6 遮音と吸音 ································ 242
  14.6.1 遮音 ································ 242
  14.6.2 吸音 ································ 246
14.7 振動関連用語 ································ 250

本書作成関係委員 (2016年3月)
-五十音順・敬称略-

司法支援建築会議運営委員会

委員長　　上谷宏二
委　員　　安達俊夫　　有馬　賢　　池永博威　　井上勝夫　　宇於崎勝也　　大森文彦
　　　　　小野徹郎　　加藤信介　　苅谷邦彦　　神田　孜　　後藤伸一　　　坂本　功
　　　　　重村　力　　杉山義孝　　鈴木秀三　　仙田　満　　左　知子　　　深尾　仁
　　　　　桝田佳寛

普及・交流部会

部会長　　井上勝夫
幹　事　　宇於崎勝也
委　員　　安達俊夫　　飯田恭一　　石原沙織　　一瀬賢一　　中澤真司　　　眞方山美穂
　　　　　宮内靖昌　　山田雅一　　山本康友

集合住宅の音環境に係る建築紛争と対策編集小委員会

主　査　　井上勝夫
幹　事　　大川平一郎　河原塚透　　冨田隆太　　中澤真司
委　員　　青木　稔　　天川恭一　　植垣勝裕　　大森文彦　　桑野園子　　　田中　学
　　　　　平光厚雄　　安岡正人

執筆者

序章　　井上勝夫
1章　　大川平一郎　　井上勝夫
2章　　大川平一郎　　井上勝夫　　平光厚雄　　冨田隆太
3章　　井上勝夫
4章　　大川平一郎　　井上勝夫　　天川恭一　　中澤真司
5章　　大川平一郎　　井上勝夫　　中澤真司
6章　　大川平一郎
7章　　大森文彦　　　田中　学
8章　　井上勝夫　　　青木　稔　　大川平一郎
9章　　大川平一郎　　中澤真司　　天川恭一　　河原塚透
10章　　大川平一郎　　中澤真司　　天川恭一　　河原塚透
11章　　大川平一郎　　中澤真司　　天川恭一　　河原塚透
12章　　大川平一郎　　井上勝夫
13章　　井上勝夫　　　冨田隆太
14章　　大川平一郎　　井上勝夫　　桑野園子

集合住宅の音に関する紛争予防の基礎知識

序章　本書の刊行目的

　本書は，集合住宅内の音環境に関する苦情やトラブルの未然防止，さらには紛争に至ってしまった場合の早期解決に資することを目的としている．集合住宅の供給の流れである企画・設計・施工・販売・入居を対象に，入居後，居住者からの音に関するトラブルの発生および防止，対策という視点から，トラブルの内容・原因・責任・対応方法についてまとめたものである．とくに消費者（入居者，住宅購入予定者）に対して，建築の企画から販売に至る流れの中で，住宅供給者側が音環境性能（遮音性能）を設定，確保して行く過程や技術的対処方法，音響性能の検査方法，検査結果の判断方法など，専門的な対応方法・内容を理解してもらうことを重視しているので，音響的不具合発生時に役立つものと考えている．

　ところで，分譲集合住宅や賃貸集合住宅は建築物としては1つのものであるが，その中に存在する各住戸は独立した「商品」として扱われる．しかし，住戸を構成する床や壁などは当然隣接する他住戸との共有部分であり，建物の構造的安全性をも確保する重要な建築要素である．このように考えると，集合住宅購入者が個人所有する「商品」とは何か？それは区分された空間（内装仕上げ材は含まれるが）と言うことになる．したがって，「商品」の品質として，仕上げ材料の品質はもちろん，「空間性能」は重要な要素になる．この「空間性能」は居住者の感覚によって判断されるものが多く，それを左右する物理的要因も多く関係してくる．

　一般の商品の場合には，購入時にその品質を容易に確かめることができ，場合によっては，クーリングオフの制度が効力を発揮するが，集合住宅の場合には，試しに一度住んでみて性能を実感し，納得するためのいわゆる「試住」なる試みは難しいため，購入前や購入時に入居後の空間性能の品質を実感し納得することは困難な場合がある．とくに「音響性能」の品質については，入居者からの苦情申し立て項目の多くが，住戸間の遮音性能に関与することから，たとえ「試住」が可能であったとしても，少なくとも対象となる住戸の上下左右に隣接する住戸に居住者が入居し生活している状態でないと，入居後の音環境性能を確認することはできない．また，居室空間の音環境性能の評価は，人によって，また同じ人でも置かれた立場によって大きく変化するものである．

　住空間の音環境性能は，騒音レベル（A特性音圧レベル）などの値によって評価されるが，通常，建築性能として表現されることが多く，それは建物の「音の遮断能力」の大小によって表されることとなり，性能や品質の程度を理解するのが難しくなっている．すなわち居住者が受ける音の大小は，発生音の強度と建物の遮断能力によって決定されるから，同じ遮断能力を有する建物（住戸）でも，隣接住戸の居住者の住まい方，すなわち発生音の大小によって問題が発生したり，発生しなかったりする．それゆえ，入居後のトラブルを少しでも回避するためには，供給者側（専門家）が住戸の販売時にいかに対象住戸の音響性能をわかりやすく説明し，購入者が生活実感として理解・納得できるようにするかが重要なのである．この流れが不十分である現状を考えると，少なくとも，建物の音響性能としての遮断能力について正確に表示・説明されることが必要なのである．要するに，入居後の苦情や紛争の発生防止に重要なことは，住戸の販売時に供給者側が遮音性能について十分な説明責任を履行することであり，住宅購入者が居住時に性能を実感として理解し納得できる

ような説明を行うということである．

住宅購入者が性能を理解し，納得するためには，性能の表示方法をまず理解することが必要である．前述したように，現状での住戸の音響性能を表示する方法としては，「音の強度の絶対値による方法」と「音の侵入・透過に対する部位の遮断能力（相対値）」を用いる2種類の方法がある．通常，集合住宅の音響性能は「部位の遮断性能」で行われており，その程度は「音を遮断する度合」として表現され，日本建築学会提案の遮音性能基準[1]（以下，本書では単に「遮音性能基準」と表現する場合もある）や住宅の品質確保の促進等に関する法律（以下，住宅品確法という）の住宅性能表示制度に導入されている「等級」などが用いられている．しかし，居住者は，通常居室空間内に侵入する音の大小によって判断する場合が多く，「部位の遮断性能」による表現は，なかなか理解されない．そのため，「空間内の音の大小」と「部位の遮断性能」の関係を購入者に十分説明しておかないと混乱を招くことになる．なお，ここで示す「空間内の音の大小」とは，空間内の音環境状態を騒音レベルの数値などで表現する場合を言い，「部位の遮断性能」とは，壁や床における空気音遮断性能，床衝撃音遮断性能など，遮断する能力として表現される性能を言う．

また，現状の集合住宅における音関連の訴訟事件をみると，音環境性能を問題にしているのに，争点となる音源が特定されていなかったり，音の強度や遮断性能などの物理的な値が明確にされないまま争われている事例もかなりある．住空間の発生音強度の大小を問題にするにしても，遮音性能の不足を問題にするにしても，紛争解決の基本として，数値によって実態を表した上で，それを基にして争議に付されるべきと考える．集合住宅の場合，音に関する苦情の発生は，種々の要因・条件が絡みあってのことと思われるが，最近，とくに音・振動関係のトラブルが目立ってきており，住空間への要求が，「品質向上・確保」に定着してきた感がある．

集合住宅の企画から設計，建設，竣工，入居・生活に至るまでの一連の流れの中で，音に関する不具合やトラブルの発生原因となる項目を関連づけて表現すると図A.1のようになる．この図で示すように，トラブル等の発生原因は，企画，設計に関するものから施工，監理，販売に関するものまで多種多様である．そこで，本書は，図の流れを考慮しつつ，内容構成を「基本事項」⇒「評価尺度と表示」⇒「設計・施工・監理の実態と問題点」⇒「苦情発生の実態・対応」⇒「訴訟の実例」・「専門用語の理解のための解説」と理解しやすいようにした．

本書の内容の概略を示すと，以下のようになる．

第1編（第1章～第3章）は，集合住宅の音環境に関わる苦情やトラブルの発生・防止を考える上での基本事項として，「音の種類・特性の把握」「音響性能評価法の内容と根拠」についてわかりやすく解説した．本編により，音に対する苦情やトラブルとなる音源の種類，特徴を知ることができ，さらに，建築物の音に対する性能を表す「評価尺度」や「評価基準」を理解することができる．

第2編（第4章～第7章）は，集合住宅の設計・施工・監理の実状と問題点を「遮音性能」の面からまとめて紹介，解説したものであり，「遮音設計目標値の設定方法」「遮音設計方法」「性能の検証方法」「設計・施工・監理上の問題」の実態が理解されるであろう．本編では，設計目標値設定上の留意点等が示されており，トラブル発生原因にまで言及していることから，設計目標値の設定は現在どう行われているか，どうあるべきかを知ることができる．また，現場において設計目標

値の検証方法も詳しく示しているので，消費者の方々にも参考になるところが多いであろう．とくに本編では建築の工程を理解し，各工程での性能確保（達成）のための留意点を知ることができる．

　第3編（第8章〜第12章）は，苦情やトラブルが発生した時の対応方法について，「音に関する不具合や苦情の発生状況」，「苦情の発生要因および対応方法」，「苦情の発生原因としてとくに多い固体音系の音に対する要因および対応方法」，「苦情発生時の音響測定方法」などの解説をわかりやすく行っている．本編により苦情やトラブルの内容と実態を把握することができ，それらへの対応方法の実情も理解することができる．また，苦情やトラブル発生時の物理的状況を把握するための音響測定法について留意点まで記述されているので，不具合発生時には参考となるところが多いであろう．

　第4編（第13章）は，集合住宅における音関連の民事訴訟事件の判例を紹介したものである．本章では，集合住宅における訴訟事件として代表的な事例を紹介したもので，各判例には音響分野からみた視点の解説も記載した．判例数は全体で15件紹介しており，種類としては「隣戸間の透過音に関する事件」，「外部騒音に対する建物の遮音に関する事件」，「上下階の床衝撃音に関する事件」，「設備機器の稼動音に関する事件」の4種類を挙げている．判例数は十分とは言えないが，頻繁に発生している事件を集約しているため，同種のトラブル発生時には参考となるものと考える．

　第5編（第14章）は，本書における音響性能や物理的現象の説明が理解できるように基礎的な専門用語の解説をまとめたものである．本書を読まれるにあたって，有効に利用し，内容の理解に役立てていただきたい．

　以上のように，本書は，消費者・居住者に音に関するトラブルの発生原因や予防方法を理解していただくことを目的としている．そのために設計者，施工者，販売者など，建物の音響性能を左右する各業種の役割，相互の関連性および責任等について解説するとともに，紛争の法的判断に関わる基本的な考え方も記述した．とくに建物の音響性能について，設計目標としての設定性能と設計目標を達成するための技術的対応方法，消費者（入居予定者）・居住者の要求，設計性能値の確認方法，性能値と生活実感との対応等についても解説した．

　本書を手にされる読者の方々には，集合住宅の音環境性能の向上，性能確保のための技術的対応方法の実態を理解していただき，音響的不具合（トラブル）の発生を予防するための一助となることを願うものである．

日本建築学会

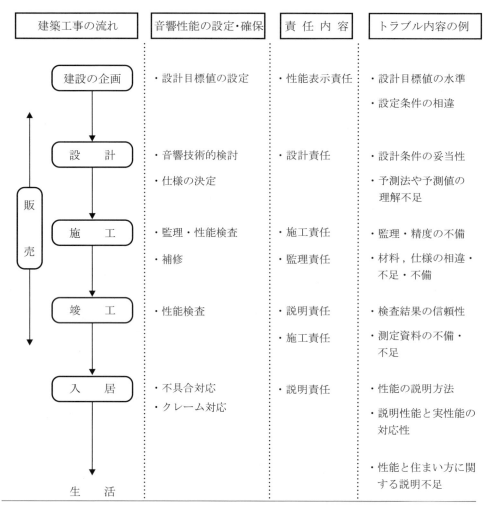

図 A.1　集合住宅建設のフローとトラブルの発生

引用・参考文献

1) 日本建築学会編：建築物の遮音性能基準と設計指針　第二版，技報堂出版，1997

第1編　基本事項と性能評価・表示

第1章　対象となる音源の種類と特徴

1.1　空気伝搬音と固体伝搬音

　集合住宅の音響性能に関する検討では，居住者に影響を及ぼす要因となる屋外の騒音や，住戸内外での生活行為に伴って生じる騒音，住戸内設備機器や共用部設備機器等の稼動音等に着目する必要がある．これらの騒音は，伝搬機構の違いによって空気伝搬音（空気音）と固体伝搬音（固体音）とに大別され，対象となる騒音が空気音なのか固体音なのかの違いによって設計や対策の考え方が大きく異なることから，設計時には十分な配慮が求められる．

　空気音は，例えば，屋外の騒音が空気中を伝わり建物の外壁面や開口部を透過して居室内に達する音，あるいはある居室から隣接する居室内に達する音など，一般にはこのような伝搬の形式によって生じるものである．

　固体音は，建物の躯体構造であるコンクリートや鉄骨を伝搬してきた振動によって，居室内の壁面や天井面等が励振され，室内に放射される音をいう．固体音の例を挙げれば，外廊下を歩く，あるいは階段を昇降する際の靴音，室内での歩行音，引戸・ふすまを開閉する音，水道の流水音，浴室での桶の落下音などがある．とくに共用設備である機械式立体駐車施設，駐輪機，汚水ポンプ・排水ポンプ，空調機器などの設備機器稼動音・作動音は，必ずといってよいほど設計時の対策対象項目に取り上げられている．また，鉄道軌道・地下鉄軌道における列車走行時の発生振動は，固体音の発生源として影響が大きい．また，ピアノの演奏は空気音の発生源として問題となるばかりでなく，ピアノ脚部から床に伝わる振動によって，固体音の発生源としても無視できない．

　鉄筋コンクリート造の集合住宅は壁面や床面等の構造躯体の質量が大きいために，構造躯体を透過する空気音の遮音については有利といえるが，一方で振動を伝えやすいため固体音については，建物の広い範囲に影響を及ぼすと考えた方がよい．

1.2　屋外騒音源

1.2.1　道路騒音・市街地騒音

　窓サッシや換気口などを含む外周壁の遮音設計時に，屋外騒音源として対象とされる主たるものは，自動車やバイクなどの走行による道路騒音である．道路騒音の建物に対する音響負荷は，車種，速度，台数また道路条件などによって異なる．このような道路騒音を遮音設計のための音源として用いる場合，それをどのように調査し，その結果をどのように利用するかは簡単ではなく，調査方法，調査結果の利用方法を統一しておくことが必要である．

　また，公園での子供の遊ぶ声，校庭や幼稚園・保育園の庭での子供の声なども，集合住宅計画時に騒音源として取り上げられる傾向が強くなっている．最近では，小学校，中学校での運動会における野外スピーカからの音までもが苦情の対象となる，というようなことも聞かれるようになって

きた．このような音が生活環境の中でどこまで許容されるのか討議される中で，一方には道路騒音とは同一に取り扱えないとする考えもあり，許容の程度を明らかにするのは容易ではない．また，昨今では，設計対象の騒音源となることはないが，入居後には鳥かごの小鳥のさえずりや，軒先の風鈴の音なども近隣騒音や生活音として苦情の対象になることもあり，管理規約などでペットの飼育や風鈴等の使用に制限を加える集合住宅も見受けられる．

このような騒音源は対策や評価の上で対象音として特定することができるが，大きな都市などでは，音源が特定されることなく，町全体が騒々しい状態となっている．これは一般的に都市騒音などと表現されることが多く，建築設計時において対象敷地周辺にとくに騒音源が存在しない場合でも，外部騒音負荷として考慮しなければならない．例えば，東京都心の場合では，昼間の時間帯においてかなり高いビルの屋上付近でも60～70 dBA程度の騒音状態にあるのが普通である．

1.2.2 鉄道騒音・地下鉄騒音

鉄道騒音は，列車通過時に発生する空気音だけが対象ではなく，鉄道軌道で発生した振動が地中を伝搬して建物に入射し，それが音として居室内に放射される固体音も問題になる．とくに地下鉄軌道の場合は，振動源となる地下鉄車輌の走行が見えないので，軌道で発生した振動による固体音だけが居室で聞こえるということになる．居室内で発生する固体音が地下鉄車輌の走行によるものであることがはっきりと認識される場合は，それが小さな音であっても問題視されることが多い．

1.2.3 建設工事騒音

建設工事に伴う騒音は，集合住宅計画時に遮音設計上の騒音源として取り上げられることはない．ただし，既存の集合住宅の周辺で工事が行われるような場合は問題視されることが多い．

建設工事騒音の発生は，工事中に限定された一過性の特徴を有するものの，発生音が大きい場合が多かったり，時間特性に特徴を示すことから，既存の集合住宅居住者による苦情の発生や，さらには紛争にまで発展することもある．

1.3 屋内騒音源

1.3.1 生活音

集合住宅の日常生活の中には各種の楽器が入り込んでおり，その演奏音は住棟内に限らず近隣の住棟・住戸にも影響を与える可能性が大きい．しかしながら，これらの演奏音は，居住者より音楽練習室設置などの特別の要求があった場合を除き，設計時に遮音設計の音源として対象とされることはない．

集合住宅計画時に遮音設計の対象とされる屋内騒音源には，上階を中心とする隣接住戸からの歩行音をはじめとして，空調機器・洗濯機・乾燥機・ガス給湯熱源機などの家庭用専有設備機器の稼動音，テレビ・ラジオの音，電話の話し声，給排水音，窓・扉・引戸の開閉に伴う開口衝撃音など生活に伴って発生する音がある．

このような家庭用専有設備機器の稼動音，生活音に対する居住者の反応はそれを聞く人それぞれによって異なり，また時代の変化も無関係ではない．例えば，昭和30年～40年代の集合住宅で苦情の対象となった騒音は，給排水騒音が主なものであったが，最近では，「上階住戸での歩行音」

とされるものが多い．これらの発生音は，隣接する住戸に影響を与えるばかりでなく，家族がそれぞれ個室を持つようになった昨今では，自分の家の中でも苦情の申し立てがあり，自住戸内においても遮音設計が必要となる事例も少なからずある．

しかし，生活音または生活騒音と呼ばれるこれらの音の種類は多く，音を聞いただけで音源が何であるのかを居住者は特定することは難しい場合が多い．例えば，ドンドンといった衝撃音に対する苦情では，ほとんどの場合にはその対象を子供の飛び跳ね音や歩行音などとしてしまうが，実際はそうでない場合も相当数ある．このような生活音といわれる苦情の対象となった騒音源について，多くの調査事例からそれを分類して示すと次のようなものがある．

1）床衝撃系の生活音

集合住宅の下階住戸，あるいは隣接住戸で音が聞こえたとして，居住者より苦情申し立ての対象となった生活音のうち，床衝撃音の範疇に入るものをまとめると図 1.1 のようになる．これらの騒音源は，苦情の申し立ての段階では音源が特定されていることは少なく，歩行音を除いてほとんどの場合は，苦情の申し立てにより実施する音響性能測定の段階で明らかにされることが多い．

図 1.1 に示した床衝撃音の範疇に入る床衝撃系の生活音は，発生音の程度，周波数特性，時間特性などは異なるが，大別して示せば次のような特徴を持っている．

a）歩行音

上階住戸での歩行による下階住戸における発生音，いわゆる歩行音（足音）は，苦情の中でとくに指摘される割合が多い．歩行音に対する苦情の申し立ては，「上階の人の足音が聞こえる」「子供の走り回る音が聞こえる」「歩く位置がはっきりわかる」など具体的に音源を特定して指摘されることが多い．また，前に住んでいた建物では足音などは聞こえなかったとして，新しく入居した集合住宅に問題があるといった形の指摘をされることも多い．

歩行音は，ある間隔をもって連続的に下階または上階，隣接住戸で発生するもので，その発生音の程度は歩き方，成人か子供か，またスリッパなどの室内履をはいているかどうかによっても異なる．したがって，歩行音の他住戸への影響を客観的な値として，また，他の建物との比較が可能な値として表示するためには，歩行による衝撃力特性と対応した衝撃源を考案して用いるか，JIS に規定される標準衝撃源を用いるかのいずれかの方法になるが，いずれにしても，JIS A 1418-1，-2 に規定された標準衝撃源による床衝撃音レベルの測定値とを対応させて考察することが必要となる．

また，歩行音に対する苦情の場合は，居住者より実歩行による発生音の測定を求められることが多い．実歩行による発生音の測定は居住者にとっては理解しやすいものであるが，安定した衝撃力を得ることが難しく，他の住戸における測定結果と比較することができないなど，客観的な値を得るための測定方法としては問題があるため，その測定結果の取扱いには注意が必要である．

b）移動音

主として椅子の移動によるもので，その発生音は大きく 2 つに分けることができる．1 つは

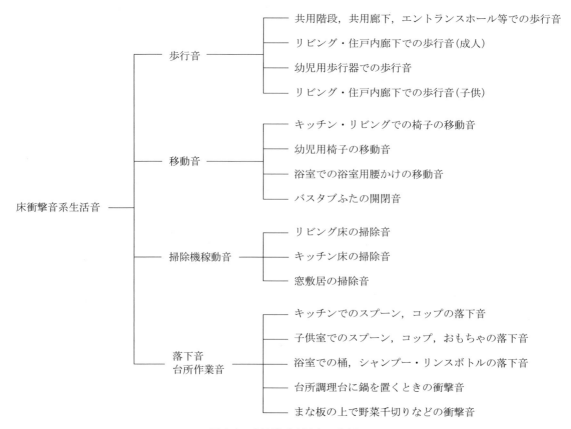

図1.1 床衝撃系生活音の分類

下部に車のついたスツールの移動，もう1つは，椅子の脚が床面に衝突したときの音，あるいは引きずり時に発生する音である．これらの音は，音源が特定されることはほとんどなく，子供の走り回り，子供の飛び跳ねなど子供の動きに起因するものといわれることが多い．

また，浴室での浴用腰掛けの引きずり音も問題になるが，苦情の申し立て時に浴室での腰掛けの移動によるものとして特定されていることはほとんどなく，上階から夜中に物音が聞こえるとのみ指摘されることが多い．

c) 掃除機使用時の発生音

掃除機の使用に伴って発生する騒音の他住戸への影響は，床部分を掃除しているときではなく，掃除機のヘッドが巾木部分に衝突したときに発生する衝撃音，掃除機本体が敷居などを通過するときや引き回し時の衝撃音，掃除に伴う部屋の引戸・扉などの開閉音によるものがほとんどである．また，例としては少ないが，掃除機のヘッドをノズル状のものに替えて窓サッシの敷居部分を掃除しているときの衝撃音もある．

d) 落下音・台所家事作業音

床に何らかの物を落としたときに，階下などの住戸で発生する音を落下音と呼ぶが，落下音も聞いただけでは何の落下によるものかを特定することは難しく，スプーン，フォークなど金属製のものや箸などが落下した場合を除いて，ほとんどの場合，その落下音は似たような音に

聞こえ，表現として子供の飛び跳ね，走り回りなど子供の行動に起因する音とされてしまう．子供に関連したものに幼い子供の遊びによる玩具の落下音なども苦情として指摘されることがある．

また，落下音とは若干異なるが調理などの家事作業に伴って発生する音，例えばまな板の上で野菜をきざむ音，鍋ややかんを流し台の上に置くなどの家事作業によって発生する固体音もある．

2) 開口衝撃音（開閉音）

開口衝撃音は，扉，引戸，ふすま，窓サッシ，吊戸棚扉の開閉，流し台引出しの開閉などによって発生する衝撃音を言い，図1.2のように分類できる．開口衝撃音は，音を発生している自住戸内でも問題にされることがあるが，ほとんどの場合，苦情の対象となるのは隣接住戸の居室に伝搬した音である．この種の騒音の場合も苦情発生時に音源が特定されていることは少ない．

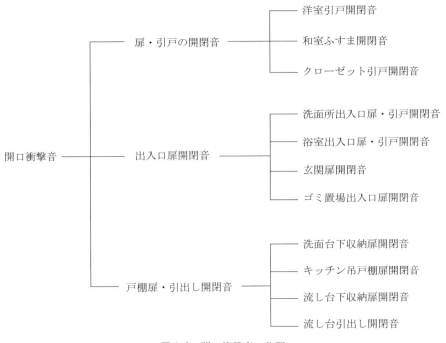

図1.2　開口衝撃音の分類

a) 扉，引戸，ふすま等の開閉音

扉，引戸，ふすま等の開閉が音源となる場合，発生する音の大きさは，戸などを閉めるときに戸と枠の間で発生する衝撃力に依存する．引戸・扉にドアチェック機構，ブレーキ機構などが取り付けてあれば，扉，引戸の衝撃時の速度を調整することができるので，衝撃時の速度を遅くし開閉時の衝撃力を小さくすることによって，発生音を抑えることができる．一方，そのような機構をもたない扉，引戸，ふすまでは，開閉によって開閉音が生じ，その発生音の程度は開閉の仕方によって異なる．現在のところ，扉，引戸，ふすま等の開閉衝撃音の測定では，規定された開閉方法がないため，通常の使用状態での開閉を対象として測定が行われることが

多い．

b）吊戸棚扉，流し台下収納部扉の開閉，引出しの開閉音

　隣接住戸の台所と接して居室があるような平面計画の場合には，音源が特定されて吊戸棚扉，引出しの開閉音などが聞こえるとの苦情が発生することがある．

　この場合も，扉の閉め方・引出しの閉め方など閉める速度によって開閉音の大きさは異なる．

3）空気伝搬音系の生活音

　空気伝搬音系の生活音が苦情の対象となることは少なくなっているが，図1.3に示すような種類の音は苦情の対象となっている．中でも共用廊下が建物内側に設けられた高層集合住宅の場合は，廊下からの歩行音，話し声が居室内で聞こえる，また逆に住戸内の声が廊下で聞こえるなどの苦情が目立つようになっている．

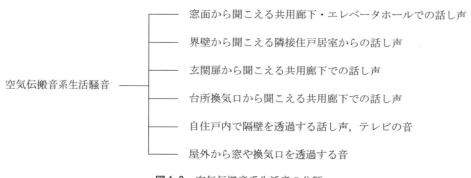

図1.3　空気伝搬音系生活音の分類

1.3.2　設備機器発生音

1）給排水音

　給排水時の騒音として対象とされるものは，図1.4に示すようにトイレ，台所，浴室等における給排水時の発生音が主たるものである．

　この種の騒音の他住戸への伝搬は，建物の平面計画が大きく影響する．例えば，対象とする住戸の直上や斜め上の階，あるいは隣接住戸のトイレ，浴室，台所が対象とする住戸の居室に接して設置されていると，暗騒音レベルにも関係するが，洋風便器への放尿音も聞こえてしまうということになる．とくに便器排水音，放尿音の場合は，対象とする住戸の居室内で測定されたレベルが小さくとも騒音への嫌悪感があり，苦情の対象となりやすい．

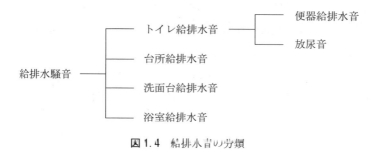

図1.4　給排水音の分類

2) 家庭用専有設備機器発生音

家庭用設備機器を騒音源として捉えたとき，まず挙げられるのは給湯・暖房用ガス熱源機，食洗機，洗濯機，ディスポーザ，空調室外機の稼動音である．これらは，いずれも他住戸への影響を考えたときの騒音源であるが，最近では自住戸内においても騒音源として取り上げられ，対策を求められるようになってきた．また，24時間換気による換気騒音は，苦情にまでは至らないが居住者の不満は少なくない．

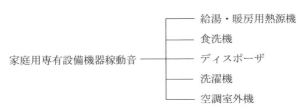

図1.5　家庭用専有設備機器発生音の事例

3) 共有設備機器発生音

図1.6に示すように，機械式立体駐車施設，給水ポンプ，排水ポンプ，汚水ポンプ，エントランスの自動ドア，エレベータ，共有部用空調室外機等の稼動音，駐輪機作動音が騒音源として主なるものである．

共有設備の稼動・作動による発生音は，生活音とは異なり，居室内において聞こえない程度にまでの対策をするのが一般的である．やむを得ず聞こえる状態になったとしても，その値は，対象室の静かなときの暗騒音レベルより小さくなるようにする必要がある．

また，汚水ポンプ，雨水ポンプ等については，稼動回数が少ないことを理由に遮音設計の対象とされないことが多いが，稼動時には特定の周波数成分が卓越する騒音が発生し，耳障りな音として苦情の対象となりやすい．

共有設備機器の発生音として大きいものに非常用発電機，消火ポンプがあるが，これらの機器の稼動は非常時で，非常時以外は定期的に点検のために稼動するだけなので，問題視されることは少ない．例えば，スプリンクラー用ポンプの定期点検は1年に1回であり，たとえ聞こえたとしても，事前に点検のことが知らされていれば，苦情の対象となることはほとんどない．ただし，スプリンクラー用ポンプの場合は，配管内の圧力が何らかの原因で下がると，期間，時間等に関係なく補助ポンプが自動的に稼動するので，補助ポンプからの固体音が苦情の対象となることがある．

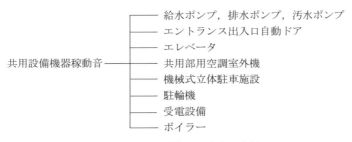

図1.6　共用設備機器発生音の事例

第2章 音響性能評価尺度と評価量

集合住宅の基本的音響性能に関する評価量として代表的なものに，日本建築学会編「建築物の遮音性能基準と設計指針［第二版］」に示された"遮音性能基準"[2-1]によるものと，平成12年（2000年）4月に施行された住宅の品質確保の促進等に関する法律[2-2]（通称 住宅品確法）で規定された「住宅性能表示制度」によるもの[2-3], [2-4]がある．通常，この2つのいずれかを採用して設計目標値を設定し，設計が実施されている．

2.1 性能の表記方法に関する解説

床衝撃音遮断性能や室間遮音性能などの性能表記方法として，日本建築学会の遮音性能基準や日本工業規格，関係法規等では同じ性能であっても異なった記号が用いられているので，最初にそれらの性能について記号の対応を示しておく．添え字等が異なっても同じ性能を表す場合が多いので，混乱しないように注意していただきたい．本書では，可能な限り統一した記号を用いることとするが，法律に基づく表記については，変更して表記を行うと混乱するため，そのままの記号を用いているので表2.1を参照の上，利用していただきたい．

表2.1 本書で用いている各種性能の記号と他の記号の対応

表記項目	本書での記号	日本建築学会の遮音性能基準	日本工業規格	その他
音響透過損失	TL	TL	R_r	R_r：住宅品確法 透過損失：基準法
空気音遮断性能	D	D	D_r	
重量床衝撃音遮断性能	L_H	L	$L_{i,Fmax,r}$	$L_{i,r,H}$：住宅品確法
軽量床衝撃音遮断性能	L_L	L	$L_{i,r}$	$L_{i,r,L}$：住宅品確法
騒音レベル （A特性音圧レベル）	L_A	dBA または L_A	$L_{p,A}$	A特性音圧レベル または dBA：一般的な表現
音響パワーレベル	L_W	L_W	L_W	

2.2 遮音性能基準による基本的音響性能の評価量

集合住宅に求められる基本的な音響性能として，(1)室間の遮音性能，(2)床衝撃音遮断性能，(3)室内静ひつ性能の3つの性能がある．

2.2.1 遮音性能評価指標の基本的考え方

遮音性能を表示する方法は，室間の遮音性能値とするか，聞こえる，気になる，うるさいなど居住者の判断に直接結びつく表現または根拠とした値とするか，遮音性能値の捉え方によって異なったものとなる．現状では，前者の立場が採用されて居室間の固有の遮音性能値が指標とされている．

1) 室間の遮音性能に対する評価量

何らかの音源がある居室を音源室としたとき，音源室内の音圧レベルは，音源の音響出力と音

源室の等価吸音面積（吸音力）とによって定まる．また，音源室に隣接する居室を受音室としたとき，受音室内の音圧レベルは，音源室内の音圧レベルと室間界壁の音響透過損失，音が透過する界壁面積，受音室の等価吸音面積によって求められる．そして音源室と受音室との室内音圧レベルの差をとることにより，音源室の音響出力とは無関係な建物固有の遮音性能指標としての室間音圧レベル差を得ることができる．

しかし，建物の居住者の判断に直接結びつくのは，音源室からの透過音による室内音圧レベルそのものであり，界壁の音響透過損失や音源室と受音室間との室間音圧レベル差とは異なる．したがって，室間音圧レベル差を評価値にする場合，音源となる住戸居室での発生音をどのように捉えるかが問題となる．音源室内での日常生活における発生音レベルは一義的に定めにくく，統計的に取り扱う必要があり，仮に各種音源について統計的にそれが設定されたとしても，個々の音源条件を集合住宅の設計に取り込んでいくのは不可能に近い．そのため，遮音性能の度合いを表現する方法として，音源室の音源種類，音響特性とは無関係に表示できる室間音圧レベル差が建物の基本的音響性能を表示する指標として採用されている．

2）床衝撃音遮断性能に対する評価量

床衝撃音については，衝撃力を一定とした衝撃装置（衝撃源）を用いて評価する方法が採用されているため，規定された標準衝撃源による受音住戸内での発生音レベル（床衝撃音レベルという）を建物の基本的音響性能を表示する指標として採用されている．

3）室内静ひつ性能に対する評価量

基本性能となる室内静ひつ性能については，対象居室内への透過音，室内発生音による室内音圧レベルそのものが建物の音響的基本性能を表示する指標として採用されている．

2.3 遮音性能基準による音響性能の評価方法

2.3.1 居室間空気音遮断性能の評価量

1）評価尺度

集合住宅の遮音性能の表現方法としては，発生音の大きさや強度などを評価するものではなく，音を遮断する能力を物理的な値で評価する室間音圧レベル差による方法が導入されている．

集合住宅の戸境壁（界壁）を介した居室間，同一住戸内の間仕切壁を介した居室間などの遮音性能を評価する尺度としては，現状では，"遮音性能基準"に規定された図2.1に示す音圧レベル差に関する遮音等級の基準周波数曲線を用いる方法が，広く社会的に統一された形で用いられている．

このうち，D-30からD-60までの基準曲線は，JIS A 1419-1（建築物及び建築部材の遮音性能の評価方法－第1部：空気音遮断性能）の附属書にも規定されている．また基準曲線の周波数特性は，建築基準法に定められた長屋または共同住宅の界壁に対する透過損失の基準値（125 Hz：25 dB，500 Hz：40 dB，2000 Hz：50 dB）を結び，2000 Hz以上の周波数帯域を平坦にした形となっている．ただし，JISでは2000年の改正にあたって，4000 Hz帯域の値を省略している．なお，"遮音性能基準"では基準曲線の表現を"D"と表記しているが，JIS A 1419-1では"Dr"となっ

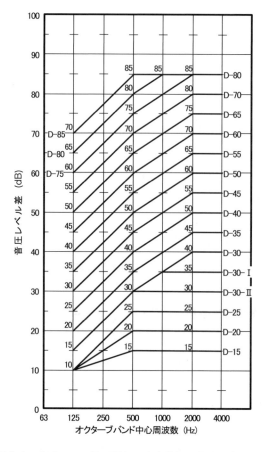

図 2.1　音圧レベル差に関する遮音等級の基準周波数特性

ている．本書では，"遮音性能基準"の表現と合わせて"D"と表記する．
2）評価尺度の成り立ち
　図2.1に示した遮音等級の基準周波数特性は，多数の集合住宅での遮音性能実測値，また，居室への透過音についての苦情発生状況と壁構造との関係について集積された多くの資料を基に検討された結果を基にしている．
　評価曲線は苦情が発生していない壁構造の遮音特性が，いずれもオクターブバンド[*1)]あたり5～7.5 dB程度の傾斜で連続的に上昇し，125 Hz，250 Hz等の周波数帯域においての共鳴透過や2000 Hz帯域，4000 Hz帯域でのコインシデンス効果[*2)]，すき間の影響と考えられる落ち込みがないのが特徴であるところから，それらの実際の遮音特性にできるだけ合うように定められたものである．なお，2000 Hz帯域以上をオクターブ5 dBの勾配でそのまま延長した形とするか，平坦にした形とするかについては，聴感試験を行って検討し，遮音性能がD-35以上の性能をもつ場合には，ほとんど両者の差が確認できなかったことから，2000 Hz帯域以上の基本周波数特性は平坦とされている．なお，上付き文字 *1), *2) については，14章の14.1 8），14.6.1 2）を参照していただきたい．

また，D-30未満の基準周波数特性については，遮音性能の低い窓サッシや建具類を有する隔壁などへの適用が予想される．そこで，窓などの遮音性能の実測調査を行った結果，すき間に依存する周波数特性を示し，500 Hz 帯域以上での遮音欠損が大きく，平坦な周波数特性を有する遮音性能になる傾向とから，それらに対応づけた基準周波数特性で近似させることが実態をよく反映するとした．図2.1を見ると，D-30の性能ランクが，D-30，D-30-Ⅰ，D-30-Ⅱと3つに分類されているが，この変化は，窓等のすき間の発生が多い遮音性能を壁等の遮音性能に連続させるために設定した基準曲線である．

　一方，D-80を超える高性能な基準周波数特性は，500 Hz 以下の低周波数帯域における性能に差があれば，必然的に500 Hz を超える周波数領帯域では D 曲線に見合う性能が確保されること，さらには，高周波数域で85 dB を超える性能検査は，現場ではかなり難しい場合が多いことなどの理由から，85 dB を室間音圧レベル差の上限として設定したものである．

3）基準曲線の利用法

　基準曲線に測定結果を当てはめて遮音性能評価量としての遮音等級を求める方法は，基準曲線に室間音圧レベル差の測定値をプロットして，その値がすべての周波数帯域において，ある基準曲線を上回るとき，そのときの最大の基準曲線の呼び方により遮音等級を表す．設計値（計算値）の遮音等級を求めて評価を行う場合も，測定値の場合と同様に行う．

　ただし，実建物での測定値を評価する場合は，測定精度などから考えて基準曲線に対して各周波数帯域で2 dB を許容して当てはめてよいことになっているが，設計値（計算値）に対してはこの2 dB の許容は適用されないので，留意しておく必要がある．

　基準曲線の測定値または設計値の当てはめ方の事例を図2.2に示した．基準曲線への測定値（計算値）の当てはめ方については，

　a．すべての周波数帯域で上回る条件，すなわち，いずれかの周波数帯域で基準曲線に接したときの値で評価・表示する方法（接線法あるいは接点法）

　b．基準曲線を下回る量を正，上回る量を負として，そのエネルギー和をとる方法

の2つの方法が考えられるが，"遮音性能基準" では安全側であり，単純な方法を採用するという立場から a. に示した方法が採用されている．この遮音等級は5 dB ピッチで求め D 値というのに対し，D 数という表現は1 dB ピッチで評価を行った場合である．D 数の場合は2 dB の許容は認められていない．図2.2中の測定例1の場合，D 曲線に沿って周波数別に D 数を読み取ると，4000 Hz 帯域の数値が最も小さく D-44 となるので，D 値としては D-45 と評価する．また，測定例2の場合は，同様に D 曲線に沿って周波数別の D 数を読み取ると，125 Hz 帯域の値が最も小さく D-41 となるので，D 値としては D-40 と評価する．

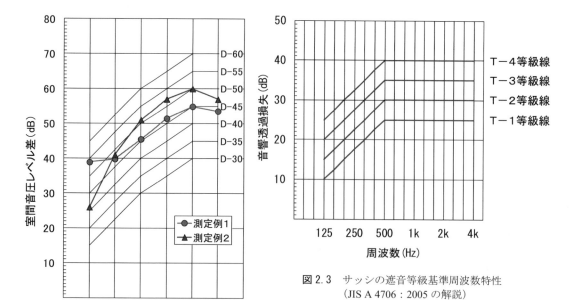

図 2.2 室間音圧レベル差の基準曲線への当てはめ方の例

図 2.3 サッシの遮音等級基準周波数特性
　　　（JIS A 4706：2005 の解説）

2.3.2 外周壁（窓サッシ）の評価量

建物の外周壁は，外壁，窓サッシ・扉，換気口などからなる．各部位からの居室への屋外からの透過音の影響は，通常は窓サッシの影響が一番大きい．この窓サッシの遮音性能の評価量としては，JIS A 4706：2015（サッシ）では，図 2.3 に示す T 等級を定めている．なお，T 等級は，防音サッシに対してのみ適用される．言い換えると，T-1 等級以上の遮音性能を有するサッシが防音サッシとなる．また，遮音性能の T 等級による表記は 2000 年の改正時に取り入れられたもので，それ以前の JIS では，T-1 等級を Ts-25 と，T-2 等級を Ts-30 と，T-3 等級を Ts-35 と，T-4 等級を Ts-40 と表していた．

JIS A 4706 の関連規格として，JIS A 1430：2009（建築物の外周壁部材及び外周壁の空気音遮断性能の測定方法）がある．この規格は，外周壁部材および外周壁の空気音遮断性能を測定するために，部材法および全体法の測定方法を規定している．

部材法は，窓などの外周壁部材の準音響透過損失を求めるのに用いられ，全体法は，外周壁の総合的な遮音性能としての内外音圧レベル差を求めるための方法である．

なお，JIS A 1430 を任意の現場に適用しようとすると，測定時の条件が適合しない場合が多く，測定結果をもって性能を評価することは難しい場合が多いので，注意する必要がある．

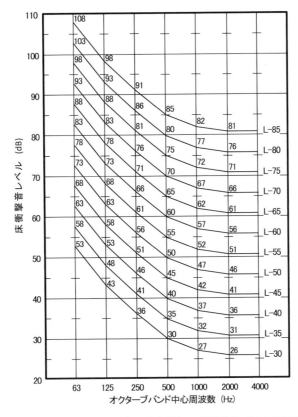

図 2.4　床衝撃音レベルに関する遮音等級の基準曲線（日本建築学会）

2.3.3 床衝撃音遮断性能の評価量

1）遮音等級による評価量

　床衝撃音とは，人の歩行，物の落下，物の移動などによる床への衝撃によって床構造が振動し，下階をはじめとする隣接住戸内に放射される音のことを言う．遮音性能基準に規定されている床衝撃音レベルに関する基準曲線（図 2.4）は，騒音の基本的な評価方法として国際的に広く用いられている騒音計（サウンドレベルメータ）の A 特性補正曲線を逆にした曲線である．この基準曲線を用いた評価は，現在では床衝撃音レベルを評価する方法としてわが国に定着している．なお，"遮音性能基準"では基準曲線の表現を"L"と表記しているが，JIS A 1419-2 では"Lr"となっている．本書では，"遮音性能基準"の表現と合わせて"L"と表記する．

　一方，国際規準への整合化の名の下に改定された JIS A 1419-2:2000（建築物及び建築部材の遮音性能の評価方法－第 2 部：床衝撃音遮断性能）で規定された評価方法は，標準軽量衝撃源（タッピングマシン）による床衝撃音レベルの典型的な周波数特性に合わせて作られた ISO 曲線を用いるものであり，"遮音性能基準"の基準曲線を用いた評価方法との対応については，今後の検討が必要になる．

2）基準曲線の利用方法

　床衝撃音レベルの遮音等級基準曲線から遮音等級を求める方法は，図 2.4 に示した遮音等級基

準曲線に，床衝撃音レベルの測定値をプロットして，音圧レベル差の場合とは逆に，その値がすべての周波数帯域である基準曲線を下回るとき，各基準曲線に付けられた最小の基準曲線の呼び方により遮音等級を表す．ただし，実際の建物で性能検査のために測定を行った場合には，測定精度等から考えて，各周波数帯域での測定値は，基準曲線を 2 dB 上回ることが許容されているが，設計値（計算値）を当てはめて遮音等級を求める場合は，基準曲線を 2 dB 上回る値によって評価することは許容されていない．

　基準曲線への当てはめ方の例を図 2.5 に示す．通常，居室間の空気音遮断性能の場合と同様に床衝撃音遮断性能の場合も遮音等級は 5 dB ピッチで求め L 値というのに対し，L 数は 1 dB ピッチで評価を行った場合の表現方法である．図 2.5 の例では，測定例 1 の重量床衝撃音の測定例の場合，L 数が 63 Hz 帯域で最大となり 53 であるから，L 値は L-55 と評価する．また，測定例 2 の軽量床衝撃音の測定例では L 数が 500 Hz 帯域で最大となり 51 であるから，L 値は L-50 と評価する．なお，重量床衝撃音遮断性能を L_H-○○，軽量床衝撃音遮断性能を L_L-△△ と表示して区別する場合もあり，本書でもそのように表現している．

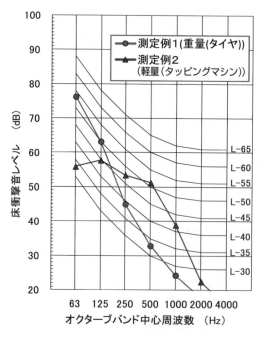

図 2.5　床衝撃音レベルの基準曲線への当てはめ方の例

3) A 特性音圧レベルによる評価

　床衝撃音レベルに関する遮音等級の基準周波数特性を用いて求めた L 数と A 特性音圧レベル（騒音レベル）による測定値は，図 2.6 に示すように比較的良く対応する．この結果を利用して集合住宅の竣工時における音響性能検証のための測定では，遮音等級を求めるための各周波数帯域ごとの音圧レベルを測定しないで，A 特性音圧レベルの値のみを測定し，その値から遮音等級を求め，音響性能値をチェックする方法も用いられている．ただし，この方法では，L 数と A

特性音圧レベルは必ずしも1対1の対応とはならない事例が多くの測定資料によって明らかにされているので，周波数帯域ごとに測定した結果から遮音等級を求める方法とA特性音圧レベルから遮音等級を求める方法のどちらの方法を採用して評価するかは，測定前に測定依頼者と協議しておく必要がある．

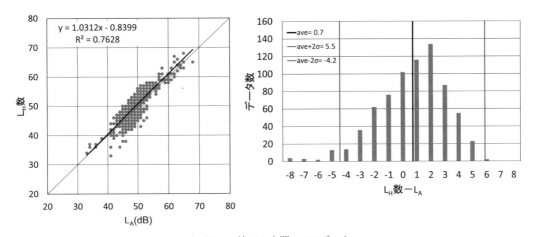

タイヤ L_H 竣工＋中間：729 データ

図2.6(a)　A特性床衝撃音レベル L_A とL数の関係（重量床衝撃音）

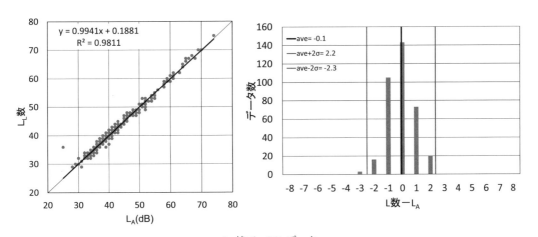

L_L 竣工：361 データ

図2.6(b)　A特性床衝撃音レベル L_A とL数の関係（軽量床衝撃音）

2.3.4 室内静ひつ性能の評価量
1）騒音等級による評価

　集合住宅の居室内で発生する，あるいは居室内に透過・伝搬して生じる室内騒音の評価は，通常，遮音性能基準に規定された騒音等級により行う．騒音等級の基準曲線は，図2.7に示すように床衝撃音と同様に逆A特性を用いている．ただし，N-30以下の基準曲線については，騒音のうるささというよりも，どの程度聞こえるかが評価されることになるので，実際の各種室内騒音の聴感上の評価との対応について，今後さらに検証して行く必要がある．

2) 基準曲線の利用方法

室内騒音レベルの騒音等級 N を求める方法は，室内騒音のオクターブバンド音圧レベル測定値を図 2.7 に示す騒音等級の基準曲線にプロットして，その値がすべての周波数帯域である基準曲線を下回るとき，その最小の基準曲線の呼び方により騒音等級を表すこととしている．ただし，実建物における測定の場合は，測定精度等から考えて，各周波数帯域の測定値は基準曲線を 2 dB 上回ることが許容されている．

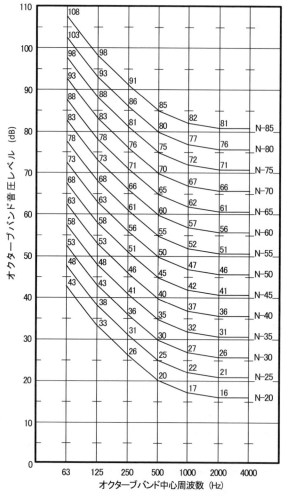

図 2.7　建築の内部騒音に関する騒音等級の基準周波数特性

なお，設計値（計算値）を当てはめて騒音等級を求める場合は，基準曲線を 2 dB 上回る値によって評価することは許容されていない．居室間の空気音遮断性能や床衝撃音遮断性能の場合と同様に，騒音等級も 5 dB ピッチで求めた値であり，これを N 値というのに対し，N 数は 1 dB ピッチで評価を行った場合である．N 数の場合は，2 dB の許容は認められていない．図 2.8 に示す測定例 1 の場合，N 曲線に沿って周波数別に N 数を読み取ると，250 Hz 帯域の数値が最も大きく N 33 となるので，N 値としては N-35 と評価する．また，測定例 2 の場合は，同様に N 曲線に沿っ

て周波数別のN数を読み取ると，1000 Hz 帯域の値が最も大きく N-39 となるので，N 値としては N-40 と評価する．

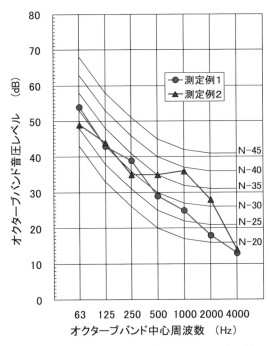

図 2.8 室内騒音の基準曲線への当てはめ方の例

3) A 特性音圧レベルによる評価

騒音等級の基準曲線（N曲線）による評価値を設計目標値として用いる場合，対象騒音が1～3の周波数帯域で目標とするN曲線に接し，他の帯域のレベルが目標とするN曲線の数値より小さくて，A特性音圧レベルの合成時の値に影響しないことが確かめられた場合は，N曲線に接するバンドの設計目標値として，N ≒ A 特性音圧レベルを用いても問題はない．ただし，4 帯域以上でN曲線に接する場合は，N 値を A 特性音圧レベル -5 としておいた方が安全である．すなわち，室内の A 特性音圧レベルを 40 dB とするには，各周波数帯域の設計目標値として N-35 を用いる．

実際の騒音の多数の測定事例を基に，N 数と A 特性音圧レベルの関係を求めてみると，図 2.9 に示すように，N 数と A 特性音圧レベルはほぼ 1 対 1 の対応を示している．

A 特性音圧レベルを評価量として用いる場合は，A 特性等価音圧レベル（L_{Aeq}）が多く用いられている．L_{Aeq} は，変動騒音のエネルギー平均値という物理的に明確な意味をもっている．また，人間の生理的・心理的反応とも比較的良く対応することが各種の評価実験から明らかになっており，一般的な騒音の基本的評価量として用いられている．

ただし，騒音の時間特性が衝撃性であったり，間欠的であったりする場合には，必ずしも L_{Aeq} が測定量として適切であるとは言いがたいので，今後の検討が必要である．

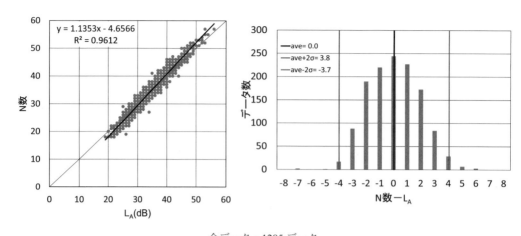

全データ：1285 データ
図 2.9　室内の A 特性音圧レベル L_A と N 数の関係

2.4　住宅性能表示制度による性能表示方法

　集合住宅の遮音性能基準に関わる法的整備は，建築基準法（第30条：長屋又は共同住宅の各戸の界壁，令22条の3：遮音性能に関する技術的基準）および住宅の品質確保の促進等に関する法律（第3条：日本住宅性能表示基準，第3条の二 評価方法基準)[2-2] において行われている．両基準で対象とされている遮音性能は，建築基準法では界壁の部位性能としての透過損失値のみ，住宅品確法では界壁は建築基準法と同様，部位性能としての透過損失値，外壁開口部の部位性能としての透過損失値，上下階の空間性能としての重量床衝撃音対策および軽量床衝撃音対策となっている．

　このように両法的基準は，表2.2 に示すように日本建築学会の遮音性能基準と直接的な関係にあることから，ここでは日本住宅性能表示基準に規定されている性能表示方法を示し，日本建築学会の遮音性能基準との関係を理解し，両者の内容や相違点を正確に認識することを目的として以下に掲載することとした．

表 2.2　日本建築学会の遮音性能基準と法的基準の比較

	隣戸間界壁	外壁開口部	界　床
日本建築学会 遮音性能基準	室間音圧レベル差 （空間性能）	―	床衝撃音レベル （空間性能）
建築基準法	透過損失 （部位性能）	―	―
住宅品確法	透過損失 （部位性能）	透過損失 （部位性能）	床衝撃音対策 （空間性能）

　平成12年（2000年）4月に施行された住宅の品質確保の促進等に関する法律[2-2] は，①住宅の品質確保の促進，②住宅購入者等の利益の保護，③住宅に係る紛争の迅速かつ適正な解決を図り，国民生活の安定向上と国民経済の健全な発展に寄与することが目的とされており，それらを推進するために，「住宅性能表示制度の新設」「住宅に係る紛争処理体制の整備」「瑕疵担保責任の特例」が法律の具体的な内容として定められている．

住宅性能表示制度では,「日本住宅性能表示基準」[2-3]によって表示の方法が,「評価方法基準」[2-4]によって住宅の性能に関する評価の方法が示されている.

性能の表示は,構造の安定性や災害時の安全性,劣化の軽減性や維持管理・更新への考慮,温熱環境や空気環境,光・視環境に関することなど,新築住宅の場合は10分野,新築以外の既存建物の場合は7分野が定められている.このうち,選択分野ではあるが,音環境に関することは,新築住宅に適用される.

音環境に関する性能の表示は,

a. 話し声などの伝わりにくさを高めるための対策が界壁にどの程度講じられているかを表す「透過損失等級(界壁)」

b. 住宅の外壁の開口部が有する騒音の伝わりにくさを高めるための対策がどの程度講じられているかを表す「透過損失等級(外壁開口部)」

c. 共同住宅の界床が有する足音等の伝わりにくさ,物の落下音等の伝わりにくさを,それぞれに高めるための対策がどの程度講じられているかを表す「重量床衝撃音対策」「軽量床衝撃音対策」

の4項目がある.

2.4.1 空気音遮断性能

1) 透過損失等級(界壁)

透過損失等級(界壁)は,居室間単位で界壁の構造による空気伝搬音の遮断の程度を評価し,評価対象住戸ごとに住戸内で最も性能の低い居室間の性能を表示する.窓などの外周壁開口部を介して伝搬する側路伝搬音は評価対象に含めず,界壁部分のみの音の透過のしにくさ(音響透過損失)だけを評価する.

透過損失等級(界壁)の表示方法と各等級の意味は表2.3のように定義され,これらの等級によって空気音遮断性能を表す.なお,JIS A 1419-1に規定されているR_r値による値が各等級に対応づけられている.

表2.3 透過損失等級(界壁)の表示方法とその意味[2-3]

等級	等級の意味
等級4	特に優れた空気伝搬音の遮断性能(特定の条件下で日本工業規格のR_r-55等級相当以上)が確保されている程度
等級3	優れた空気伝搬音の遮断性能(特定の条件下で日本工業規格のR_r-50等級相当以上)が確保されている程度
等級2	基本的な空気伝搬音の遮断性能(特定の条件下で日本工業規格のR_r-45等級相当以上)が確保されている程度
等級1	建築基準法に定める空気伝搬音の遮断の程度が確保されている程度

2) 透過損失等級(外壁開口部)

透過損失等級(外壁開口部)の表示は,建物の東西南北のそれぞれの方位に面する居室の外壁に使用される窓サッシおよびドアセットの空気伝搬音の遮断の程度を評価し,等級の表示は各方

位ごとに求めた中で最も性能の低い開口部の値で表示する．屋外からの空気伝搬音の遮断に最も影響を及ぼす要因として窓サッシやドアセットの他に換気口も挙げられるが，外壁開口部の透過損失等級は，窓サッシおよびドアセットのみを対象としている．

透過損失等級（外壁開口部）の表示方法と各等級の意味は表 2.4 のように定義され，それぞれの等級に対して JIS A 1419-1 に規定されている音響透過損失測定値の平均音響透過損失 $Rm_{(1/3)}$ 値による値が対応づけられている．

表 2.4 透過損失等級（外壁開口部）の表示方法とその意味 [2-3]

等　級	等級の意味
等級 3	特に優れた空気伝搬音の遮断性能（日本工業規格の $Rm_{(1/3)}$ -25 相当以上）が確保されている程度
等級 2	優れた空気伝搬音の遮断性能（日本工業規格の $Rm_{(1/3)}$ -20 相当以上）が確保されている程度
等級 1	その他

2.4.2 床衝撃音遮断性能

1）重量床衝撃音対策

重量床衝撃音対策の表示は，共同住宅等を対象とし，上階床および下階床のそれぞれについて，重量床衝撃音遮断性能に関する度合いを重量床衝撃音対策等級，相当スラブ厚（重量衝撃源）のいずれかによって居室単位で評価し，各住戸ごとに最も性能の高い居室の界床と，最も性能の低い居室の界床の性能を表示する．

重量床衝撃音対策等級の表示方法と各等級の意味は，表 2.5 のように定義されている．それぞれの等級に対して，JIS A 1419-2 に規定されている床衝撃音遮断性能を表す $L_{i,r,H(1)}$ 値による値が対応づけられている．なお，この $L_{i,r,H(1)}$ 値と，従来から広く使われている衝撃力特性(1)の衝撃力を有する標準重量衝撃源による L_H 値は，同じ物理量表現である．

表 2.5 重量床衝撃音対策等級の表示方法とその意味 [2-3]

等　級	等級の意味
等級 5	特に優れた重量床衝撃音の遮断性能（特定の条件下でおおむね日本工業規格の $L_{i,r,H(1)}$ -50 等級相当以上）を確保するために必要な対策が講じられている
等級 4	優れた重量床衝撃音の遮断性能（特定の条件下でおおむね日本工業規格の $L_{i,r,H(1)}$ -55 等級相当以上）を確保するために必要な対策が講じられている
等級 3	基本的な重量床衝撃音の遮断性能（特定の条件下でおおむね日本工業規格の $L_{i,r,H(1)}$ -60 等級相当以上）を確保するために必要な対策が講じられている
等級 2	やや低い重量床衝撃音の遮断性能（特定の条件下でおおむね日本工業規格の $L_{i,r,H(1)}$ -65 等級相当以上）を確保するために必要な対策が講じられている
等級 1	その他

対策等級は，居住者に対してその性能を保証しなければならないことから，建物の実性能に性能値のばらつきを加味して定められたものであるのに対し，"遮音性能基準"の適用等級は，建物の実性能そのものを評価するものである．したがって，集合住宅の音響性能評価に両者の値を

直接比較することはできない．

重量床衝撃音対策等級の各等級に要求される水準は，特定の条件下で表 2.6 に示す水準となるよう，界床に対し必要な対策が講じられていることを意味する．

表 2.6 重量床衝撃音対策等級の要求水準 [2-4]

等　級	重量床衝撃音レベル			
	63 Hz 帯域	125 Hz 帯域	250 Hz 帯域	500 Hz 帯域
等級 5	73 dB 以下	63 dB 以下	56 dB 以下	50 dB 以下
等級 4	78 dB 以下	68 dB 以下	61 dB 以下	55 dB 以下
等級 3	83 dB 以下	73 dB 以下	66 dB 以下	60 dB 以下
等級 2	88 dB 以下	78 dB 以下	71 dB 以下	65 dB 以下
等級 1	—	—	—	—

相当スラブ厚（重量床衝撃音）の評価は，式 2.1 により算出された相当スラブ厚が表 2.7 に示す水準に適合していることが要求される．

$$h_s = h_1 \times 10^{\Delta L/40} \times 100 \quad \cdots\cdots\cdots\cdots\cdots\cdots\cdots\cdots\cdots\cdots（式 2.1）$$

ここで，

　　h_s：相当スラブ厚（cm）

　　h_1：床構造の等価厚さ（m）

　　ΔL：床仕上構造の重量床衝撃音レベル低減量（dB）

なお，式 2.1 の h_1 は，均質単板スラブで普通コンクリートを用いたものにあっては当該スラブの厚さを用い，その他のコンクリートの床構造にあっては式 2.2 によって算出された値を用いる．

$$h_1 = (2m \cdot \sum(E_i I_i) \times 10^{-13})^{1/4} \quad \cdots\cdots\cdots\cdots\cdots\cdots\cdots\cdots（式 2.2）$$

ここで，

　　m：床構造の面密度（1 m² あたりの質量）（kg/m²）

　　E_i：床構造に使用される各部位のヤング率（N/m²）

　　I_i：床構造に使用される各部位の断面の幅 1 m あたりの断面 2 次モーメント（m⁴/m）

表 2.7 相当スラブ厚（重量床衝撃音）の要求水準 [2-3]

相当スラブ厚	要求水準
27 cm 以上	相当スラブ厚計算値が 27 cm 以上
20 cm 以上	相当スラブ厚計算値が 20 cm 以上
15 cm 以上	相当スラブ厚計算値が 15 cm 以上
11 cm 以上	相当スラブ厚計算値が 11 cm 以上
その他	—

2）軽量床衝撃音対策

軽量床衝撃音対策の表示は，重量床衝撃音対策の場合と同様に共同住宅を対象とし，上階床および下階界床のそれぞれについて，軽量床衝撃音遮断性能に関する対策の度合いを「軽量床衝撃

音対策等級」か「軽量床衝撃音レベル低減量（床仕上げ構造）」のいずれかの方法により，受音室単位で最も性能の高い界床と最も性能の低い界床の性能を表示する．

軽量床衝撃音対策等級の表示方法とその意味は表 2.8 のように定義され，それぞれの等級に対して JIS A 1419-2 に規定されている床衝撃音遮断性能 $L_{i,r,L}$ 値による値が対応づけられている．なお，この $L_{i,r,L}$ 値と，従来から広く使われている標準軽量衝撃源による L_L 値は同義を示すものである．また，$L_{i,r,L}$ 値と"遮音性能基準"の適用等級とを直接比較することは，重量床衝撃音対策等級の場合と同様に避けるべきである．

軽量床衝撃音対策等級の各等級に要求される水準は，特定条件下で表 2.9 に示す水準となるよう，界床に対し必要な対策が講じられていることを意味する．

等級の判定は，床構造が鉄筋コンクリート造の場合は，床構造と床仕上げ構造の組合せにより行う．

表 2.8 軽量床衝撃音対策等級の表示方法とその意味 [2-3]

等 級	等級の意味
等級 5	特に優れた軽量床衝撃音の遮断性能（特定の条件下でおおむね日本工業規格の $L_{i,r,L}$-45 等級相当以上）を確保するために必要な対策が講じられている
等級 4	優れた軽量床衝撃音の遮断性能（特定の条件下でおおむね日本工業規格の $L_{i,r,L}$-50 等級相当以上）を確保するために必要な対策が講じられている
等級 3	基本的な軽量床衝撃音の遮断性能（特定の条件下でおおむね日本工業規格の $L_{i,r,L}$-55 等級相当以上）を確保するために必要な対策が講じられている
等級 2	やや低い重量床衝撃音の遮断性能（特定の条件下でおおむね日本工業規格の $L_{i,r,L}$-60 等級相当以上）を確保するために必要な対策が講じられている
等級 1	その他

表 2.9 軽量床衝撃音対策等級の要求水準 [2-4]

等 級	軽量床衝撃音レベル				
	125 Hz 帯域	250 Hz 帯域	500 Hz 帯域	1 kHz 帯域	2 kHz 帯域
等級 5	58 dB 以下	51 dB 以下	45 dB 以下	42 dB 以下	41 dB 以上
等級 4	63 dB 以下	56 dB 以下	50 dB 以下	47 dB 以下	46 dB 以上
等級 3	68 dB 以下	61 dB 以下	55 dB 以下	52 dB 以下	51 dB 以上
等級 2	73 dB 以下	66 dB 以下	60 dB 以下	57 dB 以下	56 dB 以上
等級 1	—	—	—	—	—

引用・参考文献

2-1) 日本建築学会編：建築物の遮音性能基準と設計指針　第二版，pp. 1-9，技報堂出版，1997

2-2) 平成 12 年 4 月施行：住宅の品質確保の促進等に関する法律

2-3) 平成 13 年 8 月：国土交通省告示 1346 号：日本住宅性能表示基準

2-4) 平成 13 年 8 月：国土交通省告示 1347 号：評価方法基準

第3章 住戸内の音環境に対する居住者反応・評価

3.1 住戸内における音環境の居住者評価

集合住宅に対する居住者の要求は，住戸内の空間性能にかなり重点が置かれる傾向にあり，住戸の供給者側に対してさらなる性能の向上が求められている．とくに各種建築性能の中での音環境性能は，これまでのさまざまな調査結果を見ても明らかなように，要求項目の筆頭に挙げられている状況にある．図 3.1 には，集合住宅の購入希望者が購入時に考慮する各種建築性能の調査結果を示したものである．被験者（購入希望者）への提示項目は，住宅品確法の住宅性能表示制度で対象としている項目（9項目）としている．この結果を見ると，「かなり考慮する」と「やや考慮する」の合計では，「音環境」の指摘が 98 ％を占めており，他の項目に比べて要求度合いが非常に高いことがわかる．この結果からも集合住宅に求められている項目として音環境性能の向上，性能表示の必要性が高いことがわかる．

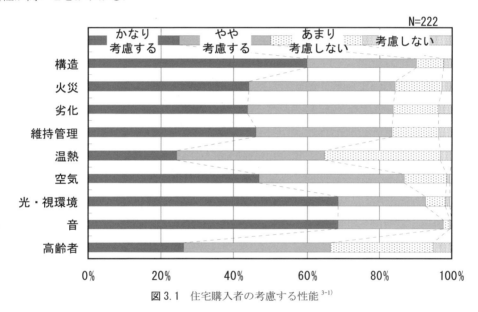

図 3.1　住宅購入者の考慮する性能 [3-1]

3.1.1　居住者の音環境性能に関する満足度

2000 年以降（竣工後 10 年以内）に施工・入居された集合住宅の音響性能に対して，その住宅の購入者（居住者）がどのような評価をしているのか，またはどのように感じているのか，さらに，かなり以前（竣工後 20 年以上経過）に建設された集合住宅を対象とした場合と比較することにより，建築性能に関する意識の変化が建設時期の違いによりどのように変わっているのかを明らかにしようとして，建物の竣工後 10 年以内の集合住宅と，竣工後 20 年以上の建物を対象としてアンケート調査を行った結果を図 3.2 に示す．この図を見ると竣工 20 年以上の建物を対象とした場合では，全項目に対して「満足側の回答率」は 50～80 ％を示しているが，とくに住空間性能に関する項目の満足率は低めの値を示している．また，竣工後 10 年以内の建物を対象とした場合では，音環境を除いて 80～90 ％を示している．音環境性能については，竣工後 10 年以内の建物でも，満足側

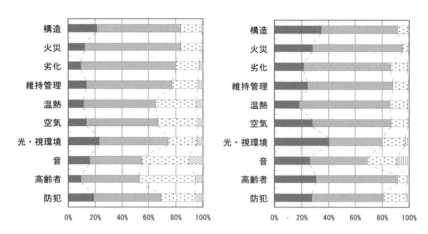

図 3.2　居住後の満足度比較 [3-2]

の回答率は 70 %弱となっており，全項目の中で満足度は最も低い．

また，音環境性能 4 項目について不満足度の観点から指摘率を比較した結果を図 3.3 に示す．これを見ると，重量床衝撃音や開口部の遮音性能は依然として不満足度の指摘が 30 %を超える傾向にあることがうかがわれる．このように，音環境性能を表す項目の中でも，特に，この 2 項目への対応が重要な課題であるといえる．また，竣工後 10 年以内の建物で「音環境に不満がある」と回答した居住者のみを対象として，項目別の不満度指摘率を示した図 3.4 の結果を見ると，従来の結果と同様，重量床衝撃音に対する不満が 80 %程度と最も高く，重量床衝撃音に対するさらなる性能向上の必要性が現状でも指摘されている．また，開口部の遮音性能（または透過音）に関する指摘も 60 %程度あり，設計上考慮されるべき重要な要因であることがわかる．なお，外部騒音に対する指摘は，戸建住宅において特に指摘される要因でもある．

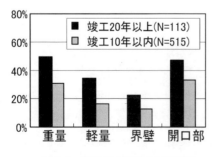

図 3.3　音環境 4 項目の不満足度
　　　　（竣工時期別）[3-3]

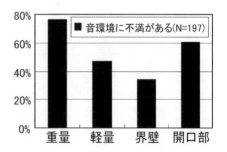

図 3.4　音環境 4 項目の不満足度
　　　　（音環境に不満がある）[3-3]

次に，竣工が 1999 年以前の建物と 2000 年以降の建物を対象として，聞こえる音，気になる音として指摘された回答を集計し，指摘率の形で整理した結果を図 3.5 に示す．これを見ると，1999 年

以前と 2000 年以降では，特に「室内のふすま・ドアの開閉音」や「トイレ・浴室・台所の給排水音」などの指摘に大きな変化があるが，上位を占めている「子供の飛び跳ね・走り回る音」「上階からの足音」「物の落下音」などの重量床衝撃音系騒音は，依然として指摘率の高い騒音である．

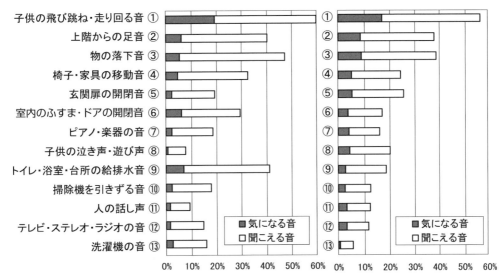

図 3.5　集合住宅内において聞こえる音・気になる音（右：2000 年以降竣工，左：1999 年以前竣工）[3-2]

3.1.2　住宅購入時における音環境に関する説明内容

　集合住宅の住戸購入時において，売り主である事業者の営業担当者が音環境について行った説明の程度の調査結果を図 3.6 に示す．これを見ると，「上階からの音」については，「パンフレットに記載されている内容などは説明された」とする回答と，「特に説明されなかった」とする回答が 40 ％程度でほぼ等しく，居住後に実感される状況まで踏み込んだ説明はほとんどされていない．また，隣戸からの音，外部からの音に関する空気伝搬音の遮音性能に関しては「特に説明されなかった」とする回答がさらに多く，対象建築物の音環境性能，すなわち遮音性能の程度に関する説明は，非常に少ない状況にある．

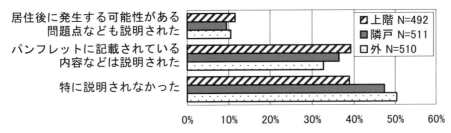

図 3.6　営業担当者による住戸宅購入時の事前説明の程度 [3-2]

　このような住宅購入時における事前説明の程度と居住後の満足度との関係を示したのが図 3.7 である．これを見ると，「隣戸からの音」，「外部からの音」については，住戸購入時に遮音性能の説

明度合いが上がるほど入居後の満足度は向上しており，事前説明の重要性が認識される．なお，隣戸からの音については，事前説明のいかんに関わらず「満足側の回答」が90％程度を示しており，現状性能であまり問題にならない状況にあるといえる．外からの音の場合，窓サッシの遮音性能として，防音型とか気密型などの直接的な表現が用いられている場合には，遮音効果とその性能を表す表現が一致するために理解しやすいのであろう．しかし，重量床衝撃音や軽量床衝撃音については，説明の程度による変化があまり見られず，特に重量床衝撃音については入居後の満足度は60％程度とかなり低い．このように説明の程度による満足度の変化がないのは，適切な説明がなされていないためか，または遮音性能が不足のためなのか，理由を正確に知ることができないが，いずれにしても現在の事前説明方法には問題があるか，または理解できない性能説明内容であるといえる．

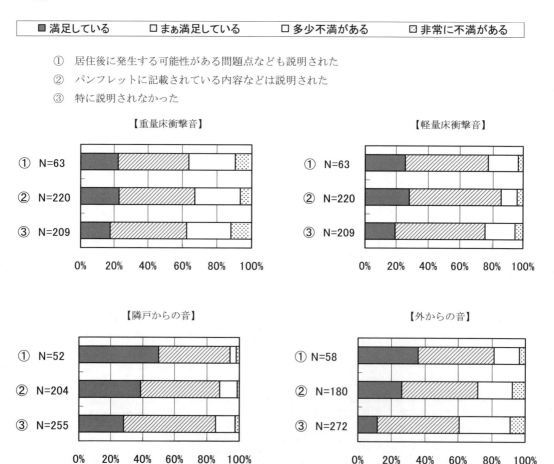

図3.7　住宅購入時の事前説明の程度と居住後の満足度の関係 3-2)

図3.8に入居後，上階から聞こえてくる音として説明して欲しかった音源の内訳の集計結果を示す．これを見ると，歩行音，飛び跳ね音，走り回る音など，重量床衝撃音を筆頭に家具の移動音や水回り・給排水音などの固体音を中心とした生活音全般について知りたいという要求がある．また，図3.9には，居住者が「音環境について営業担当者が最低限説明すべき内容」として指摘した回答

の集計結果を示す．これを見ると，「聞こえてくる可能性のある音の種類と程度」「防音対策を行っている部位と性能」など具体的な要求が高く，5割を超えている．特に上階からの床衝撃音については，図 3.10 に示すように具体的音源を用いた説明が 28 % と最も多く，次いで発生音の程度を示す用語を用いた説明，体感できるものを用いた説明等の意見が多い．このことから，床衝撃音については，床構造仕様や使用されている材料，物理的性能値などを用いた説明よりも，入居後にどのような音がどの程度聞こえるのか実感できる表現や説明を要求していることがわかる．要するに音響性能を生活実感として表現することの必要性は高く，必須項目といえる．

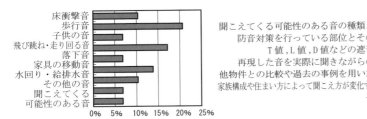

図 3.8　上階から聞こえてくる音として説明して欲しかった音源の内訳 3-3)　　　図 3.9　営業担当者が最低限説明すべき内容 3-2)

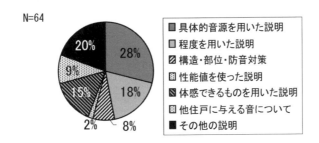

図 3.10　居住前に上階の発生音について説明して欲しかった内容 3-3)

3.2　音響（遮音）性能と居住者の生活実感

　基本的には，居室内の音環境性能の表現方法は，同一建物内の他住戸から伝搬する音や外部から侵入する音，自室内で発生する音など全ての音を総合して音の強度（音圧レベル）の絶対値で表すべきであるが，音源や発生音強度の特定が難しく，建築の設計時点でそれらを推定することは困難である．また，建築物の音環境性能の相互比較を行うためには，地域の音環境や居住者の住まい方，将来的変化まで含めて定量的に推定しなければならない．よって，従来から建築物の音環境性能を「音の遮断性能」によって評価し，建物の相互比較を可能とし良否を判断する方法が導入されてきた．しかしながら，この方法を用いた場合には，「音の遮断能力」の程度が居住時の音環境性能とどのように対応するのか，一般消費者（居住者）には理解しにくいことは否めない．そのため，評価尺度として「音の遮断能力」による等級を導入し，各等級が居住時の音環境としてどのような状態になるか，消費者（居住者）がわかりやすい表現方法で表しておく必要がある．

3.2.1 生活実感による音響（遮音）性能の表現方法

「現在，自分が居住している住戸の音環境を，住戸購入以前の自分に説明するとしたら，どのように説明するか？」という質問に対する回答をまとめ，床衝撃音系騒音に対する結果を図3.11に示す．回答結果は，説明する方法として「聞こえる」「気になる」などの肯定的表現（ここではマイナスと表現）を用いる場合と「聞こえない」「気にならない」などの否定的表現（同様にプラスと表現）を用いる方法に分けて示した．これを見ると，肯定的表現（マイナス側の表現）としては，「聞こえる」や「響く」，否定的表現（プラス側の表現）としては，「気にならない」や「問題ない」などの表現を用いて説明した方がわかりやすいとしており，全く逆の表現が可能であることがわかる．これらの結果は，回答者自身が現在生活している中で，聞こえてくる音をプラス側の表現に対応するように感じているか，マイナス側の表現に対応するように感じているかによって回答が分かれたものである．よって，「聞こえる程度」などの表現方法を用いる場合には，表現方法をひと工夫することが必要なのではないかと考えられる．また，図3.12に示すように，自分に説明する際に使用する音源種別の結果を見ると，プラス側表現の回答者の場合では「上階からの音」など，抽象的な表現であるのに対して，マイナス側表現の回答者の場合では「子供の音」などの具体的な音源を用いる方が有効とする指摘も見逃せない．

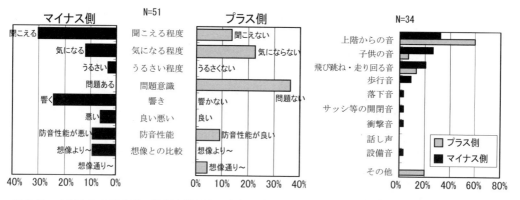

図 3.11 上階からの発生音の程度を購入前に自分に説明するとしたらどのように説明するか [3-3)]

図 3.12 自分に説明する上階の発生音の音源種別 [3-3)]

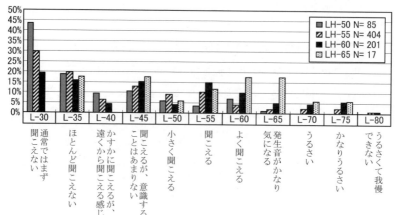

図 3.13 重量床衝撃音に対する性能別生活実感 [3-4)]

日本建築学会遮音性能基準では，例えば，重量床衝撃音遮断性能の生活実感表現として図3.13の横軸に示すような説明文が用いられている．この説明は，上階の居住者が平均的な生活を行った場合，生活時の歩行や物の落下等によって下階に発生する床衝撃音に対する感覚を，建築物の床衝撃音遮断性能別（L値ごと）に表現したものである．表現方法としては「聞こえる程度」を基本とし，発生音が大きくなるに従い，一部「うるささ」も用いて表現されている．図3.13の性能別回答数は，井上ら[3-4]が行った調査結果を示したものであり，日本建築学会の「生活実感表現」はかなり居住者反応と対応していることがわかる．L-50からL-65へと性能が低下していくにつれて，「聞こえる」から「うるさい」側に反応が移行しており，全体的に連続した指摘分布特性を示していることがわかる．ただし，『かすかに聞こえるが，遠くから聞こえる感じ』や『小さく聞こえる』という表現は指摘（反応）の割合が少なく，居住者の表現方法としては理解しにくい，またはなじみにくい表現であると考えられる．長期間生活した居住者の印象によるこれらの反応は，床衝撃音遮断性能を平均的生活実感として表現するときに有用なデータである．ただし，家族構成や住まい方によって発生音の絶対値自体が大きく変化するので，その影響によるばらつきが生じることは認識しておかなければならない．

3.2.2　床衝撃音に対する評価規準と生活実感との対応

　居住者の床衝撃音遮断性能に対する要求には差があり，性能の高い集合住宅を要求しない場合もある．一方，特別仕様的な性能まで要求する場合もある．原則的には，これらの居住者要求に応えた性能の集合住宅を設計施工すればよいわけであるが，音響性能の場合，居住者がそれを十分理解して性能発注したり，性能に見合った住まい方をすることが理解できていないところに問題がある．よって，社会平均的性能は供給者側で設定・確保して行く考え方が必要である．ただし，変動を伴うものの性能設定については，学会レベルで提案するなどの対応が必要と考えられる．

　集合住宅の約800世帯に対して行った「重量床衝撃音」に関する生活実感としての回答結果を図3.14に示した．この実感表現は，日本建築学会の遮音性能基準[3-5]で示している「生活実感表現」の内容を提示して回答を求めたもので，回答者は長期にわたって生活した結果を根拠に選択したものである．なお，結果は，回答者が居住する住戸の遮音等級L値（実測値または計算値）ごとに集計し，累積の形で示している．また，上階の居住者の家族内訳を限定して整理したものではなく，上階に住む居住者の家族構成は多岐に及んでいる．これを見ると，床衝撃音遮断性能（L値）ごとに生活実感としての程度には大きな差が見られる．これは，床衝撃音の発生程度が上階の家族構成や住まい方に依存するところが大きいことや居住者の感覚には大きな変化があることを示すものである．図中でL_H-50の住戸に住む居住者反応を見ると，「通常ではまず聞こえない」とする居住者は45％程度を示しているが，「よく聞こえる」とする居住者も2％程度いる．また，L_H-60の場合を見ても，「通常ではまず聞こえない」とする居住者が19％程度を示し，「かなりうるさい」とする居住者も2％程度いることがわかる．実生活においては，遮断性能以外に床衝撃音の種類や発生頻度，すなわち，時間軸上の影響も大きく影響していることがわかる．そこで，「通常ではまず聞こえない」〜「うるさくて我慢できない」の生活実感の回答数を性能表現の良い方から累積した結果を見ると，性能が悪い（L_H-65）場合にはかなり不連続性を示す傾向にあり，居住者反応の差が

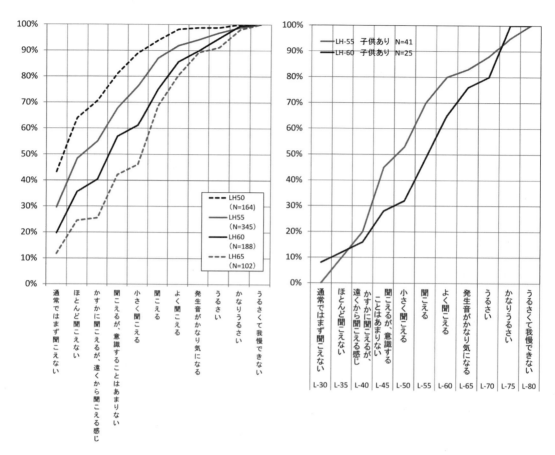

図3.14 重量床衝撃音に対する長期にわたる生活実感 [3-6)]

図3.15 上階住戸に子供がいる場合の重量床衝撃音に対する長期にわたる生活実感 [3-7)]

大きいことがうかがわれる.

また，図3.15には比較的データ数の多かった L_H-55 および L_H-60 の住戸において，上階住戸の家族構成として「子供がいる」場合のみを対象として，図3.14と同様な累積を行った結果を示す．図3.15を見ると，データ数が少なめではあるが，図3.14と比較して，同じ遮断性能の場合は「聞こえる程度」は2ランク程度聞こえる側に移行している．図3.14は上階住戸に子供のいる率が12％の場合であり，一般的な住戸の「子供存在率」と考えられるが，上階住戸に全て子供がいる極端な場合では図3.15のようになることは，居住者に示しておきたいデータではある．

以上の結果を踏まえると，生活実感として重量床衝撃音遮断性能を表現する場合，最多の指摘文言を用いるのか，累積パーセントのある値に対応する表現を用いるのか，性能別に明確な差のある言葉を用いて表すのか，指摘比率により性能表現していくのかなど，どのような形で性能を表現していくことが望ましいのかは，今後，さらに検討する必要がある．ただし，表現の継続性や安全的表現（厳しい表現）を優先させ，現状どおり，累積で85％程度とする表現を用いることも1つの方法と考えられる．

そこで，図3.14の累積度数曲線から遮断性能変化による生活実感を対応づけてみると，表3.1の

ようになる．これを見ると，遮音性能基準[3-5]の表現は累積度数で 85～90％の値に対応する表現と見ることができ，比較的「悪い側の表現」に対応している．また，現行の遮音性能基準[3-5]の生活実感の表現は性能変化を感覚的にかなり精度良く表し，性能分解能がかなり高い表現ということもできる．ただし，累積度数で 90％程度に対応する表現とすべきであるかどうかについては，学会レベルで検討，決定して行くべきものである．なお，現行の遮音性能基準[3-5]の表現で，L_H-40 の表現「かすかに聞こえるが，遠くから聞こえる感じ」や L_H-50 の表現「小さく聞こえる」などは，指摘率が不連続であり，居住者にとって，生活実感として判断しにくいまたは理解しにくい表現ではある．

以上の結果は，長期にわたって生活してきた居住者の生活実感としての反応であり，評価基準を設定していく上で最も重視しなければならないものである．

表 3.1 遮音性能基準と累積度数との対応[3-6]

	累積 50％	累積 70％	累積 90％	対応累積度数
L_H-50 の居住者反応	L_H-30	L_H-40	L_H-50	88％
L_H-55 の居住者反応	L_H-35	L_H-45	L_H-55	88％
L_H-60 の居住者反応	L_H-45	L_H-55	L_H-65	85％
L_H-65 の居住者反応	L_H-55	L_H-60	L_H-65	88％

3.3 生活実感による床衝撃音遮断性能の表現

3.2.2 の図 3.14 で示すように，現状の「遮音性能基準」[3-5]で示す生活実感表現は，生活実感を良く説明できている．よって，居住者への遮断性能の説明にも同生活実感表現を利用して行って問題ないと考える．表 3.2 に現状の床衝撃音遮断性能と生活実感による表現を記載する．

表 3.2(1) 床衝撃音遮断性能の生活実感による表現（日本建築学会）[3-5]

	遮音等級	L-30	L-35	L-40	L-45	L-50
床衝撃音	人の走り回り，飛び跳ねるなど	・通常ではまず聞こえない	・ほとんど聞こえない	・かすかに聞こえるが，遠くから聞こえる感じ	・聞こえるが，意識することはあまりない	・小さく聞こえる
	椅子の移動音，物の落下音など	・聞こえない	・通常ではまず聞こえない	・ほとんど聞こえない	・小さく聞こえる	・聞こえる
	生活実感，プライバシーの確保	・上階の気配を全く感じない	・上階の気配を感じることがある	・上階で物音がかすかにする程度 ・気配は感じるが気にはならない	・上階の生活が多少意識される状態 ・スプーンを落とすとかすかに聞こえる	・上階の生活状況が意識される ・椅子を引きずる音は聞こえる

表 3.2(2) 床衝撃音遮断性能の生活実感による表現（日本建築学会）[3-5]

L-55	L-60	L-65	L-70	L-75	L-80	備考
・聞こえる	・よく聞こえる	・発生音がかなり気になる	・うるさい	・かなりうるさい	・うるさくて我慢できない	低音域の音，重量・硬衝撃源
・発生音が気になる	・発生音がかなり気になる	・うるさい	・かなりうるさい	・大変うるさい	・うるさくて我慢できない	高音域の音，軽量・硬衝撃源
・上階の生活行為がある程度わかる ・椅子を引きずる音はうるさく感じる ・スリッパ歩行音が聞こえる	・上階住戸の生活行為がわかる ・スリッパ歩行音がよく聞こえる	・上階住戸の生活行為がよくわかる	・たいていの落下音ははっきり聞こえる ・素足でも聞こえる	・生活行為が大変よくわかる ・人の位置がわかる ・すべての落下音が気になる ・大変うるさい	・同左	生活行為，気配での例

［注］本表は室内の暗騒音を 30 dBA 程度と想定してまとめたものである．暗騒音が 20～25 dBA の場合には，1 ランク右に寄ると考えた方がよい．特に，遮音等級が L-30～L-45 の高性能の範囲では，暗騒音の影響が大きく，2 ランク程度右に寄る場合もある．

ここでは，さらに長期にわたる生活の中の反応として示された図 3.14 を基にした表現以外に，指摘率の調査結果による表現も併せて示す方法の例を紹介する．このような方法によって遮断性能を表現しておけば，居住者（消費者）自身が性能ランクを自ら判断・納得することも期待される．表 3.3 には井上らが提案した表現方法を事例として掲載したが，同表は今後さらに調査結果を追加し，性能表現の制度を高めていく必要がある．

表 3.3 重量床衝撃音遮断性能に対する生活実感の対応 [3-8]

遮音等級		L-50	L-55	L-60	L-65
人の走り回り，飛び跳ねなど		小さく聞こえる	聞こえる	よく聞こえる	発生音がかなり気になる
生活実感，プライバシーの確保		気配を感じることがある	気配を感じる	在宅の有無がわかる	生活行為がある程度わかる
聞こえる音の指摘率	上階からの足音	20 %	30 %	35 %	40 %
	子供の飛び跳ね・走り回る音	25 %	40 %	45 %	60 %

［注］本表は室内の暗騒音を 35～40 dBA 程度と想定してまとめたものである．上階に子供が居住した場合は，性能によってより低い等級の生活実感と同等になることがある．性能が高くなれば，子供の有無による差は小さくなり，性能が低くなればその差が大きくなる．

また，図 3.16，3.17 には，図 3.14 の調査結果を用いて，上階住戸の世帯構成として子供（12 歳以下と設定）の有無別に下階住戸居住者の指摘率を集計した結果である．これを見てもわかるように，床衝撃音に関する指摘は，明らかに「子供の存在」に大きく影響を受けている様子が理解される．図 3.16 の「聞こえる率」を見ても，上階の世帯に子供がいることによって，特に遮断性能が低い場合に指摘率が増加する傾向を見ることができる．同様に図 3.17（問題意識）でも同じような

指摘が行われており，床衝撃音，とくに重量床衝撃音については「子供の存在」が大きく関与している様子が理解される．ただし，下階の受音室内の暗騒音は聞こえ方に大きく関与する．この例では，L_H値50程度のところで子供の有無による指摘率が同程度となっている．

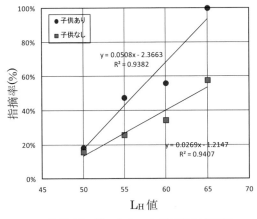

図3.16　聞こえる：上階子供の有無別（性能別）[3-8]

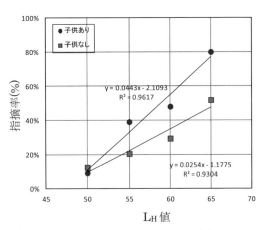

図3.17　問題意識：上階子供の有無別（性能別）[3-8]

この傾向は，床衝撃音遮断性能が向上するにつれて，発生音レベルが低下すること，住空間の暗騒音レベルが影響してくることなどから指摘率が同程度になってきたものと理解される．

引用・参考文献

3-1）阿部今日子，井上勝夫：音環境に関する集合住宅購入時の消費者要求と住宅供給者の説明，日本建築学会環境系論文集，No.595，pp.9-16，2005.9

3-2）阿部今日子，井上勝夫：集合住宅の音環境に対する居住者の生活実感と住まい方に関する研究，日本建築学会環境系論文集，Vol.74，No.640，pp.667-673，2009.6

3-3）阿部今日子，井上勝夫，大室諒知：集合住宅の音環境の満足度変化と説明内容に関する研究：住宅購入時の消費者要求と住宅性能表示制度：その11，日本建築学会大会学術講演梗概集，D-1，pp.209-210，2008.7

3-4）大室諒知，井上勝夫，阿部今日子：集合住宅における上階住戸の家族構成による生活実感の変化に関する研究：住宅購入時の消費者要求と住宅性能表示制度：その12，日本建築学会大会学術講演梗概集，D-1，pp.211-212，2008.7

3-5）日本建築学会編：建築物の遮音性能基準と設計指針　第二版，技報堂出版，1997

3-6）井上勝夫，安岡正人：床衝撃音に関わる居住者要求と遮音性能基準のあり方，日本建築学会大会学術講演梗概集　環境工学I，pp.259-262，2013.8

3-7）井上勝夫：最近の集合住宅に求められる音環境性能，音響技術，No.164，pp.1-6，2013.12

3-8）井上勝夫，阿部今日子：集合住宅の居住者反応からみた重量床衝撃音遮断性能の生活実感による表現方法の検討，日本建築学会環境系論文集，Vol.79，No.701，pp.589-596，2014.7

第2編　設計目標値設定上の留意点

第4章　設計目標値の設定

4.1　設計目標値設定の背景
4.1.1　音響性能水準としての適用等級

　集合住宅の音響性能の評価尺度として用いられている遮音等級（D値）や床衝撃音に関する遮音等級（L値），室内騒音評価のための騒音等級（N値）は，対象とする集合住宅が保持する音響性能の優劣を判断する上での序列を示すものであって，集合住宅に要求される音響性能水準は，それらの遮音等級，騒音等級を基に別に定める必要がある．

　集合住宅に要求される音響性能水準は，入居者の身体条件，心理的条件さらには生活条件等によって構成されるものを内的条件とし，特定および不特定な第三者によって生じるものを外的条件としたとき，それぞれが建築空間別の性能面からの要求条件となる．この要求条件として多岐にわたるものを音響性能水準の中にそのまま取り込むのではなく，図4.1に示すように，それを社会的な平均像として捉え一般化することによって，音響性能項目別のあるべき姿を考え，それによって性能水準は設定されている．

　日本建築学会の"遮音性能基準"では，この性能水準を適用等級として特級（特別仕様），1級（推

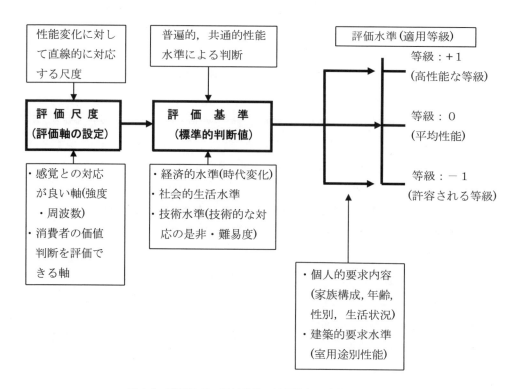

図4.1　評価尺度・評価基準・適用等級の変換プロセス

表 4.1　室間音圧レベル差に関する適用等級 [4-1)]

建築物	室用途	部位	適用等級			
			特級	1級	2級	3級
集合住宅	居室	隣戸間界壁 隣戸間界床	D-55	D-50	D-45	D-40

表 4.2　床衝撃音レベルに関する適用等級 [4-1)]

建築物	室用途	部位	衝撃源	適用等級			
				特級	1級	2級	3級
集合住宅	居室	隣戸間界床	重量衝撃源 軽量衝撃源	L-45 L-40	L-50 L-45	L-55 L-55	L-60, L-65※ L-60

※木造，軽量鉄骨造またはこれに類する構造の集合住宅に適用する

表 4.3　室内騒音に関する適用等級 [4-1)]

建築物	室用途	騒音レベル (dB) (A特性音圧レベル)			騒音等級		
		1級	2級	3級	1級	2級	3級
集合住宅	居室	35	40	45	N-35	N-40	N-45

表 4.4　適用等級の意味 [4-1)]

適用等級	遮音性能の水準	性能水準の説明
特級	遮音性能上とくにすぐれている	特別に高い性能が要求された場合の性能水準
1級	遮音性能上すぐれている	日本建築学会が推奨する好ましい性能水準
2級	遮音性能上一般的である	平均的な性能水準
3級	遮音性能上やや劣る	やむを得ない場合に許容される性能水準

奨)，2級（標準），3級（許容）の4つの等級を設定し，表4.1～4.4に示すように規定している．

4.1.2　要求値と要求水準

　音の気になり方は，音の大きさや音色，さらにはその音が，例えば設備機器の稼動音なのか，話し声なのか，自動車の音なのかなど，その音の持つ情報量というべきものが関わり，人によって異なる．さらに音を聞くときの状況によっても左右されることは，経験的に誰でもが知るところである．したがって，要求値，要求水準を考える上では，

a．自分で出す音はあまり気にならなくて，他人，しかも不特定多数の他人による屋外環境騒音的なものよりも，隣戸などでの特定の他人による発生音の方が気になる．

b．受ける側にも性別・年齢別などの一般的属性による差以上の個人差や，同一人でも時刻，環境，履歴，心理状態などの変動要因による差がある．

以上のことを考えなければならない．したがって，住まい方や音響性能に対する要求条件は，個人によって，また，時と場合によって大きく変わってくることになる．

　そこで，この音響性能に対しての要求項目のそれぞれについて，一般的な5段階の階級分類に対応する物理的指標による表現，要求の直接的表現，人の職業，年齢，個人の特性等による間接的表

現の3つを表として示した表 4.5 が"遮音性能基準"の中に提案されている．また，これを遮音等級を軸として生活実感との対応を示したものが表 4.6 であり，要求水準を考える上での目安となる．もちろん，表 4.5，4.6 は絶対的なものではなく，今後の研究によって変化していく性格のものである．

すなわち，ここで示されている適用等級は，ごく一般的な生活状態にある場合で，ほぼ表 4.4 に示した条件に相当するものである．また，施主・事業者，計画・設計者，施工・監理者，居住者，保守・管理者などのそれぞれの立場によって集合住宅との関わり合い方は異なるが，音響性能の評価との関連から見ると，居住者との関わり合いが一番大きいと考えてよいだろう．

いずれにしても，音響性能水準設定の根底となるのは居住者反応であり，事業者，設計者，施工者は，それぞれの立場で対処していくことになる．集合住宅の音響性能水準が互いに確認できていて，計画者から事業者，事業者から居住者に十分に音響性能について説明をし，納得ずくで設計や売買が行われるようにする必要がある．

音響性能水準を第三者の立場で示したものが表 4.7 であると考えていただきたい．ただし，事業者，設計者や施工者から見れば一定の水準を保持する建物が設計・施工されていたとしても，居住者からの苦情が一度発生してしまうと，設計時に設定した性能水準以上に音響性能を引き上げて対応していかないと，居住者には納得されにくい性質のものであることをとくに強調しておきたい．

なお，室内騒音に関する適用等級（表 4.3）は，外部騒音，空調騒音，給排水騒音等に対する室内騒音全般を対象として，建物の音響性能の判断基準としての数値が規定されている．

表 4.3 の適用等級の値は，6 章「音響性能の検証方法」で示した方法によって測定された値を当てはめる．なお，音源の種類とその音響特性によっては，表 4.3 の 1 級の性能を満足していても，音が聞こえる，気になるなどとする指摘を居住者より受けることがある．とくにポンプなどの純音性の周波数成分を含む騒音では，そのようなことが起こりやすく，測定結果を評価する場合は，騒音等級を 1 ランク厳しくして評価したほうがよい．

また，将来的には，騒音源の時間特性，周波数特性を加味した評価尺度についての研究とともに適用等級についても検討されることが望ましい．現状では，この点に関しては，運用上で経験を踏まえて対応する必要がある．

表 4.5 集合住宅における要求性能水準の尺度例 [4-1)]

要求項目		非常に高い	高い	平均的，普遍的	低い	非常に低い	備考
室内条件	静けさの心理的要求	大変静か 20 dBA 音に非常に敏感 音楽家	静か 30 dBA かなり敏感 著作家，一人ものの老人	普通 40 dBA 普通 普通の中年夫婦	やかましい 50 dBA 音がないと淋しい ながら族，子供	大変やかましい 60 dBA 以上 全く無頓着 暴走族？	騒音レベルでの例 感受性の例 人的分類の例
	静けさの機能的要求	S/N 60 dB 以上 音楽でも気にならない ステレオマニア	S/N 45〜55 dB ほとんど気にならない 音楽家，補聴器者	S/N 30〜40 dB 話では気にならない 講演者	S/N 15〜25 dB 十分聞き取れる 事務窓口者	S/N -5〜5 dB 何とか聞き取れる アマチュア無線士	S/N での例 障害程度の例 人的分類の例
	出したい音の程度	大変大きい音 80 dBA 以上 プロとして出す音 ステレオマニア，音楽家	大きい音 70〜80 dBA にぎやかな談笑 子供，酒癖の悪い人	普通の音 60〜70 dBA 普通の声，生活 普通の家庭	小さい音 50〜60 dBA 声の小さい人の会話 老夫婦	ひっそり閑 50 dBA 以下 ひそひそ話 老人の一人住い？病人？	騒音レベルでの例 出す音の例 人的分類の例
	出したい衝撃の程度	非常に大きい 子供に大暴れさせる 運動家，子供大勢	大きい 自由放任の歩行 小さい子供，小人数	普通 少し気をつけた歩行 大きい子供，大人	小さい しとやかな歩行 物静かな大人	非常に小さい 抜き足，差し足，忍び足 神経質な大人	物理的尺度がない 出す衝撃の例 人的分類の例
	音の響き具合	よく響く 1.0 秒以上 コンクリート造廊下 素人ののど自慢，洋楽家	活気のある 0.5-1.0 秒 家具の少ない洋間 淋しがりや，老人	普通 0.5 秒 一般の洋間 普通の人	落ち着いた 0.3 秒 一般の和室 邦楽関係の人	乾いた 0.1 秒 大変よく吸音された室 ステレオマニア？	残響時間での例 空間の例 人的分類の例
外部条件	侵入してくる音の程度	大変やかましい 80 dBA 以上 人が住むには悪すぎる 鉄道，幹線道路，飛行場	うるさい 60〜70 dBA 何とか住める 市街地	普通 50〜60 dBA 我慢できる 一般住宅地	静か 40〜50 dBA ちょうどよいくらい 郊外住宅地	非常に静か 30 dBA 以下 少し静かすぎる 農村，山村	騒音レベルでの例 住宅環境として 地域的分類の例
	出してもよい音の程度	大変小さい音 30 dBA 以下 隣にうるさ型の住人がいる とくに静かな郊外住宅地	小さい音 40〜50 dBA 一般的騒音がない 郊外住宅地	普通の音 50〜60 dBA 普通の環境 一般住宅地	大きい音 60〜70 dBA 暗騒音が十分ある 市街地	大変大きい音 80 dBA 以上 他の騒音が非常に大きい 幹線道路の近く	騒音レベルでの例 環境条件の例 地域的分類の例

表 4.6 評価尺度と住宅における生活実態との対応の例 [4-1)]

		騒音レベル	25 dBA	30 dBA	35 dBA	40 dBA	45 dBA	50 dBA	55 dBA	60 dBA	65 dBA	70 dBA	75 dBA	備考
外部騒音		騒音等級	N-25	N-30	N-35	N-40	N-45	N-50	N-55	N-60	N-65	N-70	N-75	
		道路騒音などの不規則な変動音	・通常では聞こえない	・ほとんど聞こえない	・非常に小さく聞こえる	・小さく聞こえる	・聞こえるがほとんど気にならない	・多少大きく聞こえる	・大きく聞こえややうるさい	・かなり大きく聞こえるうるさい	・非常に大きく聞こえる	・かなりうるさい	・非常にうるさい	道路騒音など
		工場騒音などの定常的な騒音	・ほとんど聞こえない	・非常に小さく聞こえる	・小さく聞こえる	・聞こえる	・多少大きく聞こえる	・大きく聞こえる	・かなり大きくうるさい	・非常に大きくうるさい	・かなりうるさい	・非常にうるさい	・うるさくて我慢できない	工場騒音など
内部騒音		自室内の機器騒音	・ほとんど聞こえない	・非常に小さく聞こえる	・小さく聞こえる	・聞こえる会話に支障なし	・多少大きく聞こえる通常の会話は十分可能	・大きく聞こえる通常の会話可能	・かなり大きく聞こえる多少注意すれば通常の会話可能	・非常に大きく聞こえる声を大きくすれば会話ができる	・かなり大きくなな声を出さないと通常の会話ができない	・非常にうるさい我慢できない	・うるさくて我慢できない	空調騒音、給排水音など
		共用設備からの騒音	・非常に小さく聞こえる	・小さく聞こえる	・聞こえる	・多少大きく聞こえる	・大きく聞こえる気にならない	・かなり大きく聞こえる	・非常に大きく聞こえるうるさい	・非常に大きく聞こえるかなりうるさい	・非常にうるさい我慢できない	・うるさくて我慢できない	・うるさくて我慢できない	エレベータ、ポンプなど
空気音		遮音等級	D-65	D-60	D-55	D-50	D-45	D-40	D-35	D-30	D-25	D-20	D-15	
		ピアノ、ステレオなどの大きい音	・聞こえない	・ほとんど聞こえない	・かすかに聞こえる	・小さく聞こえる	・かなり聞こえる	・曲がはっきりわかる	・かなり聞こえる	・大変よく聞こえる	・はっきり内容がわかる	・よく聞こえ内容がわかる	・一つぬけ状態	音源から1mで90 dBA前後を想定
		テレビ、ラジオ、会話等の一般の発生音	・ピアノやステレオを楽しめる *機器類の防振は不可欠	・聞こえない *機器類の防振が必要	・通常では聞こえない	・ほとんど聞こえない	・かすかに聞こえる	・小さく聞こえる	・かなり聞こえる	・話の内容がわかる	・はっきり内容がわかる	・よく聞こえ内容がわかる	・遮音されていないという状態・小さな物音までわかる	音源から1mで75 dBA前後を想定
		生活実感、プライバシーの確保	・上階の気配を全く感じない	・上階の気配をほぼ感じない *機器類の防振が必要	・隣戸の気配を感じない	・日常生活で気がねなく生活でき、隣戸をほとんど意識しない	・隣戸の有無が意識される	・隣戸の生活である程度がわかる	・隣戸の生活行為がかなりわかる	・隣戸の生活行為が大変よくわかる	・隣戸の生活行為がすべてわかる	・行動がすべてわかる状態	・遮音されていないという状態	生活行為、気配での例
床衝撃音		遮音等級	L-30	L-35	L-40	L-45	L-50	L-55	L-60	L-65	L-70	L-75	L-80	
		人の走り回り、飛び跳ねなど	・通常では全く聞こえない	・ほとんど聞こえない	・かすかに聞こえるが、遠くから聞こえる感じ	・聞こえるが意識するほどではない	・小さく聞こえる	・聞こえる	・よく聞こえる発生音が気になる	・発生音がかなり気になる	・かなりうるさい	・かなりうるさい大変うるさい	・うるさくて我慢できない	低音域の重量・柔衝撃源
		椅子の移動音、物の落下音など	・聞こえない	・通常ではまず聞こえない	・ほとんど聞こえない	・小さく聞こえるが気にならない	・発生音が気になる	・発生音がかなり気になる	・うるさい	・うるさい	・大変うるさい	・大変うるさい	・うるさくて我慢できない	高音域の軽量源、硬衝撃源
		生活実感、プライバシーの確保	・上階の気配を全く感じない	・上階の物音をかすかに感じる程度で気にならない	・上階の生活状況がなんとなくわかる程度気配は感じるが気にならない	・上階の意識するが落ちる状態・椅子とか歩く物音はほとんど気にならない	・上階の生活状況がわかる程度・椅子を引きずる音や歩行音がわかる	・上階の生活行為がある程度わかる・椅子を引きずる音スリッパ歩行音がよく聞こえる	・上階住戸の生活行為がよくわかる・スリッパ歩行音がよく聞こえる	・上階住戸の生活行為がよくわかる	・たいていの落下音は聞こえる・隣戸の生活行為がよく聞こえる	・生活行為が大変よくわかる・人の位置がわかる・すべての落下音が気になる・大変うるさい	・同左	生活行為、気配での例

[注] 本表は室内の暗騒音を 30 dBA 程度と想定してまとめたものである。暗騒音が 20〜25 dBA の場合には、1ランク左に寄ると考えたほうがよい。特に、遮音等級が D-65〜D-50、L-30〜L-45 の高性能の範囲では、時騒音の影響が大きく、2ランク程度左に寄る場合もある。

表 4.7 集合住宅の戸界壁と戸界床を対象とした場合の表示尺度と社会的反応の対応例 [4-1]

			D-65	D-60	D-55	D-50	D-45	D-40	D-35	D-30	D-25	D-20	D-15	備考
遮音等級	空気伝搬音													
	床衝撃音	重量*	L-35~40	L-40~45	L-45~50	L-50	L-55	L-60	L-65	L-70	L-75	L-80	L-85	
		軽量*	L-30	L-35	L-40	L-45	L-50	L-55	L-60~65	L-65	L-70	L-75	L-80	
使用者、保守管理者、性能評価者	問題意識なし		隣戸を意識しないで快適な生活ができる	ほとんど隣戸を意識しないで快適な生活ができる	たまに隣戸を意識することもあるが快適な生活ができる	とくに気をつけなくてもほぼ快適な生活ができる	互いに気をつければ支障なく生活ができる	お互いに我慢しあって生活のルールを守る	コスト、利便性などで代替できる限度	集合住宅としても生活するには我慢できない	とても独立した家庭生活は営めない	同一住戸内としても悪すぎる	同左	被害者意識のとくに強くない普通の人
	問題意識あり		クレームをつけたくてもつけられない状態	隣戸間の仲が悪い場合もクレームは生じない	音に敏感な人が何か言っても皆からあまり問題にされない	グループの中にクレームをつける人がいる程度で集団行動は生じない	居住者間で話題がクレームを出てクレームとなることがある	少しでも悪い点があるとクレームが発生する	他の条件がいくら良くても広範囲にクレームが発生する	同左	同左	同左	同左	要求水準の高い住民がいる場合
計画・設計者、性能水準設定者			ピアノを弾いても昼間であれば大丈夫といえる	ステレオや聴取子供がいる戸にはすすめられる	音響性能がセールスポイントにはなる	通常の生活には満足してもらえる	コスト面の制約が厳しいとき仕方なく説明する	合法でも安かろう悪かろうになるおそれがある	界壁は建築基準法違反の可能性大、計画不可	同左	同左	同左	同左	都市再生機構、公社、施工・販売会社など
施工・監理者、性能実現者			技術的にかなり困難なので細心の注意が必要	施工上の欠陥が出やすいので注意	クレームが出たら施工上の欠陥と思うこと	施工上やすく問題のもとが少ない	少しても施工上の欠陥があるとクレームを被るおそれが生する	設計変更を要求しないとクレームを被るおそれがある	設計変更を要求しその条件ては施工しない方がよい	同左	同左	同左	同左	施工・請負業者、現場監理者

[注] * 衝撃源の種類

4.2 音響性能設計目標値
4.2.1 住戸間の空気音遮断性能

隣接住戸居室間の空気音遮断性能に関する法的基準は，建築基準法第30条に界壁の部位性能である音響透過損失による規定がある．この規定による音響透過損失を保持する壁構造をごく一般的な集合住宅の界壁に適用し，その界壁を介する居室間の空間性能である音圧レベル差を求め，その結果を遮音等級で表示するとほぼD-40となる．しかし，事業者・設計事務所等では，建築基準法第30条に規定される界壁の音響透過損失によって設計目標値を意識的に設定することはない．

集合住宅住戸間の遮音性能の設計目標値は，"遮音性能基準"に示された空気音に関する遮音等級によって，一般的には以下のように設定されている．

a．遮音等級1級（D-50）を設計目標値とする．
b．竣工時の音響性能検証測定による測定結果が2級相当（D-45）と評価された場合は，これを許容する．

ただし，2級相当と評価された測定結果を許容するということは，設計時に最初から2級相当となるような界壁構造を設計してもよいということ，あるいは2級相当の遮音性能となるような界壁構造を選定してよいということではない．あくまでも1級の遮音性能を得ることが設計時の目標であって，竣工時の音響性能検証時に2級相当となってしまった測定結果が少数例あったとしてもやむを得ない，として許容するものである．設計者，事業者によっては，2級相当の測定結果が得られた場合は，2級相当となった対象室と同一平面形式をもつ居室間で追加測定を行い，原因を調査して必要な改修を建物引渡前に行うよう指示が出されることもある．

さらに1つ注意しておかなかればならないことは，室間音圧レベル差を評価量として測定する場合でも，改定されたJIS A 1417 : 2000では4000 Hz帯域が測定・評価の対象から外されたこともあり，4000 Hz帯域の測定がなされないことが多くなっている．この周波数帯域で遮音等級が決定されるような集合住宅もないわけではなく，外壁の断熱工法によっては4000 Hz帯域で遮音性能の低下が生じることもあり，集合住宅の遮音性能測定では，4000 Hz帯域での測定を除外しないことが望ましい．

4.2.2 自住戸内の室間遮音性能

設計時における自住戸内での室間遮音性能の検討は，従来は浴室，洗面，トイレなどの水回りのスペースと居室間の隔壁について行われることがほとんどであり，自住戸内居室間の遮音性能について言及されることは少なかった．しかしながら，最近の傾向として，家族間であっても各人の個室間においてプライバシーを保つ必要があるといわれるようになり，自住戸内居室間の遮音性能が設計対象として話題に上るようになってきた．事業者・設計事務所などの社内規準の中で自住戸内居室間の遮音性能を設計仕様として設定している例はまだ目にすることはないが，自住戸内居室間の遮音性能が検討される場合は，次のように設計目標値を設定していることが多い．

a．主寝室と洋室（子供室）などの居室間の設計目標値は，隣接住戸居室間の遮音性能設計目標値と同様にD-50とする．
b．他の居室間においては，D-30とする．

ただし，現状では，目標値は設定したものの，これを満足した設計を進めることは容易ではなく，

とくに建築基準法第28条の定めによる24時間機械換気設備の設置が標準化され，排気にファンを用いる第三種換気が一般的である集合住宅においては，居室間の通風を建具のガラリやアンダーカットによってとっているのが主流である．そのアンダーカットの存在のために，自住戸内の隣接居室間遮音性能は，図4.2.1，4.2.2に示すようにD-15～D-35程度のものが多い．自住戸内でD-50の遮音性能を望む場合には，隔壁構造の選定だけでなく，建物設計時の平面計画による対応が必要となる．

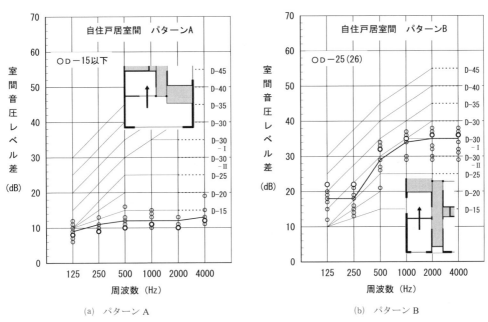

図 4.2.1　竣工時の自住戸内居室間空気音遮断性能測定結果(1)

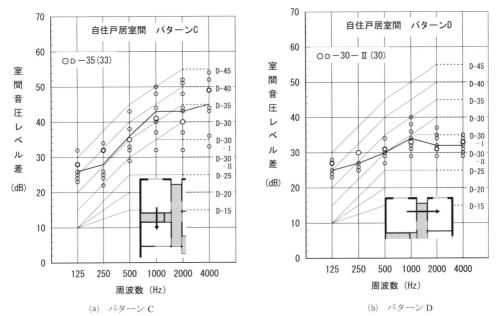

図 4.2.2　竣工時の自住戸内居室間空気音遮断性能測定結果(2)

4.2.3 上下階住戸間の床衝撃音遮断性能

床衝撃音遮断性能については，建築基準法による性能規定はなく，現状では室間の空気音遮断性能とともに"遮音性能基準"を基にした社内規準（自主的規準）が事業者，設計事務所，施工者等によって，以下のように設定されていることが多い．

a．標準重量衝撃源（通称　バングマシン）による床衝撃音遮断性能は，"遮音性能基準"の適用等級1級相当 L_H-50，あるいは2級相当 L_H-55 とする．

b．標準軽量衝撃源（通称　タッピングマシン）による床衝撃音遮断性能は，"遮音性能基準"の適用等級1級相当 L_L-45 とする．

4.2.4 下階住戸を音源室，上階住戸を受音室とした場合の床衝撃音遮断性能

設計目標値を検証するための建物竣工時の音響測定では，下階住戸を音源室，上階住戸を受音室として床衝撃音レベルを測定することはほとんどないが，上階住戸居住者からの苦情の申し立てによって，下階住戸を音源室とした測定が行われることは決して少なくない．このような場合の床衝撃音遮断性能の性能水準である設計目標値は設定されていないが，通常の上階から下階を対象とした場合の性能目標値をそのまま採用すればよい．

床衝撃音レベルという測定量は，ある住戸の床を衝撃したときに他の住戸でどの程度の音が放射されるか，あるいは伝搬するかの程度を示すものであり，音源室直下階の住戸への放射音の強弱を示すだけのものではない．したがって，標準衝撃源で音源室の床，あるいは廊下，階段等を衝撃したときに，受音室とする居室で発生する床衝撃音レベルによって，音源室（位置）と受音室間の床衝撃音遮断性能を評価すると考えて問題はない．

下階居室住戸床を衝撃したときの上階住戸居室での床衝撃音レベルは，これまでの測定事例から見て，上階から下階での値よりも遮音等級で1等級程度高い性能（上階⇒下階が L_H-50 なら下階⇒上階は L_H-45）となるのが一般的な傾向と考えてよい．

苦情の原因の1つに下階からの伝搬音が聞こえるのは建物に問題があるからという場合がある．このような苦情の発生を考えると，下階から上階にも床衝撃音は伝搬することを居住者はもちろんのこと，事業者，設計者，施工者も理解しておく必要がある．

4.2.5 コンクリート躯体床（素面）の床衝撃音遮断性能

建物の床仕上げや直下室の天井仕上げなどの内装工事が行われていない段階で行われるコンクリート躯体床板（素面）での重量床衝撃音遮断性能の測定は，コンクリート躯体床の重量床衝撃音遮断性能に対する設計時の予測計算値を確認するために行われる．躯体床板素面の重量床衝撃音遮断性能の測定は，理想的には受音室の天井面は施工されておらず，間仕切壁やサッシ，扉（仮扉）等が施工され，音源室の床面はコンクリート躯体の状態（素面）で実施されることが望ましい．ただし，建築工程上，このような条件を測定のためだけに揃えることは通常の工事工程と異なるので，床板素面時の性能測定は，あらかじめ施工者と十分に調整を行ない，実施する．

躯体床板素面時の設計目標値は，次に示す条件を前提として設定する．

a．床仕上げ構造が直張り床上げ構造の場合は，竣工時の重量床衝撃音遮断性能は，躯体床での性能値とほぼ同等となる．

b．乾式二重床の床下空気層厚が 100～200 mm 程度である場合は，竣工時の重量床衝撃音遮断性能は，躯体床での性能値に対して遮音等級で 1 ランク程度低下するする場合が多い．また，受音室の天井懐の空気層厚が 100～200 mm 程度で，軽量鉄骨下地によるボード天井（いわゆる二重天井）とする場合は，振動系が連成系となるため，63 Hz 帯域における二重天井の低減量は 0 ～ 2 dB 程度として扱う．

直張り床仕上げ構造が採用される場合のコンクリート躯体床での遮断性能目標値は，竣工時の設計目標値と同じ値とされている．乾式二重床が採用される場合は，竣工時の設計目標値に対してのコンクリート躯体床の性能目標値は，遮音等級で 1 ランク高い性能値を目標値とする．例えば，竣工時の設計目標値が L_H-55 であれば，L_H-50 とする．

4.2.6　共用通路・共用階段と近接住戸間の床衝撃音遮断性能設計目標値

共用通路の歩行音，共用階段の昇降音が影響を及ぼす可能性のある住戸は，全体の住戸数から見れば少ないが，苦情の発生に結びつくことは多い．共用通路や共用階段の歩行による居室内の発生音を対象とした設計目標値は，聞こえないことを前提として設定することが望ましい．それが不可能と判断される場合は，対象住戸居室で一番静かになる時間帯の室内騒音（暗騒音）の騒音等級に対し，1 ランク高い性能値を設計目標値として設定することが多い．

4.2.7　床仕上げ構造の床衝撃音レベル低減量

1) 代表的な床衝撃音レベル低減性能

床仕上げ構造の床衝撃音レベル低減量は，設計目標値とは異なるが，床衝撃音遮断性能の設計目標値の設定に直接関わることから，ここでは，以下の代表的な 3 つの性能値の表示方法，測定方法について述べる．

a）床衝撃音低減性能の等級表記指針 [4-2] の等級

b）推定 L 等級 [4-3]

c）住宅品確法の住宅性能表示制度における試験ガイドライン [4-4] による等級

このうち，事業者や設計事務所等の多くでは，a)または b)の方法を用いて，床仕上げ構造の床衝撃音レベル低減性能に関する社内規準（自主的規準）を以下のように設定し，床仕上げ材の選定規準としている．

a）床衝撃音低減性能の等級表記指針による場合

a．標準重量衝撃源(1)（バングマシン）による床仕上げ構造の床衝撃音レベル低減性能は，乾式二重床の場合，$\Delta L_H(\mathrm{II})$-2 以上．

b．標準軽量衝撃源（タッピングマシン）による床仕上げ構造の床衝撃音レベル低減性能は，乾式二重床の場合，$\Delta L_L(\mathrm{II})$-3 以上．

b）推定 L 等級による場合

a．重量床衝撃音遮断性能に関しては，L_H-50 合格製品を用いる．

b．軽量床衝撃音遮断性能に関しては，L_L-40 合格製品，または L_L-45 の合格製品を用いる．

現状では住宅品確法の住宅性能表示制度による試験ガイドラインに規定された等級表示によって社内規準が定められていることは少ないと考えられるが，床仕上げ材料選定時の判断資料とし

ては，よく利用されている．

2) 床衝撃音レベル低減量の測定方法

床仕上げ構造の床衝撃音レベル低減量は，試験用床板素面で測定された床衝撃音レベルから試験床に床仕上げ構造を施工した後に測定された床衝撃音レベルを差し引いた値をいう．

床仕上げ構造の床衝撃音レベル低減量の測定方法には，住宅性能表示制度の試験ガイドライン[4-4]やJIS A 1440-1[4-5]，-2[4-6]また，公的試験機関や都市再生機構（旧都市基盤整備公団，住宅都市整備公団）等が独自に定めた規格などがある．これらの床衝撃音レベル低減量の測定方法は全て実験室を用いて行うものであり，実際の建物における床衝撃音レベル低減量の測定方法は，現在のところまだない．

床衝撃音レベル低減量の実験室測定方法は，試験装置（試験施設）を，これまでの"残響室"としたものから，壁式構造のコンクリート構造物（いわゆる"箱形試験装置"）を用いる方法へ統一されてきた．

"残響室"は，試験機関によって形状は異なるが，図4.3.1に示すように，上下に配置された残響室を仕切る界床の開口部に，150±10 mm厚，面積10 m^{2}のプレキャスト床板（試験用コンクリート床板）をピン支持または自由端となるように設置し，その上に床仕上げ構造を施工する．

床仕上げ構造の施工は，通常，居室中央部の仕様を周辺部まで連続して施工し，15 mm程度のすき間を四周のかまちとの間に設ける．床仕上げ構造が乾式二重床の場合は，二重床周辺部の際根太や巾木などの納まりは再現されず，居室中央部分の一般的な仕様をもって周辺部まで連続して行われる〔図4.3.2〕．ただし，都市再生機構では，すき間処理は標準仕様に従うことを規定している．

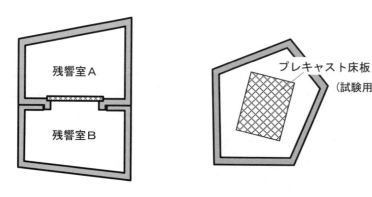

(a) 断面図　　　　　　　　　　　(b) 平面図

図4.3.1　床仕上げ構造の床衝撃音レベル低減量測定に用いる残響室の概要

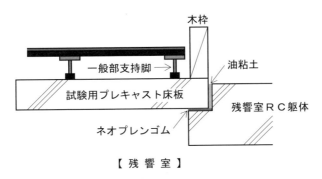

図 4.3.2 "残響室"での床衝撃音レベル低減量試験時の乾式二重床端部納まり（断面図）[4-3]

"箱型試験室"は，より実住戸に近い形で測定を行うことを目的として，JIS A 1440-1，-2 や住宅性能表示制度の試験ガイドラインに規定されたものであり，図 4.3.3 に示すように面積 20 m² 程度，厚さ 150 ± 10 mm と 200 ± 10 mm の床板からなる．

床仕上げ構造の施工方法は，次に示す床仕上げ構造のカテゴリー分類により異なる．試料がカテゴリーⅡに該当する場合は，四周に壁との取合い部や，出入口，掃出し窓部における納まりまで，実際の現場における施工を再現することになっている〔図 4.3.4〕．カタログで"実大実験棟"，または"品確法の性能表示特別評価方法認定試験"などの記載のあるものは，この"箱型試験室"で計測された結果を表している．

現状では，床仕上げ構造の床衝撃音レベル低減量は，JIS A 1440-1（実験室におけるコンクリート床板上の床仕上げ構造の床衝撃音レベル低減量の測定方法　第 1 部　標準軽量衝撃源による方法），JIS A 1440-2（第 2 部　標準重量衝撃源による方法）に統一され，測定，表示されている．

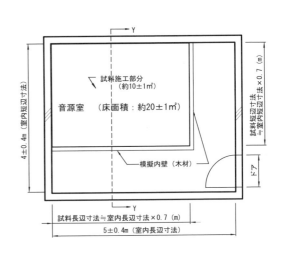

(a) 断面図　　　　　　　　　　(b) 平面図

図 4.3.3　JIS A 1440 に規定された試験装置（試験施設）の概要 [4-5), 4-6)]

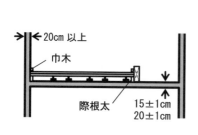
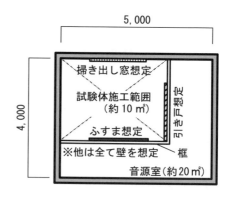

(a) 断面図　　　　　　　　　　　　　　(b) 平面図

図 4.3.4 "箱型試験室"におけるカテゴリーⅡ（乾式二重床）の端部納まり（断面図）[4-5], [4-6]

3）床仕上げ構造のカテゴリー分類

床仕上げ構造の床衝撃音レベル低減量は，コンクリート躯体床構造に対して床仕上げ構造の断面仕様によって異なり，特徴づけられることから，床仕上げ構造をカテゴリーⅠからカテゴリーⅢまでカテゴリー分類し，これによって測定方法を分類している．

JIS A 1440-1, JIS A 1440-2 や住宅性能表示制度の試験方法ガイドラインでは，次に示す a)～c) のカテゴリー分類によって，標準重量衝撃源より若干大きい試料での試験とするか，あるいは標準試験用コンクリート床全面に床仕上げ構造を施工して試験を行う必要があるかを判断する．

a) カテゴリーⅠ (small specimens)

面的に異方性がなく，均質な材料で，標準重量衝撃源による加振時の変形が加振点およびそのごく周辺だけであるもの．標準重量衝撃源より若干大きい程度の小寸法試料で試験が十分可能な試料．

例えば，マット，カーペット（部分敷き），コルク，プラスチック，ゴムなど

b) カテゴリーⅡ (large specimens)

比較的曲げ剛性の高い材料をもつ複層の床仕上げ構造であり，標準重量衝撃源による加振に対して，仕上げ材の変形の平面的広がりが無視できない試料．

例えば，浮き床構造，根太床構造，乾式二重床構造，発泡プラスチック系床構造，直張り木質フローリング，畳など．

c) カテゴリーⅢ (stretched specimens)

床面全面を覆い張力を用いて仕上げるような柔軟な仕上げ材の試料．

例えば，張力を用いて施工するじゅうたんなど．

なお，カテゴリー分類が不明な試料は，カテゴリーⅡとして扱うこととされている．

4）床材の床衝撃音レベル低減性能の等級表記指針による性能表示

床材の床衝撃音レベル低減性能の等級表記指針[4-2]は，床衝撃音レベル低減量の測定方法を定めた JIS A 1440-1, -2 が 2007 年 10 月に制定されたことを契機に，日本乾式遮音二重床工業会，発泡プラスチック床材研究会，日本防音床材工業会からの要請を受け，（一財）日本建築総合試

験所が事務局となって組織した「床材の床衝撃音低減性能の表現方法に関する検討委員会」によって2008年4月に策定されたものである．

等級の表記は，軽量床衝撃音レベル低減量の等級（ΔL_L 等級）と重量床衝撃音レベル低減量の等級（ΔL_H 等級）のそれぞれに対し，ΔL_L 等級は表4.8に示すΔL_L-1からΔL_L-5までの5等級，ΔL_H 等級は表4.9に示すΔL_H-1からΔL_H-4までの4等級で行う．

なお，この等級表示では，次の点に注意する．

a．ΔL_H 等級表記のための試験に用いる標準重量衝撃源は，JIS A 1418-2に規定された衝撃力特性(1)のタイヤ衝撃源（通称，バングマシン）であり，衝撃力特性(2)の衝撃源（通称，ゴムボール）による試験ではない．ゴムボールを衝撃源とした測定による試験結果の場合は，ΔL_H 等級の表記はできないことに留意する必要がある．

b．等級表記することができる試験結果は，この指針で規定された試験方法で得られた値であり，他の試験方法で得られた試験結果を等級表示することはできない．

表4.8 軽量床衝撃音レベル低減量の等級（ΔL_L 等級）

表記する等級	軽量床衝撃音レベル低減量の下限値				
	125 Hz 帯域	250 Hz 帯域	500 Hz 帯域	1 kHz 帯域	2 kHz 帯域
ΔL_L-5	15 dB	24 dB	30 dB	34 dB	36 dB
ΔL_L-4	10 dB	19 dB	25 dB	29 dB	31 dB
ΔL_L-3	5 dB	14 dB	20 dB	24 dB	26 dB
ΔL_L-2	0 dB	9 dB	15 dB	19 dB	21 dB
ΔL_L-1	－5 dB	4 dB	10 dB	14 dB	16 dB

表4.9 重量床衝撃音レベル低減量の等級（ΔL_H 等級）

表記する等級	軽量床衝撃音レベル低減量の下限値			
	63 Hz 帯域	125 Hz 帯域	250 Hz 帯域	500 Hz 帯域
ΔL_H-4	5 dB	－5 dB	－8 dB	－8 dB
ΔL_H-3	0 dB	－5 dB	－8 dB	－8 dB
ΔL_H-2	－5 dB	－10 dB	－10 dB	－10 dB
ΔL_H-1	－10 dB	－10 dB	－10 dB	－10 dB

5）推定L等級による性能表示

1985年頃より，広く用いられていた推定L等級[4-3]は，実験室で測定された床仕上げ構造の床衝撃音レベル低減量から，当時の標準的な建築条件（床面積15 m² 程度，床厚15 cmのコンクリート板）を仮定した実建物居室での床衝撃音遮断性能を推定したものである．推定L等級は，一般にも理解しやすい等級表示方法であったことから，床仕上げ構造の製品性能の表記方法として広く普及し，床仕上げ構造の選定に利用されたり，集合住宅の販売パンフレットに記載されたりしていたが，竣工時の空間性能を保証するものであるとの誤解を招くことが多く見られた．

推定L等級が採用された当初は，対象となる床仕上げ構造も直張り床仕上げ構造が主流であり，建設される集合住宅のコンクリート躯体床構造とL等級を推定するときのコンクリート躯体構造の間にも大きな差はなく，推定L等級も十分に機能し妥当な方法であったと考えられる．

しかし，コンクリート躯体床構造の面積，厚さ，工法などが多様化し，床仕上げ構造も多種類のものが開発され商品化されるようになると，推定L等級による評価では実際の集合住宅での測定値と合わないという事態が生じてきた．とくに床仕上げ構造が乾式二重床構造の場合は，同じ製品が用いられても，コンクリート躯体床構造が異なることにより低音域の床衝撃音レベルが大きく変化することから，推定L等級による性能表示には問題があるとされた．また，床衝撃音遮断性能の変化と床仕上げ構造の性能表示との間に生じる差異は，居住者からの苦情申し立ての大きな要因ともなり，性能表示の方法が問題視されるようになっていった．そのため，現在では，床仕上げ構造の床衝撃音レベル低減性能の等級表記は，前述の等級表示指針に示された $\varDelta L$ 等級で表示することが多くなっている．

4.2.8 住宅性能表示制度試験ガイドライン

住宅性能表示制度では「重量床衝撃音対策」，「軽量床衝撃音対策」および「透過損失等級（界壁）」に関して，特別な界床，界壁等の構造仕様についての評価を行う場合には，原則として遮音測定の結果を基に行うことが定められている．住宅性能評価機関等連絡協議会では試験ガイドライン[4-4]を策定しており，各種試験方法が定められている．

例えば，
 a．床仕上げ構造の重量床衝撃音レベル低減量は，JIS A 1418-2 の附表書1に規定された衝撃力特性(1)を有する標準重量衝撃源を用い，JIS A 1440-2 の附属書Cに従って測定する．
 b．床仕上げ構造の軽量床衝撃音レベル低減量は，JIS A 1440-1 の附属書Cに従って測定する．

4.2.9 屋外からの透過音による室内静ひつ性能

屋外から居室内への透過音に対する室内静ひつ性能の設計目標値は，ほとんどの場合，道路騒音，鉄道騒音などを対象として設定されている．

屋外からの透過音に対する室内静ひつ性能に関する設計目標値は，
 a．評価尺度にオクターブバンド5％時間率音圧レベルを採用して設定した場合は，N-40〜N-45
 b．評価尺度にオクターブバンド等価音圧レベルを採用して設定した場合は，N-35〜N-40
とされることが多い．

この屋外からの透過音に対する室内静ひつ性能の設計目標値を設定する場合の評価量として，どちらの評価量を採用するかは，竣工時の多くの実測資料からの判断と経済性とを加味していずれかに使い分けられているが，次のa．，b．のいずれかの環境条件の場合には，過去の苦情の発生事例などを考慮すると，5％時間率オクターブバンド音圧レベルを評価量に採用することが望ましいとされている．
 a．交差点近くの計画地において自動車の発進時に上昇する自動車騒音の影響に配慮する場合
 b．夜間に交通量が少なくなり，自動車騒音が1台ごとの間欠騒音の状態になる場合

鉄道に近接した敷地に建物が計画されるとき，音源の負荷レベルが大きすぎて必要な遮音性能を確保することが難しいことから，住宅購入者の性能要求水準から定まる設計目標値ではなく，建築的な対応策である窓サッシの仕様から予測される室内静ひつ性能を設計目標値として設定すること

もある．例えば，窓サッシに二重サッシ（T-4 以上の遮音性能）を採用した場合，それを用いた室内騒音の予測計算値を設計目標値として採用する．この方法は，遮音材料・遮音構造を検討する場合の遮音性能の限界および特殊な遮音構造を持つ建材の採用による計画上の問題点，経済性，居住者の利便性なども含めての総合的な判断による結果ではあるが，このような目標値の設定方法は望ましいことではない．

4.2.10 設備機器，管路系発生音による室内静ひつ性能

共用および住戸専有の設備機器・装置の稼動時，あるいは作動時の発生音に対する設計目標値は，固体音の影響をも含めた室内静ひつ性能を考える必要があり，次のように設定されるのが一般的である．

a．ポンプ，空調設備・換気設備，機械式立体駐車施設，自動ドア，エレベータ，駐輪機等の共用設備機器・施設等が騒音源の場合

室内静ひつ性能の設計目標値は，対象住戸居室内において原則として「聞こえないレベル」とすることが望ましいが，一般には N-25 以下に設計目標値を設定することが多い．

b．給湯・暖房用熱源機，空調用室外機，ディスポーザ，その他の住戸内専有設備機器等が騒音源の場合

他住戸への影響を考えれば，上記の a．と同じ設計目標値となるが，各住戸ともにほぼ同様の音源となる機器があり，また利用していることから，共用設備機器を音源とする場合よりも居住者の反応は弱くなる傾向がある．

4.2.11 開口部衝撃音，落下音による室内静ひつ性能

最近の傾向として，扉，窓等の開口衝撃音，浴室における桶，シャンプーの容器などの落下音が騒音源として取り上げられている．これらの騒音源に対する室内静ひつ性能は，音源および受音室での測定条件が指定されて設計目標値が示されることが多い．

この場合の設計目標値は，「聞こえない」レベルであることを前提としているが，現状では，設計，施工上の対応策の検討が遅れており，「聞こえない」を条件とした設計目標値を設定できないので，対象室内の暗騒音レベルを 10 dB 以上超えない値を参考値（目標値）として設定することが多い．

4.2.12 他住戸からの歩行音による室内静ひつ性能

苦情の中でも申し立ての頻度が高い歩行音は，床衝撃音遮断性能の範疇に入るため，室内静ひつ性能として設計目標値が設定され，遮音設計がなされることはない．

居住者からの歩行音に関する苦情に対しては，対象となる居室床構造の床衝撃音遮断性能が設計目標値を充足しているかの確認がまず行われる．対象とされる床構造の床衝撃音遮断性能の実測値がない場合は，その測定を居住者より要望されることが多い．しかし，騒音源があるとされる上階住戸の居住者に，標準衝撃源を用いた床衝撃音レベルの測定への協力を求めることは困難であることが多い．仮に上階住戸居住者の協力が得られて検証のための測定が可能となり，床衝撃音遮断性能が設計目標値を充足していることが明らかにされたとしても苦情の解決に結びつくことは少なく，足音が聞こえるということで実歩行による歩行音の測定が要求される．したがって，その値によっての性能評価が求められることが多い．しかし，測定された歩行音をどのように評価するかは

難しい問題であり，今後の課題であるといわれている．苦情への対応として測定された歩行音の評価の現状は，生活音の1つとして室内静ひつ性能規準で行われることが多く，A特性音圧レベルで30〜35 dB（L_H-50〜L_H-55の性能で聞こえる歩行音の一般的レベル）が1つの判断規準となる．

4.2.13 共用施設に対する住戸の基本的音響性能

近年の集合住宅には集会室，キッズルーム，パーティールームといった共用施設が付設されることが多い．このような施設の利用者の行動は，通常の家庭生活とは異なったものになることを前提として設計する必要がある．

これらの諸室が住戸と接している場合の設計目標値は，住戸間の遮音性能よりも1ランク以上高い遮音性能とする必要がある．また，施設の利用面からは，隣接住戸の居住者に配慮した時間制限や使用細則などを利用者に周知させることも必要である．

ただし，これらのことは住戸が隣接している場合の問題であり，このような配慮をせずに済むような建物の計画であることが望ましい．

引用・参考文献

4-1) 日本建築学会編：建築物の遮音性能基準と設計指針　第2版，技報堂出版，1997

4-2) 日本建築総合試験所：床材の床衝撃音低減性能の等級表記指針，2008.4

4-3) 田中学，中川清，村石喜一，山本耕三：乾式二重床の遮音性能評価基準と試験方法の現状，日本騒音制御工学会研究発表会講演論文集，No. 1-2-3，pp.43-46，2006.4

4-4) 住宅性能評価機関等連絡協議会：遮音測定の結果による音環境に関する試験ガイドライン，2001年6月1日決定，最終改正　2007年10月3日

4-5) JIS A 1440-1：2007：床仕上げ構造の床衝撃音低減量の測定方法　第1部：標準軽量衝撃源による方法

4-6) JIS A 1440-2：2007：床仕上げ構造の床衝撃音低減量の測定方法　第2部：標準重量衝撃源による方法

第5章　音響性能目標値に対する遮音設計方法

5.1　道路騒音・市街地騒音・鉄道騒音などの屋外騒音を対象とした遮音設計方法
5.1.1　建物の配置計画による設計上の対応

　幹線道路や鉄道軌道に近接した敷地に集合住宅を建設する場合，住戸居室への道路騒音，鉄道騒音の影響は，音の回折，距離減衰などの効果によって大きく変わるので，計画建物の敷地内での配置の仕方による騒音低減効果を設計上で有効に利用することができれば，外周壁（外壁，窓サッシ・ドア，換気口）に入射する音響負荷量を軽減することができる．

　しかし，建物の建設コストからみた敷地の有効利用を考えれば，実際には遮音という視点からの建物配置計画による遮音計画上の建物コスト減と，敷地有効利用による利益との対比が問題となり，この配置計画による騒音低減方法の採用は，限定されることになる．

5.1.2　音源となる道路騒音・市街地騒音の把握

　一定の性能水準の音響性能を保持する集合住宅の設計業務の第一段階として，建物建設計画地の環境騒音の調査がある．これは，建物計画時の敷地の測量作業と同様に，全ての物件において実施されることが望ましい．もしそれが望めなかったとしても，次に示した敷地環境条件に該当する計画敷地においては，建物計画時に入念な調査を実施する必要があり，環境騒音の測定は，設計時の必須条件となることに留意する必要がある．

　　a．幹線道路近くにある計画敷地
　　b．大きい交差点の直近にある計画敷地
　　c．鉄道軌道に近接する計画敷地
　　d．消防署，警察署に近接した計画敷地
　　e．工場などの騒音発生箇所が周辺にある計画敷地
　　f．空港周辺の航空機の飛行経路に近い計画敷地

　また，鉄道軌道・地下鉄軌道に計画敷地が近接している場合には，軌道からの振動による固体音の影響があることにも留意する必要があり，計画建物外周壁相当位置における地表面での振動測定（固体音領域）も環境騒音の測定と同様に，その測定は建物計画時の必要条件となる．

　とくに地下鉄軌道の場合には，列車は地下を走行しているのでその騒音の影響はないものとして設計時の対象とされていないこともあるが，列車走行時に鉄道軌道に発生した振動による固体音への配慮は，設計当初から必要であることに留意しておかなければならない．

1）測定量と測定点
　　a）測定量
　　　　計画建物の遮音設計を行うために，計画敷地の平均的な環境騒音の測定を実施する場合には，次の2つの測定量が採用されている．
　　　　　a．5％時間率オクターブバンド音圧レベル
　　　　　b．オクターブバンド等価音圧レベル
　　　　また，単一数値でのA特性等価音圧レベルを用いての設計，評価をする方法も最近の話題

にはなっているが，集合住宅の遮音設計のための音響負荷量を取得するという視点からは，このA特性等価音圧レベルのみを測定量として採用することは望ましくない．一般的に見ればオクターブバンド等価音圧レベルが採用されているが，夜間に自動車の交通量が少なくなる道路において，単独に自動車が走行しているとわかるような場合，あるいは交通信号に近い敷地で自動車の発進時騒音が対象となる場合は，このような環境条件での測定時には，5％時間率オクターブバンド音圧レベルを測定量として採用することが望ましい．

b) 測定点の設定

計画されている集合住宅の外周壁面に相当する位置に測定点を設定するのが一般的である．もし敷地が更地でなくその位置に測定点を設定できない場合には，遮音設計時に設計対象壁面における音響負荷（外周壁面入射音レベル）の推定が容易になるような場所を選定する．

また，敷地内での水平方向での騒音の伝搬特性を求めるには，計画敷地の主となる音源（道路）に接する位置に基点を選定し，その基点から一定の距離間隔に複数点の測定点を設定し，各測定点で同時に測定をする．その結果から敷地内における水平方向での音の伝搬特性を求める．

c) 高さ方向での騒音伝搬特性の測定点

計画敷地内で高い位置になって聞こえてくる騒音は，他街区からの騒音の影響による場合が多く，計画敷地に直接面する道路等から伝搬する自動車騒音よりも値が大きくなる．また敷地周辺に高い建物がある場合には，反射音の影響なども考えなければならないことがある．

したがって，建物の遮音設計のため道路騒音，鉄道騒音などの測定では，高さ方向における環境騒音のレベル変化の測定も行い，高さ方向でのレベル変化の影響の有無を確認しておく必要がある．

高さ方向での測定位置は，敷地中央または主たる騒音源に面する計画建物の外周壁相当位置において，高さ方向に垂直に一定間隔をとって数点の測定点を設定する．

2) 道路騒音・市街地騒音の時間によるレベル変動の測定

道路騒音が主となる環境騒音を対象とする測定では，時間帯によって交通量や走行速度が異なるため，測定値が大きく変動することはよく知られている．

この時間によるレベル変動を知るために一般的に採用されている方法は，測定時間帯を24時間とし実測時間を1時間ごとにそれぞれの毎正時連続した10分間としていることが多い．その測定結果の事例を図5.1に示した．

また，休日には，交通量，走行状態が平日と異なり道路騒音も変化する．一般的に見れば騒音の値は小さくなるので，休日での測定は避けるべきであるとされている．ただし，休日の方が交通量は増加する，あるいは季節的に交通量が大きく変化する，といった特別の影響を受ける建設計画敷地では，休日での測定または影響が大きくなると判断される日の測定が望ましい．

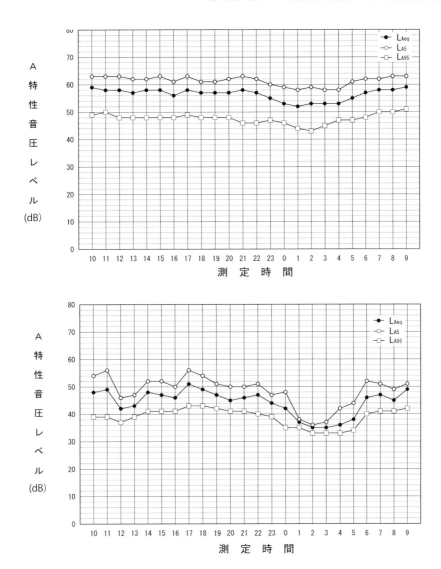

図 5.1 環境騒音(自動車騒音)の時間変動の例

3) 環境騒音の高さ方向でのレベル変化の測定

外周壁遮音設計時の音響負荷量を設定するための環境騒音測定時のマイクロホンの設置高さは,地表面より 1〜2 m の範囲であることが多い.

そして,測定された値を基にした遮音計算では,窓面に入射する音響負荷量は測定点より対象居室窓面までの距離による音の減衰があるとしてその低減量を求め,その値を音源の値から差し引くことによって設定する方法が一般的である.しかし,集合住宅の高層階では他街区からの音,地上での測定時には気になることもなかった音の影響を受け,地表面より高い位置での環境騒音の値は,ある範囲内ではあるが増加することが多い.そのため,地表面付近の測定結果を用いて各階外周壁面への音響負荷量を計算によって設定できるような事例は,郊外の計画建物周辺に計画建物より高い建物のない敷地環境を除いては,ほとんどないと考えてよい.したがって,建設

計画敷地の環境騒音測定計画には，高さ方向でのレベル変化の測定項目を入れておいた方がよいというよりも，高さ方向での測定は必須条件と考える必要がある．

とくに，高架鉄道・高架道路での発生音が主騒音源となるような場合は，地表面から1～2m点での測定値と上方位置の測定値とに大きな差があり，上方での値は地表面上1～2m点での値より必ず大きくなると考える必要がある．この高さ方向での環境騒音のレベル変化の測定にはいくつかの方法があり，計画敷地の条件に合わせて，次に述べるいずれかの方法が採用されている．

a) 既存建物を利用する方法

計画建物と同程度の高さの既存建物が解体されずに敷地内にあるときには，

a．既存建物の屋上から適当な腕木を突き出し，腕木の先端にロープを固定し，そのロープを壁面に沿って吊り下げ，吊り下げたロープにマイクロホンを一定間隔に複数個取り付けて測定する方法

b．既存建物の一定の階ごとに，同一壁面に設置されている窓面から適当な腕木の先端に取り付けたマイクロホンを屋外に突き出す形で測定する方法

が多く採用されている．

この方法では，既存建物外壁面からの反射音が測定値に影響が生じるのでこれを考慮する必要があるが，吊り下げたマイクロホンまたは腕木の先端に取り付けたマイクロホンが外壁面から1m以上離れていれば，実用的には外壁面からの反射の影響は小さい．

b) クレーン車でマイクロホンを吊り下げる方法

計画敷地内にラフタークレーン車を設置して，クレーン車によって測定用のロープを吊り下げ，そのロープにマイクロホンを一定の間隔に複数個取り付けて測定する方法が用いられている．この方法は，高さ方向での環境騒音のレベル変化の測定方法としてはごく一般的であるが，高さ方向での測定高さが40m前後までに限定される．もちろん大型のラフタークレーン車を使用すればそれ以上の高さでの測定も可能であるが，敷地環境騒音測定の時点では近隣問題を含め運用上に制限があり，クレーン車での測定では40m前後が限界と考えた方がよい．

c) 軽気球を用いる方法

ラフタークレーン車を用いた方法での測定限界を超えた高層集合住宅が計画されている場合には，写5.1，5.2に示した軽気球が用いられる．この軽気球によってマイクロホンを吊るし，所定の高さまでに気球を順次揚げていき，それぞれの高さにおける測定位置で環境騒音を測定していく方法が採用されている．

ただし，この方法では，ラフタークレーン車での測定のように，各高さ方向での複数の測定点を同時測定していないことによる測定値への影響を考える必要がある．これに対応していくため，地上に設けた固定点と気球による移動測定点とを同時測定し，固定点の値によって移動点の値を補正し，同時測定をしていないことの影響を軽減する方法が採用されている．これは必ずしも適切な補正方法とは言いがたいが，それ以外の適切な方法がないため，一般的に採用されている．

写 5.1　軽気球掲揚状況(1)　　　　　　　写 5.2　軽気球掲揚状況(2)

4) 測定結果から代表値を設定する方法

a) 時間によるレベル変動の代表値の設定

　計画敷地の環境騒音測定結果から，遮音設計のための外周壁面に入射する音響負荷量の代表値をどのように設定し，環境騒音の時間変動をどのように音響負荷量の設定に取り込むかによって，外周壁の必要遮音量に差が生じる．

　例えば，道路騒音（自動車騒音）は，1 日を通して見ても前述の図 5.1 に示したように大きく変動しているのが普通である．

　この変動する騒音を対象とした遮音設計のための環境騒音測定では，その測定量として等価音圧レベル（L_{eq}），5 ％時間率音圧レベル（L_5）のいずれかの値が採用されているが，この 2 つの測定量による測定値との間には差があり，ごく一般的に見れば L_5 の値の方が大きくなる．この 2 つの測定量の測定結果に基づき，遮音設計用の音響負荷量を設定しなければならないが，

　a．L_{eq} 値と L_5 値のどちらの値を採用するのかという測定量についての判断

　b．測定結果を平均した値を採用するとした場合，時間帯をどのように分割して平均するかの判断

　c．平均値ではなく 1 日の中でどの時間帯の値を採用するのかの判断

などいくつかの問題がある．

　どの測定量を採用するかによって，選定する窓サッシの遮音等級は少なくとも 1 ランクは変わると考えてよい．現状で多く採用されているのは L_{eq} 値である．時間帯については，測定時間帯を大きく 2 分割（6 時〜22 時，22 時〜 6 時）し，それぞれの時間の測定値のエネルギー平均値を用いるという考え方と，2 つの時間帯の中でそれぞれ一番大きな値を用いる，との考え方がある．この 2 つの方法のどちらが良いとは言えないが，どちらかといえば後者の方法による代表値の設定の方が厳しく環境条件を捉えているといえる．

したがって，音響負荷量を設定するための代表値の設定には，事業主または設計者の集合住宅への音環境に対する考え方が強く反映されるところであり，設計当初に関係者との協議が重要な設計条件の1つであることを認識しておくべきである．

b）高さ方向での周波数帯域ごとの代表値の設定

建設計画敷地で環境騒音の高さ方向でのレベル変化の測定結果は，各測定高さ方向で各周波数帯域での複数回の測定値の平均値で表示するのが一般的である．しかし，この表示方法では結果を利用しにくいので，図5.2に示したように，高さ方向での数点の測定値のうち，一番低い位置の測定値を基準として，各高さ方向での値を相対レベルで表示する方法が採用されている．この方法での表示を採用することによって，高さ方向でのレベル変化量を基準点との差によって求めることができる．これによって高さ方向での音響負荷量の設定がしやすくなるので，この方法による代表値の表示が多く採用されている．

5）測定時の留意事項

a）雨，風の影響への留意事項

環境騒音の測定では，マイクロホンには必ず防風スクリーンを付けて測定を行う必要がある．しかし，防風スクリーンも万全なものではなく，これによって風の影響を全く受けないということではない．とくに強風の場合には風による値の上昇があるので，測定は中止しなければならない．

また，雨天の場合には，雨によってマイクロホンが損傷してしまうことから，測定は中止となる．ただし，最近では市販の全天候型の防風スクリーンを取り付けて，雨天での測定も可能になったとして測定が実施されることがあるが，

a．雨量によっては雨音の影響が生じる

b．道路の水たまり部分を自動車が走行する際に高音域の騒音の発生がある

c．水たまりがない道路でも路面が濡れることによって高音域の騒音の発生がある

など雨の影響によって，音源となる環境騒音のレベル上昇があり，結果として遮音設計時の音響負荷量に影響を与える．このため，降雨時の測定は行わないことが望ましいというよりも，測定は中止すべきである．

b）交通信号に対する留意事項

交通信号によって停車していた自動車の発進時の騒音をどのように考えるかといったことは，24時間という時間帯を対象に，例えば1時間ごとに毎正時10〜30分間の測定をして環境騒音の時間変動を捉えるのとは異なった対応が必要である．このような敷地条件で，環境騒音の測定時からの配慮が必要であり，通常の時間帯による環境騒音の測定とは別途に測定をする必要がある．

c）樹木，草むらなど季節的要因等に対する留意事項

季節的な要因としては，敷地内，敷地近隣に樹木があるような場合には，夏にはセミの鳴声の影響，敷地が草むらなどである場合は秋には虫の鳴き声，また，樹木が敷地内，近隣にある場合には，早朝，夕方の時間帯には小鳥の鳴き声等が測定値に大きく影響する．

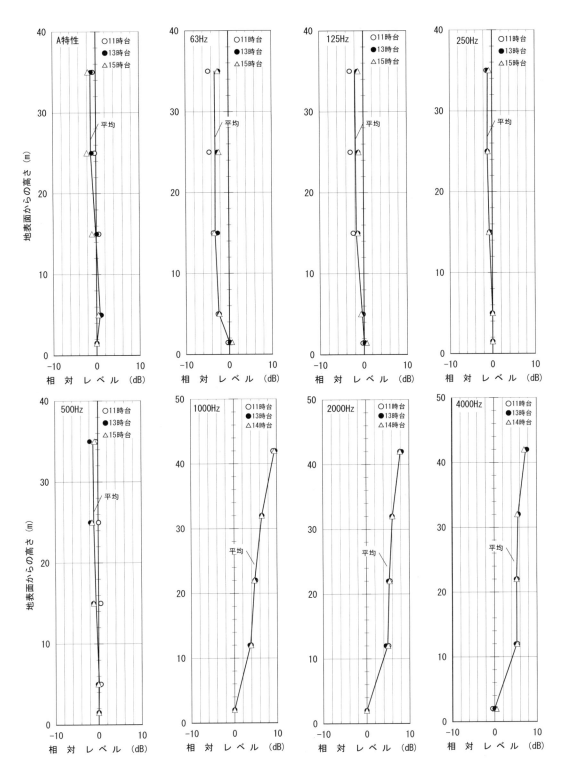

図5.2 高さ方向による環境騒音レベル変化の測定結果の例

しかし，これらの音源による影響は，周波数帯域別に見れば特徴があり，それを除外して音響負荷を推定することもある．

5.1.3 鉄道騒音の測定

建設計画敷地において，遮音設計用の音響負荷量を得るための測定時に自動車騒音などに比して鉄道騒音が卓越している場合には，鉄道騒音のみを対象として測定をする．

1) 測定量

鉄道騒音を測定する場合の測定量としては，63～4000 Hz を中心周波数とするオクターブバンド等価音圧レベルが採用される場合が多い．等価音圧レベルは，対象とする騒音の継続時間の取り方によって測定値に差異が生じるため，継続時間の取り方をあらかじめ定めておく必要がある．"遮音性能基準"に示されている方法では，鉄道騒音を対象とした等価音圧レベルを求める際の継続時間は，図 5.3 に示したように，対象とする列車走行音の最大値から 10 dB 下がった範囲を継続時間として算出としている．この方法が一般的に採用されていると考えてよい．

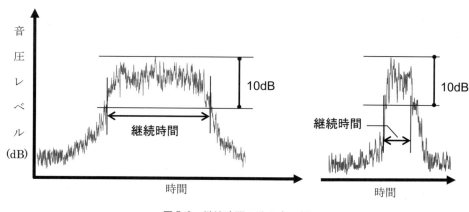

図 5.3　継続時間の取り方の例

a) 測定点の設定

測定点の設定にあたっては，鉄道軌道から計画建物外壁までの騒音伝搬を考えた時，その影響の大きい伝搬経路を推測し，影響の大きいと想定される位置に測定点を設定する．測定点数は，建物の規模，鉄道軌道との位置関係，周辺建物との位置関係によって異なるが，少なくとも 3～4 点を設定することが望ましい．

b) 測定対象列車数

鉄道騒音の測定では，列車通過時の騒音（間欠騒音）だけを対象に少なくとも 30 列車程度を測定することが一般的に採用されている．

ただし，鉄道路線によって列車運行本数が少ない場合には，とくに列車数の指定はないが，なるべく多く測定することが望ましいとされている．

5.1.4 外周壁の遮音設計の方法

1) 屋外からの透過音による室内騒音予測計算のフロー

外周壁の遮音設計は，屋外からの対象居室内への透過音による室内騒音が室内静ひつ性能の設

計目標値を充足するための設計にほかならない．その予測計算は，図 5.4 に示す計算フローに沿って行なわれている．

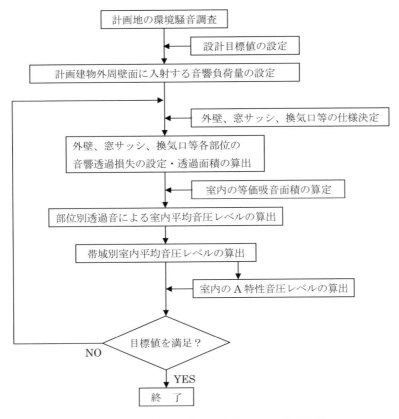

図 5.4　屋外からの透過音による室内騒音レベル予測計算フロー

　計算フロー図に示したように，計算対象住戸居室において，屋外からの透過音による室内騒音の予測計算では，次に示した諸量の値を計算資料としてそろえることが必要になる．それぞれの値は一定の値に固定化されたものではなく，建設計画敷地の環境騒音をはじめとして，集合住宅の個々の建築的条件によって異なる値をとる．

2) 遮音設計の諸条件の設定

a) 設計目標値の設定

　居室の室内静ひつ性能の設計目標値は，事業者・設計事務所の社内規定，または"遮音性能基準と設計指針"に規定されている騒音等級が適用され，設定されるのが一般的と考えてよい．
　また，外周壁から居室内への透過音だけでなく，鉄道軌道・地下鉄軌道からの固体音も対象となる場合は，室内静ひつ性能としての設計目標値を屋外からの透過音とは別途に設定する．一般的には，屋外からの透過音を対象とした設計目標値より騒音等級で 1 ランク高い性能値に設定される．例を挙げれば，屋外からの透過音の場合を N-35 とすれば，軌道からの固体伝搬音を対象としたときは N-30 と設定する．

b) 設計対象室の選定

屋外からの透過音の予測計算対象住戸は，建設予定の全住戸を対象とするのではなく，主となる騒音源に面する住戸の中から，次の条件で選定されている．

a．妻側住戸，中住戸の中からは住戸タイプの異なるそれぞれの代表的な住戸
b．下階，中間階，上層階の各階層で住戸タイプが異なる場合は，それぞれの代表的な住戸
c．窓面積が大きく，騒音の影響が大きいと考えられる住戸
d．2〜5階層ごとに下階から上層階までの住戸

また，選定された住戸における計算対象居室は居間と主寝室の2室することが多いが，できるだけ全居室を対象として計算することが望ましい．

c) 各部位の透過面積の算出

屋外から計算対象居室内への音の透過部位としては，外壁，窓サッシ・扉，換気口が主たるものである．この音の透過面となる各部位の面積は，設計者より提供された設計図書（設計図）により算出する．

d) 各部位の音響透過損失の設定

(a) 外壁の音響透過損失

建物外周壁の窓サッシ・扉，換気口等の開口部を除いた部分を外壁と呼んでいるが，この外壁の遮音性能値は，JIS A 1416に規定される残響室を用いる方法で測定された音響透過損失を用いる．

(b) 換気口の音響透過損失

室内の換気のために，居室の外壁に換気口が設けられるのが一般的である．この換気口は，開口面積が小さいために，遮音設計時（窓サッシ選定時）に無視されるかあるいは見落とされがちであるが，その開口面積は小さいものの，換気口の音響透過率は窓サッシより大きく，換気口からの透過音を外周壁の遮音設計において無視することはできない．T-2等級以上の遮音性能を有する窓サッシを採用する場合には，換気口は防音型のものを採用し，換気口からの透過音の影響を低減させる必要がある．

この換気口の遮音性能として遮音設計時に用いる値は，JIS A 1428に規定される方法によって測定された換気口の音響透過損失を$1 m^2$の透過面積で基準化した基準化音響透過損失を用いる必要がある．この基準化音響透過損失の測定事例を図5.5に示す．

(c) 窓サッシ・扉の音響透過損失

窓サッシの遮音性能には，外壁構造，換気口と同様に，JIS A 1416に規定される残響室法で測定された音響透過損失を用いる．

また，この予測計算に用いる窓サッシの音響透過損失は，窓サッシメーカより提供してもらうのが原則である．ただし，メーカからの資料提供の際に，計画建物に採用予定の窓サッシの型式，ガラス厚を考慮しないで単にT-2，T-3等級の遮音性能を持つ窓サッシの資料などが送付されることがあるが，このような資料による検討は避けるべきであり，そのためには，資料の提供を受ける際に計画建物に採用予定の窓サッシ仕様を伝え，それによる資料の提供を受け

る必要がある．扉についても窓サッシと同様に考える．

窓サッシや扉の遮音性能について実験室で測定した事例[5-1]を示せば，図5.6.1～5.6.5のようになる．また，ガラス単体での遮音性能を図5.6.6に示した．

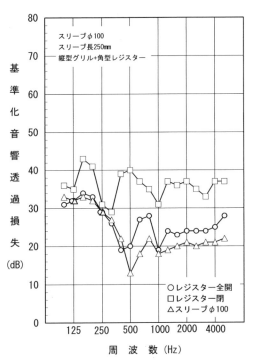

図5.5 壁付換気口の遮音性能の例

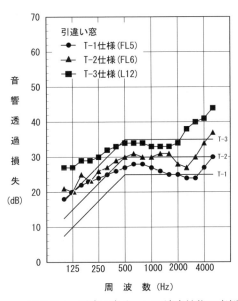

図5.6.1 引違い窓サッシの遮音性能の事例
（株式会社 LIXIL 提供）

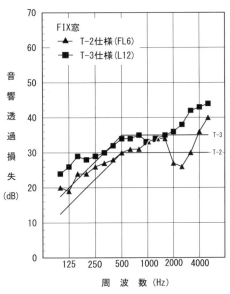

図5.6.2 Fix窓サッシの遮音性能の事例
（株式会社 LIXIL 提供）

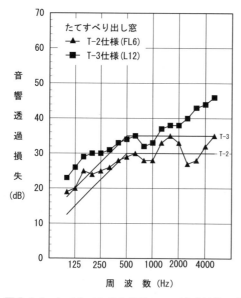

図5.6.3 たてすべり出し窓サッシの遮音性能の事例
（株式会社 LIXIL 提供）

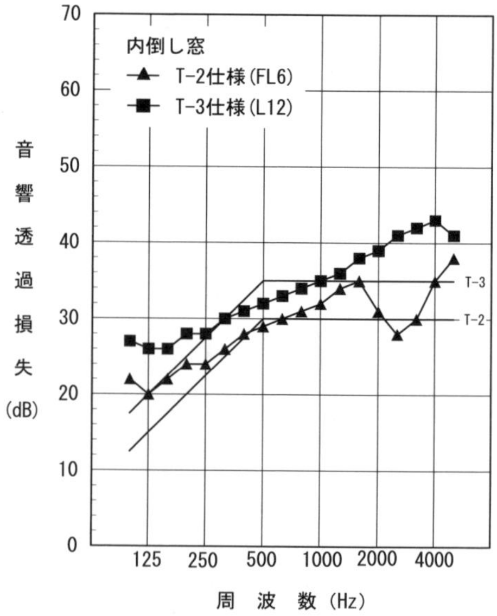

図5.6.4 内倒し窓サッシの遮音性能の事例
（株式会社 LIXIL 提供）

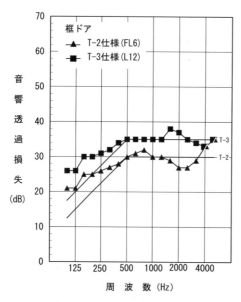

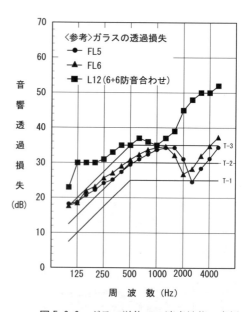

図5.6.5 かまちドアの遮音性能の事例
（株式会社 LIXIL 提供）

図5.6.6 ガラス単体での遮音性能の事例
（株式会社 LIXIL 提供）

(d) 対象室内の等価吸音面積の算出

　計算対象室の等価吸音面積 A は，室内表面積，内装材料・内装工法等の建築的条件によって決まるものであるが，実際の室内騒音の予測計算では，そのつど対象室の建築的条件による各部位の吸音率，面積によって等価吸音面積を算出することはなく，表5.1に示した竣工時の集合住宅での音響性能検証時に測定された居室の残響時間測定結果から求めた平均吸音率 $\bar{\alpha}$ を式5.1に示すように計算対象室の室内全表面積 S に乗じて求める．

表5.1 集合住宅居室の平均吸音率 [5-1]

	オクターブバンド中心周波数（Hz）						
	63	125	250	500	1000	2000	4000
平均吸音率	0.10	0.12	0.11	0.10	0.10	0.10	0.11

$$A = S \cdot \bar{\alpha} \quad \cdots\cdots\cdots\cdots\cdots\cdots\cdots\cdots\cdots\cdots\cdots\cdots\cdots\cdots\cdots\cdots\cdots\cdots\cdots\cdots\cdots\cdots\cdots\cdots\cdots\text{（式 5.1）}$$

ここで，

　　A : 対象居室の等価吸音面積（吸音力）（m^2）

　　S : 対象居室の室内全表面積（m^2）

　　$\bar{\alpha}$: 対象居室の室内平均吸音率

この居室の平均吸音率$\bar{\alpha}$は，建物竣工引渡し直前の状態で室内には家具・什器等がない状態を仮定して設定されている．

(e) 計算対象室外周壁面に入射する音響負荷量

計算対象室として選定された居室の外周壁への音響負荷量（入射音圧レベル）は，次に示す敷地環境騒音に関する各種資料より推定することになる．

a．24時間を通して毎正時1時間ごとに連続する10分間の計画敷地内で測定された値を基に，24時間での測定値から設定された敷地環境騒音の代表値

b．道路騒音などに比して鉄道騒音が特出するような敷地では，30列車以上を対象に列車通過時の列車騒音が，敷地環境騒音として測定されるのが一般的である．その測定結果の値の大きい方から10列車の値を抽出し，そのエネルギー平均値によって表示された値

c．計画敷地内で測定された環境騒音の高さ方向でのレベル変化量

d．敷地周辺建物と計画建物との位置関係

e．計画建物の計算対象室と騒音源となる道路・鉄道軌道などとの位置関係

ただし，d．，e．の影響については，過去の建物竣工測定時の測定資料，公表されている調査資料，それに経験が加味される項目である．

3) 予測計算式

屋外の騒音源による外周壁から居室内への透過音を対象とした遮音設計は，屋外からの対象住戸居室内への透過音による室内騒音の予測計算を行うことになる．その予測計算には，式5.2が主に使われている．

$$L_i = L_o - TL + 10 \log_{10} S/A + 6 \quad \cdots\cdots\cdots\cdots\cdots\cdots\cdots\cdots\cdots\cdots\cdots\cdots\cdots\cdots\text{（式 5.2）}$$

ここで，

　　L_i : 対象居室内の平均音圧レベル（dB）

　　L_o : 対象室外周壁面への音響負荷量（入射音レベル）

　　TL : 外周壁部材の音響透過損失（dB）

　　S : 音の透過面積（m^2）

A ：対象住戸居室内の等価吸音面積（吸音力）（m²）

多用されている式 5.2 は，主となる屋外騒音源が外周壁面から十分離れていて，外周壁面には平面波が入射し，受音室内は拡散音場であることを仮定している．したがって，外周壁各部位の遮音性能としての音響透過損失には垂直入射時の音響透過損失を用いる必要があるが，実用的には，安全側の値として垂直入射透過損失よりも値が小さくなるランダム入射時の音響透過損失の値（残響室を用いて測定された値）が用いられることが多い．また，対象外周壁面への入射音レベル SPL_o は，外周壁面からの反射音は含まれていない．

外周壁面への完全拡散入射を仮定した計算式には，式 5.3 がある．この場合の外周壁の遮音性能を表す壁の音響透過損失 TL は，ランダム入射時の音響透過損失である．

式 5.3 は，外周壁面への入射音に外周壁面での反射がない条件の場合に用いられ，式 5.4 は，外周壁面での反射音があるとき，反射音による値の上昇分の 3 dB を加えたものである．

$$L_i = L_o - TL + 10 \log_{10} S/A \qquad \text{（式 5.3）}$$

$$L_i = L_o - TL + 10 \log_{10} S/A + 3 \qquad \text{（式 5.4）}$$

ここで，

L_i ：室内平均音圧レベル（dB）

S ：透過面積（m²）

A ：室内等価吸音面積（m²）

これら 3 つの式は，計画敷地での屋外騒音の特性や条件によって使い分けられている．

4）居室内への透過音計算値のオクターブバンド音圧レベルを A 特性音圧レベルに換算する方法

対象住戸居室内への透過音はオクターブ帯域ごとに算出され，その結果は騒音等級 N によって表示されるのが一般的であるが，A 特性音圧レベル（騒音レベル）という単一数値で表示したい場合には，透過音の予測計算値に表 5.2 に示した A 特性値による補正（重みづけ）を行い，その補正後の音圧レベルのデシベル合成を式 5.5 によって行い，屋外からの対象居室内への透過音による室内騒音の A 特性音圧レベル L_A を算出する．

$$L_A = 10 \log_{10} \sum 10^{(L_e(fi) + a(fi))/10} \qquad \text{（式 5.5）}$$

ここで，

L_A ：A 特性音圧レベル（dB）

$L_e(fi)$ ：対象住戸居室内への透過音の各オクターブバンドごとの音圧レベル（dB）

$a(fi)$ ：周波数 fi における A 特性補正値（dB）

表 5.2 A 特性補正値（重みづけ）

	オクターブバンド中心周波数（Hz）						
	63	125	250	500	1000	2000	4000
A 特性補正値（dB）	−26	−16	−9	−3	0	1	1

5.2 内部騒音源に対する遮音設計方法
5.2.1 住戸間の遮音設計の方法

日常の生活行為によって発生し，隣接住戸に伝搬する騒音（生活音）には，空気音と室内歩行，扉，窓の開閉に伴う衝撃音，浴室での桶などの落下による衝撃音や給排水騒音などの管路系での発生など振動が建物躯体中を伝搬し，他住戸において天井・内壁面より音として放射される固体音とがある．また，ディスポーザ，掃除機，食洗機，洗濯機なども固体音の伝搬形態による騒音源であるといってよい．

住戸間の界壁の遮音設計では，前者の空気音としての伝搬になる音源を対象に隣接住戸との界壁・界床の空気音遮断性能を求めることにある．

住戸間の界壁構造選定のための遮音設計の考え方には2つの方法がある．1つは，設計対象住戸の受音側の住戸となる居室の静ひつ性能の設計目標値を設定した後に隣接する住戸の音源住戸となる居室で発生する音源を設定し，受音住戸居室内の設計目標値を満足させるために必要とする界壁構造の遮音性能を選定する方法である．もう1つは，空間性能としての室間音圧レベル差を設計目標値として，この空間性能（遮音等級）を満足させるために必要な界壁構造を選定する方法である．

この2つの方法の概要について述べれば，次のようになる．

5.2.2 音源強度と受音室の室内静ひつ性能の設計目標値からの界壁構造の選定
1) 界壁構造選定のための設計フロー

音源住戸居室内での音源の強度と受音住戸居室における室内静ひつ性能の設計目標値とから，界壁構造を選定する方法の考え方の流れを図5.7に示した．

この考え方によって界壁構造を選定する際には，音源にどのようなものを考えるかが重要な判断要因となる．日常生活を考えての音源であれば，会話，電話などの話し声，テレビ，ラジオの音などが対象となるが，設備機器が設置されている機械室に隣接する住戸が対象であれば，設置機器それぞれの音源について，発生音の音響パワーレベルの値が必要となる．

また，住戸内に練習または趣味のための音楽練習室などを設けるような場合には，音源室で使用される楽器の演奏音の音響パワーレベルを求めておく必要がある．

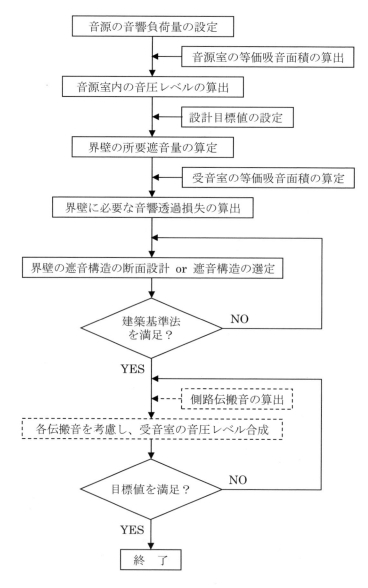

図 5.7　界壁構造設定のためのフロー

2）設計諸条件の設定

a）音源の音響パワーレベルの設定

　　日常生活における話し声，テレビ・ラジオの音等の発生音を対象とする場合は，遮音設計のための音源の音響負荷を設定するために，音源ごとに設計のつど，その音響パワーレベルを周波数帯域ごとに測定によって求めるのではなく，表 5.3 に示したような公表されている音源資料[5-1]を用いることが多い．また，楽器を対象とした場合にも，図 5.8.1～5.8.6 に示した各種楽器についての測定結果[5-2]が公表されているので，これらを音源資料として用いるのが一般的である．

表 5.3 住戸内発生音の音響パワーレベル[5-1] （単位：dB）

音源名			125	250	500	1000	2000	4000	A特性補正
			オクターブバンド中心周波数（Hz）						
話し声	大きめ	x	68.6	74.9	74.6	70.2	66.0	58.2	75.0
		σ	1.9	3.3	4.1	4.2	3.0	3.8	3.7
	普通	x	66.3	72.0	71.1	65.9	62.0	54.9	71.9
		σ	3.1	3.7	4.7	3.6	3.6	3.1	3.6
ニュース聴取 (男性アナウンサー)	大きめ	x	65.4	72.1	70.0	71.9	59.0	45.0	72.5
		σ	4.0	5.9	4.4	4.6	4.6	4.3	5.0
	普通	x	62.1	69.3	66.3	68.2	55.9	43.3	70.1
		σ	4.8	4.9	5.9	5.8	5.6	4.1	5.7
ニュース聴取 (女性アナウンサー)	大きめ	x	65.1	76.9	71.9	72.0	59.9	46.7	73.1
		σ	4.2	4.4	4.3	5.4	4.6	4.1	5.3
	普通	x	62.2	72.9	65.8	67.9	56.1	43.9	69.0
		σ	4.1	5.6	6.7	5.9	5.8	4.8	5.7
TV音楽番組聴取 (Be・B：憧夢〜風に 向かって)	大きめ	x	67.8	72.1	70.1	76.8	68.0	53.9	77.1
		σ	4.8	6.2	6.3	6.3	6.1	5.3	6.3
	普通	x	66.0	64.6	67.4	73.0	64.9	51.2	74.4
		σ	4.6	6.0	6.0	5.9	5.7	5.1	6.0
TV音楽番組聴取 (石川ひとみ：まち ぶせ)	大きめ	x	70.0	77.9	75.8	75.7	66.9	60.0	76.9
		σ	4.7	5.3	6.0	5.2	5.6	5.6	5.2
	普通	x	67.8	75.0	72.9	72.9	65.2	56.0	74.0
		σ	4.3	5.3	6.2	5.4	4.9	4.4	5.4
TV音楽番組聴取 (SMAP：たぶん オーライ)	大きめ	x	67.3	72.9	72.9	75.1	69.8	60.6	76.0
		σ	5.1	6.3	6.4	6.2	6.0	5.1	5.4
	普通	x	64.2	69.0	68.9	70.2	66.9	55.9	72.1
		σ	4.9	6.2	6.3	5.8	5.6	4.8	6.2
TV音楽番組聴取 (森進一：港町ブル ース)	大きめ	x	74.3	78.1	74.0	70.9	65.9	54.0	74.9
		σ	5.0	5.9	5.4	5.4	5.6	4.7	5.4
	普通	x	70.7	75.1	70.8	68.0	62.9	51.9	71.9
		σ	4.8	5.7	5.2	5.6	6.6	4.4	5.3
TV音楽番組聴取 (ウィーンフィル： 天体の音楽)	大きめ	x	69.0	74.9	73.3	74.4	68.0	53.9	76.1
		σ	4.6	4.8	4.9	5.0	4.7	4.6	4.8
	普通	x	65.0	69.9	67.0	68.0	62.1	50.0	66.9
		σ	3.4	4.4	4.4	4.6	4.2	2.4	4.6

x：平均値, σ：標準偏差

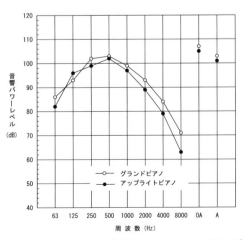

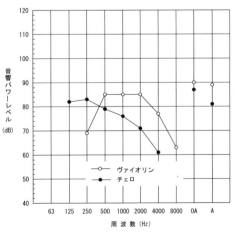

図 5.8.1 鍵盤楽器の音響パワーレベルの測定例[5-2]　　図 5.8.2 弦楽器の音響パワーレベルの測定例[5-2]

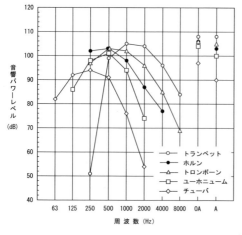

図 5.8.3　金管楽器の音響パワーレベルの測定例 [5-2]　　図 5.8.4　木管楽器の音響パワーレベルの測定例 [5-2]

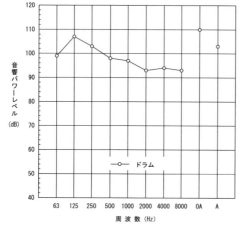
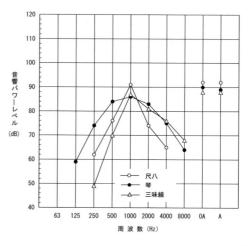

図 5.8.5　打楽器の音響パワーレベルの測定例 [5-2]　　図 5.8.6　和楽器の音響パワーレベルの測定例 [5-2]

b) 音源室内の音圧レベルの算出

　界壁の遮音構造を選定するための基本条件として，音源住戸内での音源に何を想定するかを第一に考え，その音源の発生音強度についての資料を整えておかなければならない．音源に関する資料が得られていれば，音源から音源室内への放射音による室内音圧レベル L_S は，式 5.6 によって算出することができる．

$$L_S = L_W - 10 \log_{10} A + 6 \quad \cdots\cdots\cdots\cdots\cdots\cdots\text{（式 5.6）}$$

ここで，

　　L_S：音源室内の音源からの放射音による室内音圧レベル（dB）

　　L_W：設定した音源の音響パワーレベル（dB）

　　A　：音源室の等価吸音面積（吸音力）（m^2）

　音源から室内への放射音による室内音圧レベルは，式 5.6 からわかるように，音源室内の壁・

天井・床等の内装面での吸音によって室内の音圧レベルを低減させる効果があり，遮音設計の視点からは，室内の等価吸音面積を大きくした方がよい．

この吸音の程度を示す等価吸音面積は，式5.7を用いて算出する．

$$A = S \cdot \overline{\alpha} \quad \cdots\cdots\cdots\cdots\cdots\cdots\cdots\cdots\cdots\cdots\cdots\cdots\cdots\cdots\cdots (式5.7)$$

ここで，

A ：音源室内の等価吸音面積（吸音力）（m²）

S ：音源室の室内全表面積（m²）

$\overline{\alpha}$ ：音源室の室内平均吸音率

ただし，音源室の室内平均吸音率には，表5.1に示した値が用いられるのが一般的であるが，音源室となる居室が，楽器の演奏や音楽の鑑賞に用いられる場合には，室内が適度な響きとなるように残響設計（吸音設計）が行われると考えられるので，この場合の等価吸音面積は，残響設計の結果から得られた値となる．したがって，等価吸音面積の算出に用いられる平均吸音率は，残響設計に用いられた平均吸音率を用いることになる．

3）受音室の室内静ひつ性能設計目標値の設定

受音住戸の受音室に設定された居室の透過音に対する室内静ひつ性能としての室内音圧レベルの設計目標値をどのように選定するかは，

a．隣接音源住戸からの音が聞こえないレベル

b．音源住戸からの透過音は聞こえるが，あるレベル以下であればよいとする

とのどちらかとなる．

4）界壁の所要遮音量の算出

音の伝搬経路を対象とする隣接する住戸居室間の界壁のみと考えた場合は，音源室となる住戸居室からの透過音による受音住戸居室内の音圧レベル L_R は，式5.8によって算出することができる．

$$L_R = L_S - TL - 10\log_{10} A_R + 10\log_{10} S \quad \cdots\cdots\cdots\cdots\cdots\cdots (式5.8)$$

ここで，

L_S ：音源室内の音圧レベル（dB）

TL ：界壁の音響透過損失（dB）

A_R ：受音室の等価吸音面積（吸音力）（m²）

受音室の等価吸音面積は，音源室と同様な考え方で求めればよい．

S ：音が透過する界壁の面積（m²）

したがって，2居室間界壁の所要遮音量 ΔL は，式5.9で求めることができる．

$$\Delta L = L_S - L_O + 10\log_{10} S \leq TL + 10\log_{10} A_R \quad \cdots\cdots\cdots\cdots (式5.9)$$

ここで，

  L_O：設計目標値（dB）

5）界壁に必要な音響透過損失の算出

　受音室となる居室の等価吸音面積が算出されれば，式5.9で求められた所要遮音量から，隣接する音源，受音住戸居室間の界壁に必要とされる音響透過損失は，式5.10で算出することができる．

$$TL = \Delta L - 10 \log_{10} A_R \quad \cdots\cdots\cdots\cdots\text{(式5.10)}$$

6）界壁の遮音構造の選定

　界壁構造（遮音構造）を遮音という視点から選定するには，実験室（JIS A 1416　実験室における建築部材の空気音遮断性能の測定方法）によって測定された遮音構造の音響透過損失値を編集して作成された「遮音構造データ集」などを用いるのが一般的である．建築構造設計上ですでに界壁構造が決まっている場合では，その壁構造が遮音データ集に収録されているかどうかを確かめ，収録されていない場合には，音響実験室において音響透過損失を計測して使用することになる．ただし，集合住宅の界壁については，建築基準法第30条の適用を受けるため，特別に材料構成された界壁構造を用いる場合には，国土交通大臣の認定を受ける必要がある．

5.2.3　室間音圧レベル差（D）による界壁構造の選定

　隣接する2住戸の居室間の遮音性能を表す室間音圧レベル差から，界壁の遮音構造を選定することもある．

　音源室から受音室への音の伝搬する経路が2居室間の界壁面だけとするならば，界壁面と室間音圧レベル差との間には，式5.11に示す関係がある．

$$D = TL + 10 \log_{10} A/S_W \quad \cdots\cdots\cdots\cdots\text{(式5.11)}$$

ここで，

  D　：室間音圧レベル差（dB）
  S_W：音の透過面積（界壁面積）（m^2）
  A　：受音室の等価吸音面積（m^2）

　また，集合住宅の標準的な居室間の場合には，式5.11の右辺の第2項は$10 \log_{10} A/S_W ≒ 0$となる事例が多い．したがって，界壁面から受音室への音の透過を考える場合，室間音圧レベル差の値が音響透過損失の概略値を示すものと考えて界壁構造を選定することができる．

　しかし，現状では，集合住宅設計時に界壁に必要な遮音性能についての検討結果から界壁構造を選定することは少なくなっている．それは，建物強度の面から設定されたコンクリート躯体壁構造，あるいは多くの施工実績から選定された乾式耐火構造壁が採用されている場合には，竣工時の音響性能の検証測定によって，ほとんどの事例で設計目標値を充足しているという結果に裏づけられている．

5.3　上下階住戸間界床の床衝撃音遮断性能の設計方法
5.3.1　床衝撃音遮断設計の基本的な考え方

床衝撃音遮断性能は，集合住宅の基本音響性能として重要な設計対象項目の1つとなる．

床構造設計時には，床衝撃音遮断性能が重視され，重量衝撃源，軽量衝撃源の2つの衝撃源を対象に床構造が検討されるのが一般的である．この検討時の基本的な考え方は，次のようになる．

重量衝撃源を対象とする場合には，その衝撃力が大きく，低周波数領域の衝撃力成分が卓越しているため，

 a．床構造の曲げ剛性や質量
 b．床板の周辺拘束条件
 c．床板の固有振動数

などが，床衝撃音遮断性能に大きく関係することを念頭に床構造設計は進められていると考えてよい．

軽量衝撃源の場合には，その衝撃力が比較的小さく，中・高周波数領域の成分が多くなる．よって，床仕上げ材の弾性による効果によって，床衝撃音レベルの低減を考えて床仕上げ材の選定をすればよい．この床仕上げ材の弾性による低減効果を重量衝撃源について見た場合には，その衝撃力が床仕上げ材の弾性範囲を大きく上回ることが多く，ほとんど低減効果はないと考えた方がよい．

したがって，床構造の床衝撃音遮断性能の設計では，重量軟衝撃源を対象として床構造を設計し，その後に実験室で測定された床仕上げ構造による床衝撃音レベル低減量を加え，性能予測をする方法が一般的に行われている．

重量衝撃源によって床構造が衝撃された場合，その床構造の直下階居室に放射される床衝撃音レベルの予測方法には，日本建築学会編で1988年に刊行された「建物の遮音設計資料」に記述されているインピーダンス法[5-3]が採用されてきた．

このインピーダンス法も，床構造の面積が大きくなり大型床板化してきたことを踏まえて，従来の床面積の適用範囲10〜30 m^{2}をより広い面積の床までに適用範囲を広げた「インピーダンス法2009」が提案され，日本建築学会編「建物の床衝撃音防止設計[5-4]」として刊行されるに至っている．これによって，予測計算の精度は従来より高くなり，計算値と実測値との対応についての検討も十分に行われていることから，ほとんどの場合，この方法によって予測計算が行われていると考えられる．他の予測計算方法に「拡散度法」，「有限要素法」，「統計的計算法」なども提案されている．

インピーダンス法2009で予測計算された結果と実測値との対応についての検討事例を示したものが図5.9.1，5.9.2である．この結果を見ると，予測計算値は安全側になる結果が得られているが，予測値より実測値が大きくなる値については，今後の検討が必要とされている．

床仕上げ構造の音響性能値としては床衝撃音レベル低減量が採用されているが，この低減量について，市販材料のカタログ，技術資料等に示されている性能表示方法は統一されていると必ずしもいえない．したがって，材料選定時には，カタログ等に示されている性能値が何を示しているかを考えて選定する必要がある．

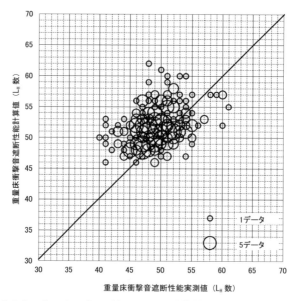

図 5.9.1 インピーダンス法 2009 での計算値と実測値との対応(1)

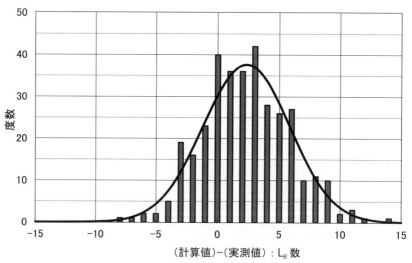

図 5.9.2 インピーダンス法 2009 での計算値と実測値との対応(2)

現在,床仕上げ構造の床衝撃音に対する低減効果を表示する方法として用いられているものには,4.2.7 に示したように次のものがあり,複数の方法で性能値が表示されている例もある.

a. 床仕上げ構造の床衝撃音に対する遮音性能として表示されている推定 L 等級
b. 残響室において防振支持された試験床を用いて測定された床衝撃音レベル低減量
c. JIS A 1440 に規定されている実験施設(通称箱型実験室)を用い,実際の施工条件に近い仕様で製作された試験対象床(供試体)を用いて測定された床衝撃音レベル低減量

これらの性能値の表示方法のどれが正しいかは,それぞれが提案された時期の技術的背景があり,簡単にその表示方法の良否を判断することはできないが,現時点では,インピーダンス法によって求めたコンクリート躯体床構造の床衝撃音レベルとの関連で,竣工時の床構造の床衝撃音遮断性能

を考えるならば，c.の箱型実験室で測定された床衝撃音レベル低減量を採用することが望ましい．

5.3.2 床衝撃音遮断設計の方法

1) 予測計算フロー

日本建築学会編「建物の床衝撃音防止設計」[5-4)]に述べられているインピーダンス法2009による重量床衝撃音レベル予測計算の流れに一部加筆したものを図5.10に示す．インピーダンス法は，床衝撃音の発生系を「衝撃源の衝撃力特性」⇒「床構造の振動特性」⇒「受音室の音響特性」の大きく3つに分け，発生系で特に重要な「床構造の振動特性」を振動のしにくさを表す駆動点インピーダンス Z（衝撃力 F／振動速度 V）で表し，床板の周辺拘束の影響や固有振動数域での振動増幅量などを駆動点インピーダンスの変化量として補正して，床衝撃音レベルを予測する．

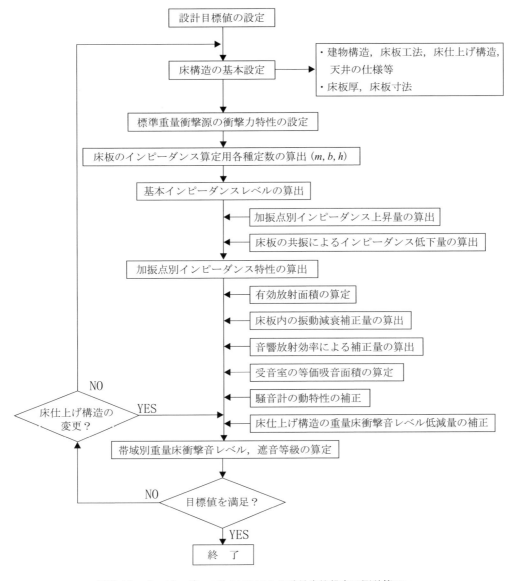

図 5.10 インピーダンス法2009による重量床衝撃音予測計算フロー

2）予測計算方法の概要

コンクリート躯体床構造の重量床衝撃音遮断性能の予測計算は，一般に図 5.10 に示した計算フローに従って実施される．予測計算のフローの中で主たる項目の概要を以下に示す．実際に予測計算を行う場合は，文献 5-4）の「建物の床衝撃音防止設計」により実施されたい．

a）設計目標値の設定

床衝撃音遮断性能の設計目標値の設定が，床衝撃音遮断設計の第一歩となる．床衝撃音遮断性能の設計目標値の設定は，竣工時の性能に対して行う．

一般に床仕上げ構造や天井仕上げが施されていない状態のコンクリート躯体床構造の設計目標値は，竣工時の設計目標値に対して，"遮音性能基準"の遮音等級で 1 ランク高い値を設定する．例えば，竣工時の設計目標値が L_H-55 であれば，コンクリート躯体床の設計目標値は，L_H-50 と設定する．

b）重量衝撃源の衝撃力 F_{rms} の設定

標準重量衝撃源には次の 2 種類があり，衝撃力波形，ならびに衝撃力暴露レベルの周波数特性が JIS A 1418-2 に規定されている．

a．タイヤ（バングマシン）が対応する衝撃力特性(1)の衝撃源
b．ゴムボールが対応する衝撃力特性(2)の衝撃源

標準重量衝撃源の衝撃力暴露レベルの周波数特性は，表 5.4 に示す値を用いる．

表 5.4 標準重量衝撃源のオクターブバンド衝撃力暴露レベル

	オクターブバンド中心周波数（Hz）				
	31.5	63	125	250	500
衝撃力特性(1)（タイヤ）(dB)	47.0	40.0	22.0	11.5	5.5
衝撃力特性(2)（ボール）(dB)	39.0	31.0	23.0	16.0	11.5

c）床板の基本インピーダンスレベル L_{zb} の算出

床板の曲げ剛性と面密度から，無限大板を想定した駆動点インピーダンスを式5.12により算出する．

$$Z_b = 8\sqrt{Bm} \quad \cdots\cdots\cdots\cdots\cdots\cdots\cdots\cdots\cdots\cdots\cdots\cdots\cdots\cdots (式 5.12)$$

ここで，

Z_b ：無限大板を想定した駆動点インピーダンス（kg/s）
B ：床板の曲げ剛性（N・m^2）$= E \cdot I$
E ：ヤング係数（N/m^2）
I ：断面 2 次モーメント（m^4）
m ：床板の面密度（kg/m^2）$= \rho \cdot h$
ρ ：床板材料の密度（等価密度），普通コンクリートの場合 $\rho = 2300$（kg/m^3）
h ：床板の厚さ（m）

次に，基本インピーダンスレベル L_{z_b} を，式 5.12 により算出された無限大板の駆動点インピーダンスより，式 5.13 によって求める．

$$L_{z_b} = 20 \log_{10} Z_b \quad \cdots\cdots\cdots\cdots\cdots\cdots\cdots\cdots\cdots\cdots\cdots\cdots\cdots\cdots\cdots\cdots\cdots\cdots\cdots\text{(式 5.13)}$$

ここで，

L_{z_b}：基本インピーダンスレベル（dB）

d) 加振点別のインピーダンス特性の算出

加振点別インピーダンス特性の算定は，式 5.13 により算出された基本インピーダンスレベルに，梁や壁等による床板端部の拘束による影響を加振点別の衝撃インピーダンスの上昇量として，また，床板の共振による影響を一般に床板内で最大の振動応答を生じる床板中央部分のインピーダンス特性で基準化してインピーダンス低下量として表し，基本インピーダンスレベルにこれらのインピーダンス変化量を補正して求める．

(a) 床板端部の周辺拘束によるインピーダンスレベル上昇量 ΔL_z の算出

梁や壁による端部の周辺拘束による影響は，衝撃インピーダンスの上昇量 ΔL_z として，式 5.14〜5.16 に示すいずれかの回帰式を用いて算出する．いずれの回帰式を用いるかは端部条件によって異なり，以下の条件に分けて取り扱う．

イ）端部の拘束性が高い場合（大梁支持の場合）

$$\Delta L_z = 15.37 - 68.86 \left(\frac{x}{\lambda_b}\right) + 98.65 \left(\frac{x}{\lambda_b}\right)^2 - 45.36 \left(\frac{x}{\lambda_b}\right)^3 \quad \cdots\cdots\cdots\text{(式 5.14)}$$

ロ）端部の拘束性が比較的高い場合（小梁の場合）

$$\Delta L_z = 10.93 - 55.86 \left(\frac{x}{\lambda_b}\right) + 92.57 \left(\frac{x}{\lambda_b}\right)^2 - 49.72 \left(\frac{x}{\lambda_b}\right)^3 \quad \cdots\cdots\cdots\text{(式 5.15)}$$

ハ）床スラブの剛性が高い場合

$$\Delta L_z = 5.26 - 26.91 \left(\frac{x}{\lambda_b}\right) - 44.59 \left(\frac{x}{\lambda_b}\right)^2 - 23.95 \left(\frac{x}{\lambda_b}\right)^3 \quad \cdots\cdots\cdots\text{(式 5.16)}$$

ここで，

x：床板拘束端から加振点までの距離（m）

λ_b：対象周波数での床板の曲げ波の波長（m）

(b) 床板の共振によるインピーダンス低下量の算出

床板は有限長であるため，床板の 1 次固有振動数付近と高次の固有振動数付近で振動応答量が増幅し，インピーダンスの低下が生じる．床板の共振によるインピーダンス低下量は，図 5.11 のように表し，床板の 1 次固有振動数が入る 1/3 オクターブバンド帯域から図を読み取って求める．

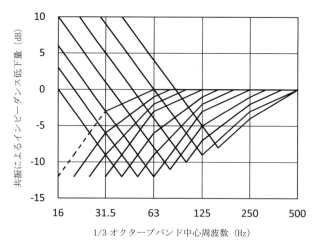

図5.11 床板の共振によるインピーダンス低下量

e) 床板の有効放射面積 S_{eff} の算定

有効放射面積 S_{eff} の算定は，端部周辺の拘束性の状況を3つの場合に分類し，それぞれ床板端部から除外する長さを表5.5のように定めて算定する．

ただし，対象室の壁が木造間仕切り壁や軽量鉄骨下地複層壁などの場合は，その方向に対する拘束の影響はないものとして，面積の除外は行わない．

表 5.5 有効放射面積の算出に際し床板端部から除外する長さ（単位：m）

周辺拘束状況	床板端部から除外する長さ
端部の拘束性が高いと判断した端部 （式 5.14 を適用した端部）	$0.27\ \lambda_b$
端部の拘束性が比較的高いと判断した端部 （式 5.15 を適用した端部）	$0.22\ \lambda_b$
床板の剛性が高いと判断した端部 （式 5.16 を適用した端部）	$0.18\ \lambda_b$

f) 重量衝撃源による周波数別床衝撃音レベルの算出

各項目の算出結果を用いて，オクターブバンドごとの重量床衝撃音レベルを式5.17によって算出する．

$$L_{Hf} = 10 \log_{10} \left(\frac{F_{rms}^2}{Z_{b,T}^2} \cdot \rho_o c_o \cdot S_{eff} \cdot \frac{4}{A} \right) + \Delta L_D + \Delta L_K + \Delta L_C - \Delta L_{fin} + 120 \quad \cdots\cdots \text{(式 5.17)}$$

ここで，

L_{Hf} ：オクターブバンド別重量衝撃音レベル（dB）

F_{rms} ：標準重量衝撃源の衝撃力実効値（N）

$Z_{b,T}$ ：床板の基本インピーダンス値に床板周辺拘束の影響と，共振の影響を考慮した加振点のインピーダンス値（kg/s）

$\rho_o c_o$ ：空気の固有音響抵抗（kg/s・m²）

S_{eff} ：床板の有効放射面積（m²）
A ：受音室の等価吸音面積（m²）
ΔL_D ：床板内の振動減衰補正量（dB）
ΔL_K ：音響放射効率による補正量（dB）
ΔL_C ：騒音計の動特性補正量（dB）
ΔL_{fin} ：床仕上げ構造の床衝撃音レベル低減量（dB）

式 5.17 を書き直すと，式 5.18 のようになる．

$$L_{Hf} = 20 \log_{10} F_{rms} - L_{ZT} + 10 \log_{10} S_{eff} - 10 \log_{10} A + \Delta L_D + \Delta L_K + \Delta L_C - \Delta L_{fin} + 152 \quad \cdots \text{（式 5.18）}$$

5.4 地下鉄・鉄道軌道からの固体音を対象とした遮断設計方法

5.4.1 計画敷地における振動加速度レベルの把握

鉄道軌道で発生する振動によって対象居室内に放射された固体音の予測に必要な資料を得るために，計画敷地の地表面で鉄道軌道・地下鉄軌道からの振動（固体音領域）測定を実施する必要がある．

1）測定量

列車走行時に鉄道軌道上で発生する振動の計画敷地への伝搬量の測定は，固体音領域の振動が対象となっているので，その測定量はオクターブバンドまたは 1/3 オクターブバンドで 31.5～500 Hz 帯域あるいは，25～630 Hz 帯域での振動加速度レベルとするのが一般的である．

なお，軌道からの振動測定時に振動レベル計を用いて測定されることもあるが，この測定器による振動加速度レベルの測定対象周波数範囲は，80 Hz 以下の振動が対象になるので，注意する必要がある．

2）測定点

測定点は，鉄道軌道・地下鉄軌道から計画建物外周壁相当位置までの伝搬経路を確認し，影響が大きいと判断される地点の中から 1～3 点を選定して設定する．

ただし，地表面での振動測定の場合には，地盤の圧密状況が大きく影響することに留意しておかなければならない．とくに既存建物を解体し更地にしたような計画敷地の地表面は，どちらかといえば軟弱な地盤となっているため，このような敷地での測定では，実際の値より小さく測定される傾向があるので，軟弱な表土を取り除き圧密された地盤上での測定が望ましい．

また，既存建物が計画敷地いっぱいにあり，敷地内地表面での測定ができないような場合には，既存建物床面で測定し，その測定結果を基に同一路線で測定された他物件での測定資料などを基にして，計画敷地での値を推定することもある．

3）鉄道軌道・地下鉄軌道からの振動測定

鉄道軌道・地下鉄軌道からの列車走行時に発生する振動（固体音領域）の測定は，計画敷地内に設定した測定点の地表面に測定用の鉄杭を打ち込み，その杭頭に振動加速度ピックアップを取り付けて，列車ごとの鉄道振動（振動加速度レベル）を求める．測定量は，垂直方向および水平

方向2方向について行うことが望ましいが，一般的には，垂直方向だけの測定が行われている．

測定対象列車数は，鉄道騒音の場合と同様に30列車以上を測定対象とする．

4）測定結果の表示方法

30列車を対象に測定した結果から，値の大きい方から順に10列車を抽出してエネルギー平均値を求め，遮音設計用振動加速度レベルの代表値とする．その代表値を表示したa敷地での例を図5.12に，b敷地での例を図5.13に示した．

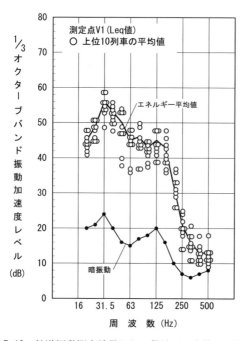

図5.12 鉄道振動測定結果からa敷地での上位10列車の値の抽出例（地表面での測定）
図5.13 鉄道振動測定結果からb敷地での上位10列車の値の抽出例（地表面での測定） 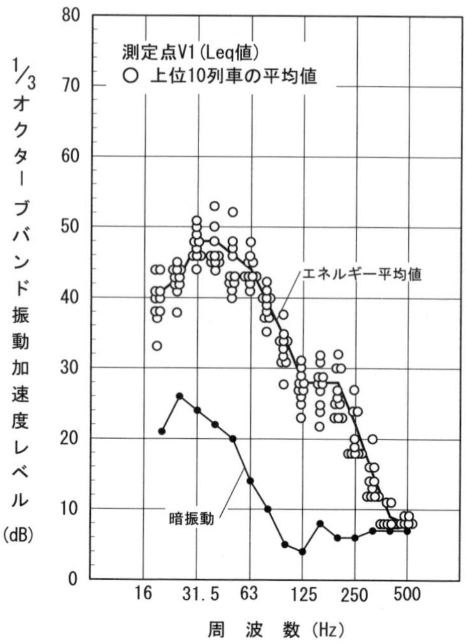

5.4.2 設計目標値の設定

鉄道振動による住戸居室内への放射音（固体音）を対象とした室内静ひつ性能設計目標値は，地上軌道がある場合には道路騒音，鉄道騒音による居室内透過音に対する目標値よりも1ランク厳しく設定する考え方が一般的に採用されている．

また，地下鉄軌道を対象とした場合は，対象居室において列車走行が見えないこともあって，居室内発生音のレベルは小さくとも，苦情に結びつきやすい．そのため，理想的には聞こえないレベルを設計目標値とするが，それが不可能な場合には，居室内暗騒音レベルより1ランク厳しい値に目標値を設定をすることが望ましいといわれている．

5.4.3 鉄道軌道・地下鉄軌道からの固体音遮断設計方法

1）室内騒音予測計算のフロー

鉄道軌道・地下鉄軌道から建物躯体さらに居室内装面への振動伝搬（固体音領域）によって居室内に発生する音の予測計算は，図5.14に示した計算フローに従って行われるのが一般的である．

第 2 編　第 5 章　音響性能目標値に対する遮音設計方法　− 83 −

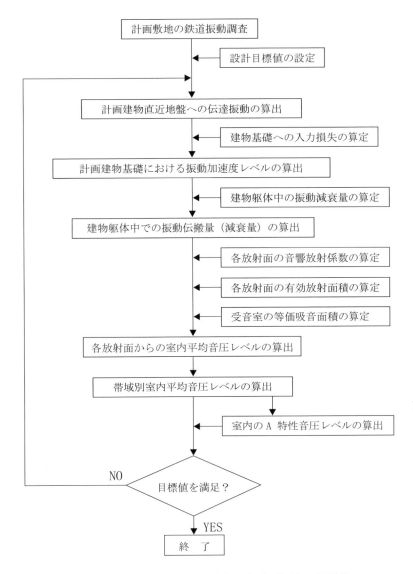

図 5.14　鉄道からの振動伝搬による室内騒音（固体音）予測計算フロー

2) 鉄道軌道からの固体音による室内騒音予測計算方法

a) 鉄道軌道から対象建物直近地盤への伝達振動の予測計算

　計画建物の外周壁相当位置での測定結果が得られている場合は必要ないが，鉄道軌道近傍点や計画敷地の鉄道軌道側の境界線上等，計画建物の外周壁相当位置から離れた位置での測定データを用いて予測を行うときには，対象建物直近地盤（外周壁相当位置）までの伝達振動量を予測しなければならない．

　対象建物直近地盤への伝達振動の予測計算は距離減衰を考慮して行われるが，地盤の条件によって距離減衰の影響度合いが変化することから，計画敷地のボーリングによる調査結果から得られた土質柱状図等を参考として，2 次元 FEM 解析等により行われることもある．ここでは，

比較的簡便な方法として，振動測定点から対象建物直近地盤までの地盤条件を一定とした場合，地盤を伝搬する振動の距離減衰は，幾何減衰と地盤の内部減衰により表されるとする Bornitz の経験式を振動加速度レベルで整理した式 5.19[5-5] を紹介する．

$$L_r = L_0 - 20n\log_{10}(r/r_0) - 8.7\alpha(r - r_0) \qquad \text{(式 5.19)}$$

ここで，

L_r：対象建物直近地盤の振動加速度レベル（dB）
L_0：基準測定点の振動加速度レベル（dB）
n：幾何減衰定数（レイリー波の場合は $n = 0.5$ とする）
α：減衰定数　関東ローム・砂礫層の場合は 0.1
　　　　　　　　粘土・シルト層の場合は 0.02～0.03
　　　　　　　　軟弱シルト層の場合は 0.04
r：振動源から対象建物直近地盤までの距離（m）
r_0：振動源から基準測定点までの距離（m）

b）対象建物基礎における振動加速度レベルの算出

地盤から建物躯体に鉄道振動が入力する際の入力損失をどのように捉え，どのように扱うかは非常に難しい問題である．鉄道振動の建物躯体への入力時の入力損失は，建物の規模や基礎構造が杭基礎または直接基礎等の違いによって異なる．ここでは，参考として，建物直下を地下鉄が走行する場合の杭基礎と直接基礎の入力損失の事例を図 5.15 に示したが，今後の資料の蓄積が必要とされている．

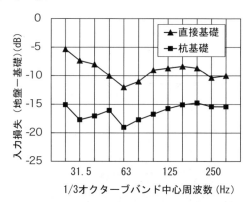

図 5.15　地盤から建物への入力損失[5-6]

3）対象建物躯体中での振動伝搬量（減衰量）の算出

建物躯体中での鉄道振動の振動伝搬量の算出は，数値解析によっても行われるが，ここでは，建物躯体中の 1 点が加振されたときの振動伝搬量を表す松田らの提案する式 5.20[5-7] を比較的簡便な計算方法として示した．

$$L_r = L_0 - N\log_{10}(r/r_0) - M(r - r_0) \qquad \text{(式 5.20)}$$

ここで,

- L_r : 予測地点（対象建物居室）の振動加速度レベル（dB）
- L_0 : 基準点の振動加速度レベル（dB）
- N : 幾何学的拡散減衰を表す係数
- r : 加振点から予測地点（対象建物居室）までの距離（m）
- r_0 : 加振点から基準点までの距離（m）
- M : 内部粘性減衰などを表す定数　$M = \alpha \sqrt{f}$
- α : 部材の内部減衰定数
- f : 周波数（Hz）

式 5.20 における N や M などの定数の設定は実測値による場合もあるが，N の値は，建物内を点加振とした場合に 10〜20 の範囲とすることが多い．しかし，地盤から建物に鉄道振動が入力して伝搬する場合には，加振の部位が点でなく広がりを持つようになることから，これよりも小さい値をとるようになると考えられる．

また，垂直方向の減衰は小さく，水平方向の減衰は比較的大きいとされているが，一般的には，部材の内部減衰定数 α は，コンクリート造建物の場合は 0.03 程度を用いることが多い．

図 5.16 は，地下鉄走行による建物内振動加速度レベルの伝搬性状を，N の値を鉄骨造での水平方向伝搬性状の場合は 0，鉄骨鉄筋コンクリート造での鉛直方向の場合は 10 とし，α の値を 0.03 として，式 5.21 により予測した結果であり，予測値は実測値と比較的良い対応を示している．

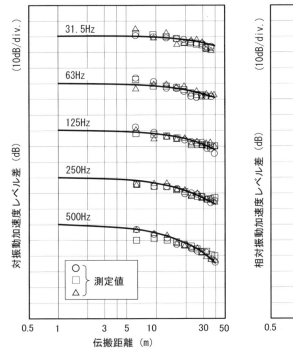 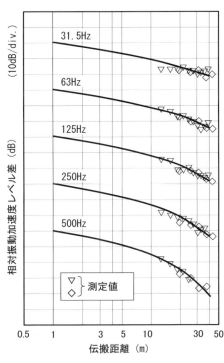

(a) 鉄骨造　水平方向伝搬性状　　　　(b) 鉄骨鉄筋コンクリート造　鉛直方向伝搬性状

図 5.16　地下鉄走行による建物内振動加速度レベルの伝搬性状 [5-8]

4) 対象居室内発生音の予測計算

鉄道軌道から地中を伝搬して建物基礎部へ入力した振動が躯体中を伝わり，対象住戸居室の床・壁・天井の各内装面を振動させる．この内装面の振動により室内空間に放射される音の強度（固体音）は，式5.21により求めることが多い．

$$L_p = L_a + 10 \log (k \cdot S_{ef}/A) - 20 \log f + 36 \quad \cdots \cdots （式5.21）$$

ここで，

L_p：対象居室における室内音圧レベル（dB）

L_a：対象居室内装面の振動加速度レベル（dB）　ref. 10^{-5}m/s^2

k：音響放射係数

S_{ef}：有効放射面積（m²）

A：対象居室内の等価吸音面積（吸音力）（m²）

f：周波数（Hz）

式5.21に代入する諸量は，次に示す方法によって求めればよい．

a) 内装面の音響放射係数 k

建物内に入射した鉄道軌道からの振動が建物躯体中を伝搬し，対象居室内装面を振動させ，その面の振動が音に変換される度合いは音響放射係数によって表される．その値は一般的に表5.6に示した値が用いられている．

表5.6　音響放射係数

	オクターブバンド中心周波数（Hz）			
	31.5	63	125	250
音響放射係数 k	0.1	0.3	0.6	1.0

b) 有効放射面積 S_{ef}

建物躯体中を伝搬してきた振動によって床，壁，天井面のそれぞれから音が放射されるとき，周辺部から曲げ波の半波長の長さに相当する範囲は，固体音の放射に寄与しないという仮定条件を設定すると，音を放射する面積が，式5.22～5.24によって有効放射面積として算出される．

$$S_{ef} = S_{ef}（床） + S_{ef}（壁） + S_{ef}（天井） \quad \cdots \cdots （式5.22）$$

$$S_{ef}（床，壁，天井） = (l_1 - \lambda_{bf}) \times (l_2 - \lambda_{bf}) \quad \cdots \cdots （式5.23）$$

$$\lambda_{bf} = c_b / f \quad \cdots \cdots （式5.24）$$

ここで，

S_{ef}（床，壁，天井）：各部位それぞれの有効放射面積（m²）

l_1, l_2：各部位の辺の長さ（m）

λ_{bf}：各周波数の曲げ波の波長（m）

c_b : 曲げ波の音の伝搬速度（m/s）

f : 周波数（Hz）

ただし，集合住宅の一般的な居室を考えた場合には，安全側に考えて，壁・床・天井の面積は λ_b の補正をしないで有効放射面積を $l_1 \times l_2$ で求めることが多い．

c) 計算対象居室内の等価吸音面積 A

対象居室の吸音の度合い示す等価吸音面積 A は，式 5.25 より算出する．

$$A = S_t \times \overline{\alpha} \quad \cdots\cdots\cdots\cdots\cdots\cdots\cdots\cdots\cdots\cdots\cdots\cdots\cdots\cdots\cdots (式 5.25)$$

ここで，

A : 対象居室の等価吸音面積（吸音力）（m²）

S_t : 対象居室の室内全表面積（m²）

$\overline{\alpha}$: 対象居室内平均吸音率

対象居室内の等価吸音面積の算出は，基本的には居室内天井，壁などの各部位の面積とその部位の吸音率から部位ごとの等価吸音面積を算出し，それらを合計して求める．しかし，一般的には多くの集合住宅で測定された吸音率から算出した表 5.1 に示した平均吸音率を用い，対象居室内の全表面積に平均吸音率を乗じて，等価吸音面積を求める．

また，等価吸音面積 A を求める際の室内全表面積を算出するには，多少の差異があっても，固体伝搬音の予測結果に大きな影響を与えないことから，梁・柱型などの表面積を含めた厳密な面積の算出は必要はなく，大きな面で捉えての算出で十分である．

5.5 共用・専有設備機器の発生音（振動）を対象とした遮音設計方法

ポンプ室，電気室，エレベータ機械室，エントランス・風除室出入口自動扉，機械式立体駐車施設，自転車駐輪機，共用部空調室外機，エレベータ昇降，雨水ポンプ，汚水ポンプなど騒音の発生を伴う設備機器・施設などが，集合住宅設計時の検討対象となる騒音源になる．

建物設計時のこれらの騒音源に対する基本的対応は，住戸居室から諸設備・施設を離して設置することを第一とするが，それが不可能で住戸居室に隣接して設備機器諸室が設置される場合は，それらの騒音源となる諸室を対象に，少なくとも次の項に示した音響的検討を行い，その結果を建築設計に取り込むことが必要である．また，非常時，機器点検時のみ稼動する非常用設備であっても，一般的な対策を講じた上で，一定期間ごとに機器稼動による発生音が生じる旨を居住者に告知する必要がある．

5.5.1 共用設備諸室と住戸居室間の遮音設計

1) 遮音設計目標値の設定

設備機器諸室と住戸居室間との遮音性能に対する設計目標値は，住戸間の設計目標値の設定とは異なり，原則として，次のように考えられている．

a. 設備機器室（音源室）内に設置される機器の発生音の程度と，隣接住戸（受音室）内の静ひつ性能に対する要求性能から，隔壁に必要な遮音性能を求める．理想としては，受音室に

おいて音源室からの透過音が全く聞こえないようにするような設計目標値を設定することが望ましい．

　b．a．の条件を採用することが困難な場合には，受音室内の暗騒音レベルにマスキングされて透過音が認知されない程度の透過音レベルになるように，目標値を設定する．

　なお，設備機器の発生音特性を設定する際には，次の点に留意しておく必要がある．過去の同規模建物での実測を基に推測するか，メーカからの資料の提供を受け機器発生音のパワーレベルを計算により推定する．ただし，メーカ資料は，機器より1m点のA特性音圧レベル（騒音レベル）で表示されていることが多いので，このような資料しか入手できない場合には，再度メーカに周波数特性についての資料提供を求めるか，音響技術者に相談する必要がある．

2）必要透過損失の算出

　設備機器諸室に隣接する住戸居室間の隔壁構造に必要とされる音響透過損失は，設計目標値より，式5.26によって算出する．

$$TL = D + 10 \log S/A \quad\quad\quad\quad\quad\quad\quad\quad\quad\quad\quad（式5.26）$$

ここで，

　　TL：隔壁の必要透過損失（dB）
　　D：設計目標値（dB）
　　A：受音室（住戸居室）の等価吸音面積（m^2）
　　S：音の透過する隔壁の面積（m^2）

3）隔壁の選定

　隔壁に必要とされた音響透過損失の算出値を基に，材料メーカのカタログなどから隔壁に必要とされる音響透過損失を充足するような壁構造を選定する．

　ただし，必要とされる音響透過損失の値が大きい場合には，カタログなどに示されている壁構造では必要性能値を満足するものが得られないことがある．高性能な壁構造の設計においては，その遮音性能については種々公表されている測定資料から推定することになる．また，高層集合住宅では中間階に設備機械室を設置することが多いが，そのような場合の設備機器室の床構造は，単に設置機械の発生音に対して遮音構造を考えるだけでなく，機器からの固体音にも配慮した床構造の選定，設計が必要になる．

5.5.2 共用設備機器に対する遮音設計時の留意事項

　設備機器・施設を対象とした遮音設計・騒音防止設計では，機器等に対する防振設計も含まれるが，ここでは固体音を対象とした騒音対策について示す．

　固体音の影響を低減・防止するための騒音防止設計では，振動源となる設備機器・施設などから対象住戸の居室までの伝搬経路内にある各種管路系，管路支持材・支持方法，さらには伝搬経路となる建物構造体，対象住戸の居室の室内仕上げ仕様など全てが関係するので，総合的な判断の下に行わなければならないことに留意する必要がある．

　また，設備機械室では設置される設備機器の防振設計が必要であり，その効果的な対応策を選定

するためにも音源（振動源）となる機器の振動特性を把握し，音響技術者，設備機器メーカの担当者を交え，検討を行うことが必要であるが，少なくとも次に示すことを一般的知識として持っておきたい．

  a．防振材選定の基本的考え方は，目標とする防振性能を満足する防振材を選定し，正しい方法で設置することである．防振材が適正に選定されていないと，設備機器から建物構造躯体に入力する振動を低減できないばかりか，逆に振動を増幅させてしまうこともある．

  b．防振材には，ゴムパッド，防振ゴム，コイルばね，空気ばねがある．このうちゴムパッドは防振材としてよく使用されるが，対象周波数領域や効果について十分留意する必要がある．

  c．防振材の設置位置は，機器からの荷重が各防振材に均等にかかるように配慮する．

  d．防振系の固有振動数が機器等を設置する床の固有振動数に近づくような条件になると，共振を起こし，防振効果が得られないことになるので注意する．

  e．ポンプの場合には，稼動状態になると負荷（抵抗）が大きくなるため，稼動状態を想定した負荷によって防振材を選定する．また，防振系の固有振動数を 6 Hz 以上に選定する場合には防振ゴムを，6 Hz 以下の場合にはコイルばねを選定するのが一般的な対応である．

5.5.3 個々の共用設備機器を対象とした設計時の留意事項

集合住宅に共用設備として設置される主要な機器を対象として，設計上の留意事項を次に述べる．

1) エレベータ

住戸居室に隣接してエレベータ昇降路が設置されるのは音響的視点からは望ましくないが，もし隣接して設置しなければならない時は，少なくとも次の点を念頭において設計を進める必要がある．

  a．エレベータ昇降音を対象とする時は，エレベータかごの昇降によって昇降路内に放射された音が昇降路壁を透過してくる空気音と，かご，釣合おもりの昇降に伴ってガイドレールに生じた振動がレール支持金具を介して建物躯体に伝搬し，隣接居室の壁・天井・床面から音として放射される固体音とがある．

  b．かご昇降時の昇降路内への放射音による隣接居室への空気音は，昇降路隔壁がコンクリート 150 mm 程度のもので十分に遮音することができ，一般的には固体音を遮音設計の対象と考えればよい．

  c．エレベータ機械室が設置されるようなタイプのエレベータでは，巻上機からの固体音がとくに問題になる．

2) 変圧器

住棟内に設置される電力会社の借室変電室（以下，借電室という），自家用変電室などの電気室内の変圧器および付属機器は，防振対策を実施することが原則である．とくに住戸下階や住戸に隣接して電気室が設置される場合には，次に示した項目について配慮した対策が必須条件となる．

  a．変圧器単体の防振は防振ゴムによることが多いが，これに限ることはなく安全性を保ち，

効果が得られる防振装置であればよい．
b．防振とともに耐震性を考慮した工法を採用して変圧器を支持する．
c．小型の変圧器の場合はゴムパッドで有効な場合もあるが，防振ゴムの選定時は，単にゴムパッドを採用したということではなく，機器に見合った適切な効果があるものの選定が必要である．
d．電気室に換気のために設置される送・排風機の設置方法は，固体音について配慮するとともに，換気口からの排気音の住戸への影響についても考慮する必要がある．

3）非常用発電機

住棟内の地階または屋上階に設置されることの多い非常用発電機は，あってはならないことだが，非常時の稼動ということで騒音・振動が問題視されることはない．ただし，年2回の定期点検による短時間の稼動があるので，その時の騒音，振動については他設備機器ほどではないとしても対策が必要となる．非常用発電機の対策については，基本的には次のように考えておく必要がある．そして，住戸購入者との購入契約時に非常時，点検時には音の発生があることの告知を忘れてはならない．

a．発電機は発生音，発生振動とも大きいが，発電機からの機関排気音についての対策も重要である．
b．駆動機関，発電機で構成される本体の防振は当然必要であるが，付属機器，管路までの総合的な防振対策を行う必要がある．
c．管路系では，とくに排気管が建物躯体を貫通する部分の防振処理も重要な点である．

4）ポンプ類

居住者の目に触れることはほとんどないが，集合住宅には共用設備として給水ポンプ，汚水ポンプ，雨水ポンプ，湧水ポンプ等各種のポンプが設置されている．このポンプ類またはそれに接続される管路系も含めて騒音・振動源となる可能性が大きいので，設計時には，次の点に留意しておく必要がある．

a．住戸居室に近接して設備機械室が設置され，ポンプ類が設置される場合には，設置床には湿式浮き床工法を採用し，その上にポンプ設置のためのコンクリート基礎を設ける．その基礎上に防振ゴムを介してポンプを設置する．
b．ポンプを設置した架台（コンクリート製など）が防振により変位が過大になるおそれのある場合は，剛性の高い架台とする．
c．ポンプを防振した時は，管路に可とう継手（たわみ継ぎ手）を取り付ける．
d．汚水ポンプ，雨水ポンプなどポンプ本体が水中で稼動するような形式の場合は，ポンプ，管路系の防振とともに，水中を伝搬する音に対する枡の底，側壁部分の遮音についても考えなければならない．
e．スプリンクラーポンプ等の非常時，点検時のみに稼動するものは，非常用発電機と同様に考える．

5）送・排風機

共用部の換気設備として送・排風機，ダクト，換気口などがある．送・排風機の騒音対策は，原則として次のように考える．

　a．設計計画時において，換気用の吸・排気口の位置選定も騒音防止対策の一つと考える．

　b．ダクト内に伝わる騒音を低減させるために，内張吸音ダクト・セル型消音器・内張吸音エルボなどの消音器をダクト系に挿入する．ただし，消音器の空気抵抗については，十分に配慮する必要がある．

6）機械式立体駐車施設

建物の地下階や住棟に隣接した敷地内に設置される場合が多い機械式立体駐車施設は，住戸居室と隣接せずに，廊下などの共用部を介して配置することが望ましい．住戸居室と隣接する場合や地下などに設置する場合は，次の点に留意する必要がある．

　a．機械式立体駐車施設は，動作パターンにより発生音・振動の強度が異なり，とくに発停時にレベルが大きくなる傾向があるため，定常的な昇降，横行などの動作だけを対象とするのではなく，入出庫の一連動作を対象として検討する必要がある．

　b．基本的には防振支持が望ましい．機器の支持部での防振は，機器の機械性能を阻害するような相対的な変形があってはならないため，必要な防振性能が得られるばね定数の小さい防振材の採用が難しいことがある．そのような場合には，浮き床の採用を検討する必要がある．

　c．耐震用振れ止材からの振動伝搬を極力小さくする必要がある．とくに水平耐震材は梁や柱など剛性の高い部位へ配置し，ゴムなどの振動絶縁材の採用を検討する．

なお，機械式立体駐車施設はおおむね以下のように分類され，その音響的留意点を次に示す．

a）建物内部（ピロティ，ピット等含む）

(a) ピット式多段昇降型（横行，縦行）

建物内部設置で採用される事例が最も多い．また，この機種は多くのメーカが取り扱っており，性能もさまざまである．採用実績や性能を確認した上で，建物躯体との接点部に何らかの防振性能をもたせるのが一般的である．機種によっては，湿式浮床の採用が必要となる．とくに昇降のほかに横行，縦行が加わると，防振には細心の注意が必要である．

(b) ピット式多層パズル型

主に建物下に大空間（ピット）を設け設置する大型機種である．自動車が乗り入れると自動的にパレットが決められて場所に自動車を移動させる．大規模，高コストのため，都心に立地する建物に採用されることが多い．採用事例から性能確認を行った上で，適切な防振工法を立案採用することになる．専門家への相談が必要であるが，浮き床工法が採用されるのが一般的である．

(c) タワーパーキング

建物構造内にタワーパーキングを設置する方法は，近年，主に超高層マンションにおいて採用される設置工法である．この工法は安易な採用は避けるべきであるが，実例も増えてきているので，実績のある建設会社，駐車場設置メーカを選定し，専門家を交えて事前に十分

な検証をした上で，採用に臨むべきである．

b) 建物外部

(a) ピット式多段昇降型（横行，縦行）

最も多く採用されている機種である．建物に近接して設置される場合は，建物躯体と駐車場ピットが絶縁されずに固体音が生じるので，建物内部設置と同様な対策が必要となる．また，条件等により隣地境界線上に規制値が発生する場合もあるので，隣接敷地近くに設置する場合には，機種選定にも注意を要する．

(b) 自立式多段昇降横行型

(a)に比べ多くの車を1つの機種で収容し，かつ機器動作が複雑なため，稼動音が(a)に比べて大きくなる傾向がある．住戸に近接設置する場合は，稼動音が直接住戸に影響する場合があるので，この機種の採用にあたっては，他の建物での実機での確認が必要である．

(c) タワーパーキング

外部設置のタワーパーキングは，エレベータ式を採用すれば，稼動音の住戸への影響を少なくすることができ，稼動音が問題になることは少ない．

いずれにせよ，機械の稼動音が音の大小にかかわらず，何らかの形で聞こえることが想定されるので，居住者への事前の告知は必要である．

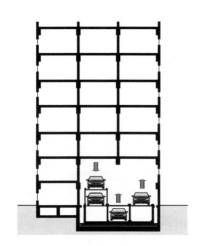

図5.17.1 建物内部に設けられたピット式多段昇降型駐車施設の例

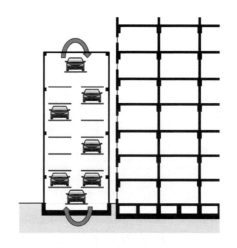

図5.17.2 建物外部に設けられたタワーパーキングの例

5.5.4 専有設備機器を対象とした遮音設計時の留意事項

住戸専有設備機器を対象とした室内騒音の予測，あるいは遮音設計を行うことはほとんどないが，建物設計時には，以下のことに留意して設計を進める必要がある．

1) トイレの給排水騒音

トイレの給排水騒音は，給水と排水が同時に作用して騒音・振動源となる．給水栓，止水栓，ボールタップなどの給水器具類では，その使用に伴って，給水器具内での水の流れによって騒音・振動が生じる．多くの場合，その発生音は，固体音として給排水管路系を共有する広範囲の住戸に

まで伝搬する．

また，住戸の上階において，男子が洋風大便器を使用する際に，下階へ放尿音が聞こえてくる場合がある．こうした微妙な耳障りな音が，トイレ給排水騒音の特色である．

したがって，トイレの給排水騒音の他住戸への影響を小さくするには，給排水管の設置位置，すなわち上階トイレの位置と下階住戸居室位置との関係に対する配慮が重要であり，給水管路系が住戸に近接する壁面に固定される場合，あるいは貫通するような場合は，管路系を防振する．また，居室の直上に上階住戸のトイレが設置される場合には，とくに排水管の防振，貫通部の防振に留意する必要がある．

2) 管およびダクト類

a) 管壁からの放射音

給水管，排水管などの管壁からの放射音が問題になるのは，排水管からの例が多い．管壁には放射音を低減するために防露，保湿材料を巻くのが一般的であるが，管壁の遮音という視点からは，その材料の密度，厚さを増加するとともに，巻き方に配慮する必要がある．

b) 管の貫通部処理

管路の壁・床躯体等貫通部に防振（固体音低減対策）が必要と判断される場合に，図5.18に示したような防振処理が行われるが，消防の指導により，防火区画との関係で基本的には貫通部の埋戻しはコンクリートにて行わなければならないため，この制約に配慮した防振方法の検討が必要になる．

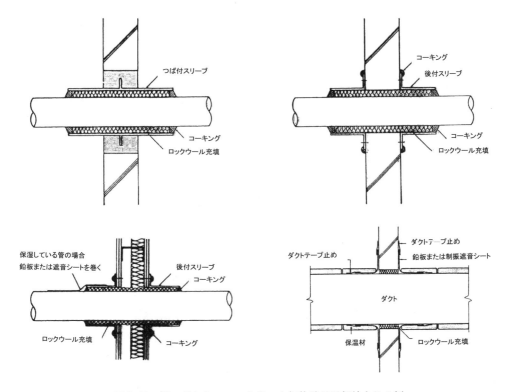

図5.18　管・ダクトのコンクリート躯体壁貫通部納まりの例

c) レンジフード

住戸内の送・排風機は，厨房レンジフード（給排気型・排気型），浴室・便所用排風機が主なものである．設計計画の当初に低騒音型の機器を選定することが原則であるが，厨房レンジフードの場合は，低騒音型の選定ということに加えて，屋外から室内への透過音という視点からは，台所が独立している住戸平面型の場合には問題となることは少ないが，オープン型のLD室と一体となっているような平面形を有する場合には，レンジフードからの透過音が問題視されることが多い．したがって，オープン型の台所が採用されるときは，レンジフードからの透過音も含めて室内静ひつ性能に関する検討が必要になる．

5.5.5 設備機器等からの固体音の遮断設計方法

1) 発生源

設備機器等からの固体音は，設備機器本体，設備機器に接続する管路系で発生した振動（固体音領域）等が，次に示した過程を経て室内に放射され室内騒音となる．

a．設備機器等の稼動によって設置床・壁面が加振されることにより，床・壁等の建物躯体が振動する．このときに設備機器の設置方法および建物躯体の質量・剛性によって，振動の大きさは異なる．

b．建物躯体に発生した振動は，建物躯体内を伝搬し居室の内装面に到達する．

c．内装面が振動することにより，内装面から居室に音が放射される．この場合，内装材（工法）の種類によって室内への放射音の程度は異なる．

2) 予測計算方法

a) 設備機器からの振動・固体音の予測計算

振動源（騒音源）から建物躯体中を伝搬してきた振動による居室内装面における発生振動は，式5.27を用いて計算によって予測することができる．

$$L_V = L_F + 10 \log_{10} n - \Delta L_{RK} - L_Z + 20 \log_{10} f + 116 - \Delta L_{DS} \text{ (dB)} \quad \cdots\cdots (式5.27)$$

ここで，

L_V：居室内装面における振動加速度レベル（dB）

L_F：設備機器から機器の支持点へ入力される加振力レベル（dB）

n：支持点の数

ΔL_{RK}：防振工法・装置の振動低減効果（dB）

L_Z：支持点の駆動点インピーダンスレベル（dB）

f：周波数（Hz）

ΔL_{DS}：機器の支持点から居室内装面への振動伝達減衰量（dB）

b) 居室内に放射される固体音の予測計算

居室内に放射される音（固体音）は，振動源（騒音源）から伝搬してきた居室内装面の振動より，式5.28を用いた計算によって予測することができる．

$$L_p = L_s - 20 \log f + 10 \log_{10}\left(k \cdot \frac{S_{et}}{A}\right) + 36 \quad (\text{dB}) \quad \cdots\cdots\cdots\cdots\cdots\cdots (\text{式} 5.28)$$

ここで,

L_p : 居室内の平均音圧レベル (dB)

L_s : 居室内装面の振動加速度レベル (dB)　ref.10^{-5}m/s^2

k : 音響放射係数

S_{et} : 有効放射面積 (m^2)

A : 居室内の等価吸音面積 (m^2)

f : 周波数 (Hz)

引用・参考文献

5-1) 日本騒音制御工学会編:騒音制御工学ハンドブック:資料編, p.146, 技報堂出版, 2001

5-2) 志賀勝, 江澤定明:楽器, ステレオ, テレビの発生音, 音響技術, No.94, pp.27-31, 1996.6

5-3) 日本建築学会編:建物の遮音設計資料, pp.120-140, 技報堂出版, 1988

5-4) 日本建築学会編:建物の床衝撃音防止設計, 技報堂出版, 2009

5-5) 古賀貴士:地下軌道, 音響技術, No.150, pp.48-52, 2010.6

5-6) 日本騒音制御工学会編:騒音制御工学ハンドブック［基礎編］［応用編］, 技報堂出版, 2001, p.724を一部加工

5-7) 松田由利, 橘秀樹, 石井聖光:建物構造体中における固体音の伝搬性状, 日本音響学会誌, 35巻, 11号, pp.609-615, 1979.11

5-8) 須賀昌昭, 小谷朋央貴, 漆戸幸雄, 綿谷重規:地下鉄走行による建物内振動伝搬性状について, 日本建築学会大会学術講演梗概集, pp.1549-1550, 1994.9

5-9) 日本建築学会編:音響材料の特性と選定, 1997

第6章 音響性能の検証方法

6.1 音響性能検証方法の基本的な考え方

集合住宅の音響性能の検証方法は，文献6-1)によって"遮音性能基準"とともに提案されており，ほとんどの場合はこの方法が用いられている．検証のための測定に伴う音響性能の評価尺度としては，室間音圧レベル差の遮音等級D，床衝撃音レベルの遮断等級L，室内騒音の騒音等級Nが示されており，その性能水準として，特別に高い性能が要求される場合の「特級」から，日本建築学会が推奨する好ましい性能水準としての「1級」，標準的な性能水準としての「2級」，許容される性能水準としての「3級」までの適用等級が提案されている．建物の音響性能の検証は，これらの適用等級から設定された設計目標値と，建物竣工時の測定結果から求めた遮音等級とを比較することによって行われる．なお，床衝撃音遮断性能，室内静ひつ性能については，音響性能検証時の評価量として，A特性音圧レベル（騒音レベル）が用いられることもある．

音響性能の検証は，設計時に目標とした音響性能値を建物が充足しているかを実際に測定を行って確認することにある．音響性能検証のための測定は，通常，設計目標値が"遮音性能基準"を基に設定されていることから，"遮音性能基準"とともに"遮音性能基準"に規定された日本建築学会推奨測定規準を用いて行われている．なお，音響性能検証のための"遮音性能基準"に規定された日本建築学会推奨測定規準による測定は，2000年の改正前のJIS測定方法とほぼ等しく，一般には"JISによる測定"といわれている．

6.2 空気音遮断性能の検証方法

6.2.1 空間性能と部位性能

"遮音性能基準"に規定された日本建築学会推奨測定規準や改正前のJIS A 1417:1974, 1994（建築物の現場における音圧レベル差の測定方法）に規定された音響性能測定の目的は，いずれも実際の建物の2室間の遮音性能を空間性能として捉えることにあり，これがこの測定方法の特徴であり，要点となっている．居室間の遮音性能を空間性能として測定・評価する方法は，わが国においては生活実感に対応した性能値が得られるとして長く用いられ，広く社会に定着している．しかし，測定方法の国際整合化といわれる流れの中で，わが国の居室間の空気音遮断性能の測定方法とは異なる実建物での見かけ上の部位性能を求める測定方法が，ISO規格をそのまま写しとるような形で2000年のJIS改正により採り入れられた．ただし，これまでと全く違う測定方法に変更することは，現在までに蓄積された多くの貴重な技術資料や技術知識を廃棄することになり，混乱をきたすとの意見が強くあったことから，従来からの空間性能を測定量とする測定方法も附属書の中に規定として残されている．

現在のところ，音響性能検証のための遮音性能の測定は，JIS A 1417:2000（建築物の空気音遮断性能の測定方法）の中に規定として残された方法によって行われることが多い．設計目標値の設定が，"遮音性能基準"を基に行われていることを鑑みれば，この規定によって多くの測定が実施されている現状は，無理のない結論である．

6.2.2 居室間,特定場所間の空気音遮断性能の測定方法

居室間の遮音性能を検証するには,日本建築学会の推奨測定方法[6-2],あるいは JIS A 1417:2000[6-3] の附属書に規定された室間音圧レベル差や特定場所間音圧レベル差を求めて評価する方法が,一般に採用されている.以下に,この測定方法の概要を述べる.

1)測定装置の構成

室間音圧レベル差,特定場所間音圧レベル差の測定に用いる測定装置の基本的な構成は,図 6.1 に示すように音源装置と受音装置とからなり,それらを組み合わせて使用する.

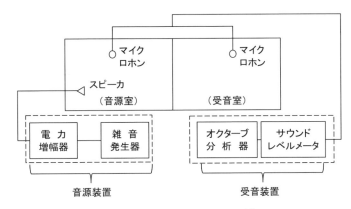

図 6.1 測定装置の基本構成[6-2]

2)音源装置

音源装置は,帯域雑音発生器または広帯域雑音発生器と電力増幅器およびスピーカによって構成される.帯域雑音発生器の周波数範囲は,JIS A 1417:2000 に規定された室間遮音性能の測定では 2000 Hz 帯域までを,"遮音性能基準"の日本建築学会推奨測定規準では 4000 Hz 帯域までを対象としているので,音源装置は,125,250,500,1000,2000,4000 Hz を中心周波数とするオクターブバンド帯域の雑音の発生が可能なものとする.音源室内で発生させる試験音は,125,250,500,1000,2000,4000 Hz の中心周波数をもつオクターブ帯域雑音を音源用スピーカから放射させるのが原則であるが,測定時間短縮を理由に,測定対象周波数帯域の全部を含む広帯域雑音を用いることも認められている.ただし,発生音を広帯域雑音とした場合は,受音室の暗騒音レベルの影響により,とくに 2000 Hz,4000 Hz の各帯域で音圧レベル差が求められないことがあるので,注意する.

3)受音装置

受音装置は,JIS C 1509-1(電気音響-サウンドレベルメータ(騒音計)-第 1 部:仕様)に規定されたサウンドレベルメータ(騒音計)と,JIS C 1513(音響・振動用オクターブ及び 1/3 オクターブバンド分析器)に規定されたオクターブ分析器を用いる.ただし,最近ではこれらと同等以上の性能をもつリアルタイム型周波数分析器を内蔵するサウンドレベルメータが用いられるようになっている.

4) 室間音圧レベル差の測定
   a) 音源室,受音室の設定
   　居室間の遮音性能測定時に,どちらの居室を音源室または受音室とするかの選択は,遮音性能に対する要求度の高い居室を受音室とするか,あるいは日常生活の中で音の発生状況を推測するなど,実生活面での居室の利用を考慮して定める.ただし,室間の遮音性能の測定は,音源室と受音室の広さ,等価吸音面積(吸音力)が異なれば,音源室と受音室を入れ替えて測定を行った場合,空間性能である室間音圧レベル差に差異が生じる可能性がある.
   b) 音源スピーカの設置
   　音源用スピーカの設置は,音源室内で均一な音圧分布が得られるように,また,受音室への音の透過面に,音源スピーカから直接音が入射しないように配慮する.
   　音源スピーカの設置位置は,一般には音源室内の隅にスピーカの放射面を室隅の方向に向けた位置が採用されている.また,窓サッシなどからの受音室への側路伝搬音の影響も考え,その影響が少なくなると考えられる室隅であることも条件の1つとなっている.
   c) 測定点の設定
   　音源室および受音室の測定点は,室の境界や壁,窓,扉,家具等から0.5 m以上離し,室内に一様に分布する5点を設定する.例えば,矩形平面形の室では,測定点は対象室隅から対角線上に均等に寸法を4分割した5点を平面上に設定し,床および天井から0.5 m以上離れた空間内に任意に設定する方法が一般に採用されている.測定点が音源スピーカのごく近くになると,その点の音圧レベルがとくに大きくなることから,そのような場合は,測定点をスピーカから少なくとも0.5 m以上離れた位置に移動する.
   d) 音圧レベルの測定
   　各測定点での音圧レベルの測定は,小数点以下1桁まで求める.複数台の受音装置を用いる場合は,音響校正器を用いて器差のないことを測定前に確認しておく必要がある.器差のある場合は,測定値に適切な補正を行わなければならない.
   　受音室側の音圧レベルの測定は,試験音を断続して発生させ,試験音の発生時と停止時の測定器の指示値の差($L_{sb} - L_b$)を周波数帯域ごとに求め,表6.1の値によって測定値を補正(いわゆる暗騒音補正)し,補正した値を受音室の音圧レベル測定値とする.ただし,測定器の指示値の差(暗騒音レベルとの差)が6 dBよりも小さい場合は,補正計算は行わず,音圧レベルの測定結果を参考値として記録する.

表 6.1　暗騒音補正値 L_c（単位：dB）[6-3]

$L_{sb} - L_b$	0.0	0.1	0.2	0.3	0.4	0.5	0.6	0.7	0.8	0.9
6.0	1.3	1.2	1.2	1.2	1.1	1.1	1.1	1.0	1.0	1.0
7.0	1.0	0.9	0.9	0.9	0.9	0.9	0.8	0.8	0.8	0.8
8.0	0.7	0.7	0.7	0.7	0.7	0.7	0.6	0.6	0.6	0.6
9.0	0.6	0.6	0.6	0.5	0.5	0.5	0.5	0.5	0.5	0.5
10.0	0.5	0.4	0.4	0.4	0.4	0.4	0.4	0.4	0.4	0.4
11.0	0.4	0.4	0.3	0.3	0.3	0.3	0.3	0.3	0.3	0.3
12.0	0.3	0.3	0.3	0.3	0.3	0.3	0.2	0.2	0.2	0.2
13.0	0.2	0.2	0.2	0.2	0.2	0.2	0.2	0.2	0.2	0.2
14.0	0.2	0.2	0.2	0.2	0.2	0.2	0.2	0.1	0.1	0.1
15.0 dB 以上	補正なし									

e）室間音圧レベル差の算出

2室間の遮音性能である室間音圧レベル差 $\overline{D}$ は，音源室と受音室で測定された音圧レベルの測定結果を用いて，式6.1より求める．

$$\overline{D} = \overline{L_1} - \overline{L_2} \quad \cdots\cdots\cdots\text{（式6.1）}$$

ここで，

$\overline{D}$：2室間の室間音圧レベル差（dB）

$\overline{L_1}$：音源室とした居室内の平均音圧レベル（dB）

$\overline{L_2}$：受音室とした居室内の平均音圧レベル（dB）

ただし，音源室，受音室の室内平均音圧レベル $\overline{L_1}$, $\overline{L_2}$ は，5か所の測定点における測定結果を用いて，式6.2より求める．

$$\overline{L} = 10 \log_{10}\left(\frac{1}{n}\sum 10^{\frac{L_i}{10}}\right) \quad \cdots\cdots\cdots\text{（式6.2）}$$

ここで，

$\overline{L}$：音源室，受音室の室内平均音圧レベル（dB）

L_i：測定点 i における音圧レベル（dB）

n：測定点の数（＝5）

5）特定場所間音圧レベル差の測定

建物の壁や床，天井，ドアなどを介した特定の場所，または特定の領域の間を特定場所間という．ここでは，この特定場所間の音圧レベル差の測定方法[6-2]を示す．

a）音源スピーカの設置

特定場所間音圧レベル差の測定のための音源用スピーカの設置は，実際の音源位置として着目する区域または位置の近傍とし，測定対象面にできるだけ各方向から音が入射し，均一な音圧分布が得られるように，音の透過面に音源スピーカからの直接音が入射しないように配慮する．音の透過面で均一な音圧分布が得られるようにするためには，複数個のスピーカを用いる

ことも有効な方法である．

例えば，廊下が音源室となるような場合のスピーカの設置は，対象とする音の透過面から2～3 m離し，できるだけ均一な音圧分布が得られるようにスピーカの向きを選ぶようにする．試験音は居室間の室間音圧レベル差の測定と同様に，125，250，500，1000，2000，4000 Hzを中心周波数とするオクターブ帯域雑音とする．

b) 測定点の設定

測定対象とする位置は，例えば，特定場所間が共用廊下と寝室の枕の位置間の場合は，共用廊下と寝室の枕の位置近傍で音圧レベルのばらつきが10 dB以内の範囲になるように，原則として5点の測定点を設定する．

c) 特定場所間音圧レベル差の算出

特定場所間音圧レベル差 $\overline{D'}$ は，音圧レベルの測定結果を用いて，式6.3より求める．

また，音源側，受音側での平均音圧レベルの算出は，前項の式6.2によって行う．

$$\overline{D'} = \overline{L_1'} - \overline{L_2'} \quad \cdots\cdots\cdots\cdots\cdots\cdots\cdots\cdots\cdots\cdots\cdots\cdots\cdots\cdots\cdots\cdots\cdots\cdots\cdots\cdots\cdots\cdots\cdots\cdots\cdots\cdots\cdots \text{（式6.3）}$$

ここで，

$\overline{D'}$：特定場所間音圧レベル差（dB）

$\overline{L_1'}$：音源側特定場所の平均音圧レベル（dB）

$\overline{L_2'}$：受音側特定場所の平均音圧レベル（dB）

6) 測定結果の表示

室間音圧レベル差，特定場所間音圧レベル差の算出結果は，図2.1に示した遮音等級曲線上に表示し，2.3.1に示す方法によって遮音等級D（D値）を求める．

遮音等級曲線の図は，横軸にオクターブバンド中心周波数をとり，縦軸に音圧レベル差をとる．軸の目盛は，横軸のオクターブバンド幅対縦軸の音圧レベル差10 dBの幅が3対4となるようにし，測定結果は周波数帯域ごとに点で示し順次直線で結ぶ．

測定結果の表示例を図6.2，図6.3，表6.2に示す．

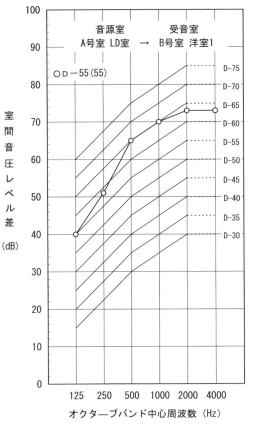

図 6.2 集合住宅竣工時住戸間の空気音遮断性能測定例

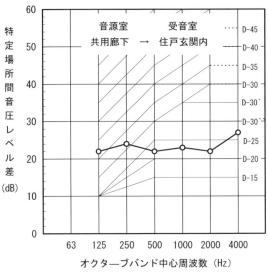

図 6.3 共用廊下と玄関間の空気音遮断性能測定例

表 6.2 集合住宅竣工時住戸間の空気音遮断性能測定結果読取り値の例

音源室：A 号室 LD 室⇒受音室：B 号室洋室 1

測定位置		音圧レベル（dB）						
		63 Hz	125 Hz	250 Hz	500 Hz	1000 Hz	2000 Hz	4000 Hz
音源室	1		95.3	95.2	94.2	94.5	89.6	84.4
	2		96.1	96.9	95.7	95.6	90.7	85.2
	3		97.2	94.3	95.0	94.7	90.3	85.6
	4		98.2	95.9	96.4	96.0	91.8	87.5
	5		98.0	95.7	96.3	95.1	89.9	84.5
	平均		97.1	95.7	95.6	95.2	90.5	85.6
受音室	1		57.8	45.9	29.6	25.4	19.8	15.8
	2		61.2	45.2	32.0	24.8	18.8	15.8
	3		55.0	43.9	29.6	25.8	18.5	15.3
	4		55.7	42.9	30.6	24.8	16.5	13.2
	5		52.8	42.7	29.9	26.3	15.7	12.5
	平均		57.5	44.3	30.4	25.5	18.1	14.7
受音室暗騒音レベル			24.2	22.9	15.1	12.4	9.9	10.9
受音室音圧レベル（補正後）			57.5	44.3	30.3	25.3	17.4	12.4
室間音圧レベル差			39.6	51.4	65.3	69.9	73.1	73.2
室間音圧レベル差（整数値）			40	51	65	70	73	73

［注］平均：エネルギー平均値

6.3 窓サッシの遮音性能の検証方法

6.3.1 測定方法の種類

建物に取り付けられた窓サッシ（ドアセットを含む）の遮音性能の測定方法は，JIS A 1520 や"遮音性能基準"の推奨測定方法[6-4]などいくつかの方法が用いられている．それぞれの測定方法は，音源であるスピーカの設置方法や音源側・受音側での音圧レベルの測定位置，測定量が異なるため，使用上の制限があるとともに，単純には測定結果を相互に比較することができないので，留意する．

現状では，測定環境や測定目的などを考慮して，以下に示すいずれかの方法によって測定が行われている．

なお，他に窓サッシの遮音性能の測定方法が規定されているものに，2009 年に制定された JIS A 1430（建築物の外周壁部材及び外周壁の空気音遮断性能の測定方法）があるが，今のところ，この規定による測定例は少ない．

1）測定用音源に帯域雑音を用いる方法

a）外部音源法

対象窓サッシの外部に設置したスピーカから帯域雑音を放射して音源とし，窓サッシを介して室内外のそれぞれの測定点における測定値から平均音圧レベルを求め，その平均値の差から「音響透過損失相当値」を算出する方法．

b）内部音源法

対象窓サッシが取り付けられている居室の内部に設置したスピーカから帯域雑音を放射して音源とし，窓サッシを介して室内外のそれぞれの測定点における測定値から平均音圧レベルを求め，「音響透過損失相当値」を算出する方法．

2）実騒音を測定用音源に用いる方法（実音源法，実騒音法）

試験音としてスピーカから放射される帯域雑音を音源として用いるのではなく，対象窓サッシが取り付けられている居室の屋外で生じる道路騒音や鉄道騒音などの実騒音を音源とし，室内外で音圧レベルを同時に測定して窓サッシの遮音性能を表す方法．

これらの測定方法のうち，外部音源法は，JIS A 1520 に規定されたスピーカの設置位置の関係から，実際の建物でこれを適用するには測定上の制約が多く，実用的な方法とはいえない．そのため，集合住宅の竣工検査などに採用されることは少ない．

窓サッシあるいは外周壁の遮音性能測定の実用的な方法として多く用いられている方法は，内部音源法と実騒音を音源に用いる方法である．

6.3.2 測定時の共通事項

1）測定対象窓サッシ

遮音性能検証のための測定が集合住宅内の同型の窓サッシを対象とする場合は，測定対象室（窓サッシ）は，次の手順で選定をする．

  a．屋外からの透過音の影響が大きいと判断される 3 室を選定し，その測定結果が設計性能値を全て満足している場合は，3 室の遮音性能の測定結果を対象建物の代表値とする．

  b．a．の測定結果のうち，1 室あるいは 2 室が設計性能値を満足していないと判断された場合

には，同型式の窓サッシが取り付けられている居室をさらに 3 室選定して測定をする．

c．3 室全部が設計性能値を満足していないと判断された場合は，同型式の窓サッシをさらに 3 か所以上測定して遮音性能を確認し，性能値を満足していない窓サッシは調整を改めて行い，調整後にすべて測定をしなおす．

2) 測定条件

窓サッシの遮音性能の測定では，測定条件として次に示す事項を確認する．

a．開閉可能な窓サッシは，測定前に開閉を 10 回以上繰り返し行い，サッシの障子の開閉が容易にできることを確認する．

b．換気口，配管用スリーブ等からの透過音が，窓サッシの遮音性能の測定に影響を及ぼすと判断される場合は，その影響がないように適切な処置をとる．

c．測定対象窓サッシが取り付けられている居室は，出入口，玄関，廊下などの測定対象窓サッシ以外からの透過音の影響がないことを確認する．

6.3.3 内部音源法による測定方法

測定対象とする窓サッシが設置されている居室内に音源用スピーカを設置して，窓サッシの遮音性能を測定する．

1) 測定装置の構成

測定装置は，基本的に音源装置と受音装置で構成され，その組合せで使用する．

2) 音源スピーカの設置

音源室とする居室内に設置される音源用スピーカは，居室内で均一な音圧分布が得られるように，また，対象とする窓サッシ面に対してスピーカからの直接音が入射しないように配慮して設置する．一般的な音源スピーカの設置方法は，室内の壁と床から構成される四隅のうち，測定対象窓面側の二隅を除いた残りの隅の 1 つにスピーカ前面が室隅の方を向くようにする．

3) 窓サッシ内外の測定点の設定

音源室内の測定点（屋内）および測定対象窓サッシ外部（屋外）の測定点は，次のように設定する．

(a) 音源室内の測定点

音源室内の測定点は，測定対象窓サッシの室内側に水平距離が 0.5〜2 m の範囲で，壁面，床面および天井面から 0.5 m 以上離れた空間内に，互いに 0.5 m 以上離れ，一様に分布させた 5 点を設定する．測定点におけるマイクロホンの向きは原則として上向きとする．

(b) 窓サッシ外部の測定点

対象窓サッシ外部（屋外）の測定点は，測定対象窓サッシ面から 250 mm 離れたサッシ面内に 4 点の測定点を設定する．マイクロホンは，サッシ面に垂直に向ける．

4) 窓サッシの音響透過損失相当値の算出

測定対象窓サッシの音響透過損失相当値 TL_q は，音源室内および窓サッシ外部の音圧レベル測定結果から，式 6.4 によって算出する．

$$TL_q = \bar{L}_{in} - \bar{L}_{out} - 3 \quad \cdots\cdots\cdots\cdots\cdots\cdots\cdots\cdots\cdots\cdots\cdots\cdots\cdots\cdots\cdots\cdots\cdots\cdots (式 6.4)$$

ここで，
 TL_q：窓サッシの音響透過損失相当値（dB）
 $\overline{L}_{in}$：音源室内の平均音圧レベル（dB）
 $\overline{L}_{out}$：建物外部の平均音圧レベル（dB）

5）測定結果の表示

測定結果から算出された音響透過損失相当値は，図および表で表示する．図は，横軸のオクターブバンド幅対縦軸の音響透過損失相当値 10 dB の幅が 3 対 4 となるように表し，測定結果は，周波数帯域ごとに点で示し，順次直線で結ぶ．

また，測定結果を単一数値で表示する場合は，JIS A 4706（サッシ）の性能試験方法に規定された図 2.3 に示す遮音等級線を用いて遮音性能の等級値を求めて表示する方法が，一般に採用されている．

6.3.4 実騒音を音源とする測定方法

道路騒音や鉄道騒音などの屋外の実音を音源に用いる測定方法は，音源装置が不用であるなど測定が他の方法に比べて容易であるため，竣工時の性能検証のための測定に多く採用されている．ただし，この測定方法は，窓サッシの遮音性能を測定するというよりは，窓サッシを含めた外周壁の遮音性能を測定すると捉えた方がよい．

1）測定装置の構成

測定装置は，2 組以上の受音装置で構成され，図 6.4 のように組み合わせて使用する．

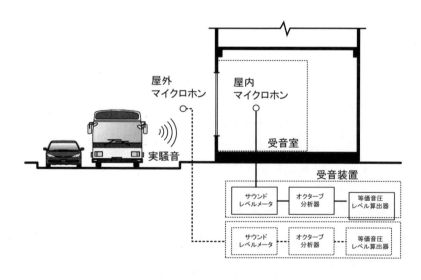

図 6.4　測定装置の基本構成 [6-4]

2）音源とする実騒音

実騒音法（実音源法）による測定で音源とする実騒音は，オクターブバンド中心周波数 125〜4000 Hz の測定周波数範囲で十分な音圧レベルを持つとともに，測定対象窓サッシ（外周壁）に対して，音波がさまざまな方向からほぼ均一に入射する音源であることが望ましい．このような

音源の例として,交通量の多い道路の交通騒音が挙げられる.また,鉄道騒音も音源として用いられることが多い.

3) 測定点の設定

測定対象窓サッシ外部の測定点の数は原則として3点であるが,測定対象建物の実情に応じて1点としてもよいとされていることから,実際の屋外の測定点は1点とすることが多い.室内の測定点の数は,室外部の測定点数と合わせて設定する.室内の測定点を1点とした場合のマイクロホン設置位置は,室中央または対象窓面の中央から1 m離れた床上1.2 m地点に設定されることが多い.

4) 内外音圧レベル差の算出

実騒音による窓サッシ(外周壁)の内外音圧レベル差は,室内外の測定点における音圧レベルの測定結果から,式6.5によって求める.

$$D_p = L_{out} - L_{in} \quad \cdots\cdots\cdots\cdots\cdots\cdots\cdots\cdots\cdots\cdots\cdots\cdots\cdots\cdots\cdots\cdots\cdots (式6.5)$$

ここで,

D_p:実騒音による内外音圧レベル差(dB)
L_{out}:屋外の測定点における平均音圧レベル(dB)
L_{in}:対象室内の測定点における平均音圧レベル(dB)

なお,この測定方法では音源が実騒音であることから,以下の点に留意する.

a.道路騒音を音源とする場合には,変動騒音の測定となるため,測定量は等価音圧レベルとする.

b.鉄道騒音を音源とする場合には,間欠騒音を対象とした測定方法を用いる.

また,この測定方法は,室内外の測定点で同時に測定を行うことが必要で,例えば1台の騒音計で屋外の音圧レベルを測定し,その後に対象室内で音圧レベルを測定してそれぞれの値からレベル差を求めるというような方法を採用してはならない.室内外同時に測定を行わなかったことによる音響性能検証時のトラブルは,決して少なくない.

6.4 床衝撃音遮断性能の検証方法

床衝撃音遮断性能の測定は,JIS A 1418-1に規定された標準軽量衝撃源と,JIS A 1418-2に規定された標準重量衝撃源を用いる.そのうち,標準重量衝撃源は日本独自のものであり,衝撃力特性(1)の衝撃力を有する衝撃源と衝撃力特性(2)の衝撃力を有する衝撃源の2種類の衝撃源が規定されている.一般に使用されている標準軽量衝撃源を写6.1に,衝撃力特性(1)を有する標準重量衝撃源を写6.2に,衝撃力特性(2)を有する標準重量衝撃源を写6.3に示した.

写 6.1 標準軽量衝撃源

写 6.2 衝撃力特性(1)を有する標準重量衝撃源

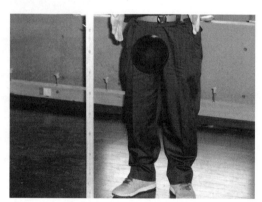

写 6.3 衝撃力特性(2)を有する標準重量衝撃源

　床衝撃音遮断性能の検証は，これらの衝撃源を用いて測定された床衝撃音レベルの遮断等級 L と"遮音性能基準"に定められた適用等級から設定された設計目標値を対比して行う．

　ここで，"遮音性能基準"に定められた適用等級は，衝撃力特性(1)の衝撃源による床衝撃音レベルに対して検討され定められたものであり，衝撃力特性(2)の衝撃源を用いて測定された床衝撃音レベルの遮音等級 L と対比して床衝撃音遮断性能を検証することはできないので，注意する．衝撃力特性(2)の衝撃源を用いて測定・評価を行う方法[6-5]が，現在検討されていることから，混乱のないように，ここでは重量衝撃源の導入経緯について解説を加える．

6.4.1　標準重量衝撃源導入の経緯

1)　衝撃力特性(1)の標準重量衝撃源（タイヤ）の導入経緯

　昭和 50 年から 51 年のころ，日本住宅公団（現　都市再生機構）の住宅を対象に床衝撃音遮断性能の測定を行っていた際，集合住宅内で問題となっていた子供の飛び跳ねや走り回りによる実床衝撃音と，標準衝撃源として規定されていたタッピングマシンによる発生音が大きく食い違っていることが現場で話題となり，タッピングマシンによる加振時の発生音よりももっと低い周波数域で生じる大きい発生音が問題で，別の衝撃源を用いる必要があるのではないかとの議論になったようである．そこで，機材運搬用として測定現場に乗り入れていた乗用車のスペアタイヤを思いつき，それを落下させて床を衝撃し，下室で発生音を聴取・測定した．その結果，上階居

室での「子供の走り回り音」や「子供の飛び跳ね音」,「子供の椅子等からの飛び降り音」に近似しているとし,質量が比較的大きく柔らかいばねを有する,いわゆる低周波数成分が多く力積の大きい衝撃源による試験の方が現実に問題となっている衝撃源と対応するのではないかということになり,試験用衝撃源として早急に検討することになったようである.当時,現場で使用を試みた自動車用タイヤは,600-12（質量11.5 kg 程度）であり,その後,しばらくの間は,この仕様のタイヤを対象に測定用標準衝撃源として物理的データ等の測定がなされ,検討された.

そもそも,床衝撃音レベルの測定方法に関する日本工業規格（以下,JIS という）は,1974年（昭和49年）に標準衝撃源をタッピングマシンのみとした JIS A 1418:1974 が規定されていたが,上記の動向を受けて,1978年（昭和53年）に JIS A 1418:1978 の改正が行われた際,具体的に標準重量衝撃源導入の検討が行われた.

その際,改正委員会では,前述の 600-12 のタイヤに加え,さまざまな種類の自動車用タイヤを収集し,質量,空気圧,落下高さ,動的ばね定数,衝撃力特性,ハンドリングなどを対象とした詳細な実験・解析や調査・検証等が行われ,最終的には,当時軽乗用車用として用いられていた 5.20-10-4PR. のタイヤ（約 7.3 kg）を空気圧約 1.5×10^5 Pa に調整し,高さ 0.9 m 程度から自由落下させるのが適当であるとの結論に達し,その衝撃力時間特性が JIS A 1418:1978 に導入されるに至った.

この JIS 改正における検討内容は,日本建築学会の刊行物にも引用・利用され,1979年刊行の日本建築学会編「建築物の遮音性能基準と設計指針」の中に「建築物の現場における床衝撃音レベルの測定方法」として規定されるに至っている.なお,これら一連の「重量床衝撃源」導入の理由や経緯については,文献 6-6)～6-10) などに詳しく掲載されているので参照されたい.

その後,建築物の床衝撃音遮断性能の測定は,JIS A 1418:1978 に準拠してタイヤ,タッピングマシンの両方の衝撃源を用いて行われていたが,人力によるタイヤ落下は床への衝撃入力の安定性に欠けるとした意見や測定者（落下担当者）の疲労につながるなどの理由から,機械装置を用いた「自動落下装置」の開発が望まれていた.この要望を受け,井上らは文献 6-11) に示す「自動重量床衝撃装置」（商品名：バングマシン）を開発した.この自動落下装置は,衝撃源として JIS 5.20-10 とは異なるタイヤ（5.00-8, 4PR., 空気圧：約 2.4×10^5 Pa）を利用しているが,衝撃力の絶対値や衝撃源（部位）の有効質量,衝撃力の周波数特性などの数値が JIS A 1418:1978 に規定されている値とほぼ対応していたことから,統一された衝撃源として一般に普及し現在に至っている.現在の JIS A 1418-2:2000 の附属書1(規定)に記載されている衝撃力特性(1)の値は,この自動重量床衝撃装置（バングマシン）による衝撃力特性を表している.

実際の集合住宅で発生する床衝撃音は,中・高周波数領域に主成分を有する種類のものと床板の板振動に依存する低周波数域に主成分を有する種類のものがあり,両者に対する遮断性能や対策方法は根本的に異なる.衝撃力の周波数特性が 31.5 Hz 帯域にピークを有する重量衝撃源を導入したことは,床構造の低周波数域における構造振動を音響領域から評価する方法として画期的な発想であったものと評価される.一般的なコンクリート系床構造の場合,1次固有振動数が 16～63 Hz 帯域に存在する場合が多いことから,この領域の床衝撃音遮断性能を評価するための衝

撃源が，現在の標準重量衝撃源であると考えるべきであり，測定方法まで考えると，63 Hz 帯域のみの評価で本来の重量床衝撃音の目的は達成されるものと考えられる．

また，評価尺度・評価水準の問題についても若干触れておく．実際の床衝撃音の評価尺度としては，生活行動に伴って発生する A 特性音圧レベルが妥当であり，その大きさによって評価することが望ましい．しかし，試験用衝撃源を導入した場合は，衝撃力特性が実衝撃源と異なるため，A 特性音圧レベルによる評価は，試験用衝撃源に対する床衝撃音の評価となってしまう．よって，少なくとも，試験用衝撃源が実衝撃源と衝撃力周波数特性として対応していないと妥当な評価は難しい．そのため，試験用衝撃源を用いた場合の床衝撃音の評価は基本的に帯域別床衝撃音レベルによって行うべきであるとし，各帯域の評価値については，A 特性音圧レベルの周波数補正値を逆にした曲線（L 曲線）を導入して，JIS A 1419:1979（建築物のしゃ音等級）に規定された．

評価尺度に逆A特性であるL曲線を導入した理由については，後付けの検証であるが，タイヤ衝撃の導入当時，タイヤ衝撃時の床衝撃音が子供の飛び跳ね時の床衝撃音と似通っていること，タイヤ衝撃時の衝撃力特性が 63 Hz 帯域と 125 Hz 帯域以上で大きな差を示しておりA特性補正量を大きく上回っているため（衝撃力暴露レベル差：18 dB（63 Hz 帯域と 125 Hz の差）），A 特性音圧レベルの値には 63 Hz 以下の周波数成分が影響するので，A 特性の補正値を評価曲線としておけば，本来の低周波数域の性能が評価できると判断したことなどが導入理由と推測できる．

2）重量衝撃源としてボールが追加された経緯（衝撃力特性(2)の標準重量衝撃源の追加導入）

2000 年に国内規格の国際規格への整合化が強力に推進され，JIS A 1418 も改正された．この改正において，標準重量衝撃源として，ボール衝撃源（衝撃力特性(2)）が追加導入された．

ボール衝撃源の内容は，JIS A 1418-2:2000 の附属書 1（規定）に，オクターブバンド衝撃力暴露レベルとして規定されており，さらに附属書 2（参考）には，衝撃力特性(2)をもつ重量衝撃源の例が，ボールの仕様，衝撃力時間波形として記載されている．

ボール衝撃源の物理量を含めた仕様については，2000 年以前に一部の研究機関で検討されてきたものであり，試作されたボール衝撃源の衝撃力によって，オクターブバンド別衝撃力暴露レベルやボールの大きさなどの仕様が規定された．その後，同ボールを複数製作し検証実験を多くの機関で行った結果，同ボールは，環境温度によって衝撃力波形が大きく変化することが判明し[6-12],[6-13],[6-14]，JIS 化された衝撃力暴露レベルの範囲に入る新たな標準衝撃源を開発する必要が生じた．そこで，井上ら[6-15],[6-16]は，シリコンをベースとした材料，弾性，形状に着目して，新たなボール衝撃源の開発に取り組み，通常の環境温度範囲（−30℃〜＋40℃）で衝撃力特性の変化が少ない衝撃源を開発した．その詳細は，JIS A 1418-2:2000 の附属書 2（参考）に掲載されている[6-17]．

そもそも，タイヤとボールの両衝撃源の衝撃力暴露レベルには，周波数特性として大きな差がある．それはボール衝撃源を導入しようとした時点で，タイヤ衝撃源の以下の点を変更しようという考えがあったためであり，周波数特性の変化は当然のことというか，意図的なことである．

a．タイヤの衝撃力波形は，衝撃時間を 20 ms 程度とした正弦半波に近似させているため，周

波数特性として 63 Hz 帯域（45～90 Hz）におけるスペクトル変化が急峻であり，63 Hz 帯域内でもう少し安定した特性を持たせるべきである．

b．タイヤ衝撃は衝撃力が大きすぎるため，床仕上げ構造を試験時に破損するおそれがあるので，試験方法としては衝撃力を低下させてよいのではないか．

ただし，標準重量衝撃源を 2 種類規定し，床構造の別の性能を測定評価しようとした意図はなく，従来どおり，床構造の躯体構造に依存する低周波数域の遮断能力を評価すべき衝撃源と位置づけられていることには変わりはない．

補足説明になるが，1990 年代から上記 b．の要望に対する対応方法として衝撃力を低下させた「衝撃力特性」の検討，提案も行われていた．その事例は文献 6-18) に示されているように，JIS A 1418:1978 に規定された衝撃力（現行の JIS A 1418-2:2000 にも規定されているもの）を 1/2 に低下させるものであり，その提案は文献 6-1) の 1997 年刊行の日本建築学会編「建築物の遮音性能基準と設計指針　第二版」(p.449，図 D.6.2) に「日本建築学会推奨測定規準」として採用されている．

このような動きも当時はあったが，最終的には，前述の 2000 年の JIS A 1418 改正にあたって，新しい衝撃源が「標準重量衝撃源(2)」として採用されることになり，現在に至っている．

3) 2 つの衝撃源による床衝撃音測定結果の相互関係

そもそも，両衝撃源の衝撃力暴露レベルは，表 6.3 に示すように周波数特性が大きく異なっている．現在，タイヤ衝撃源を用いて L 曲線により評価を行う方法は各種規格・規準に取り入れられており，建築業界や社会的にも浸透し，特段の問題は起こっていない．それゆえ，JIS A 1418-2 に標準重量衝撃源として並列規定されている「ボール衝撃源」を用いた性能試験は普及していない状況にある．さらに法規制や各種規格関連もタイヤ衝撃による測定結果を基に L 曲線による評価が行われている状況にあるため，ボール衝撃による有用性が立証され，評価方法が十分な検証の下に整備されない限り，現状のタイヤ衝撃による測定・評価方法が統一された基準として利用されることとなろう．また，タイヤを用いた L 等級による評価と「居住者の長期にわたる生活実感」との対応性が検証され[6-19]，タイヤによる L 等級評価の位置付けが明確になったことも，現状の測定法・評価法を変更する必要性が少なくなったことを示している．

なお，現状では，両衝撃源を用いた場合の床衝撃音の対応性に関する学術論文として公にされているものは少ない．ここでは，文献 6-20) に示されている文献の一部を紹介する．

表 6.3 JIS 標準重量衝撃源の衝撃力暴露レベル（dB ref. 1N）: JIS A 1418-2

	オクターブバンド中心周波数（Hz）				
	31.5	63	125	250	500
衝撃量特性(1)（タイヤ）	47.0	40.0	22.0	11.5	5.5
衝撃量特性(2)（ボール）	39.0	31.0	23.0	16.0	11.5
衝撃力暴露レベルの差	−8.0	−9.0	＋1.0	＋4.5	＋6.0

図6.5, 6.6は，1993年〜2002年に建設された集合住宅の床（スラブ素面）153例を対象に，タイヤ，ボールの両衝撃源により測定した床衝撃音にA特性の周波数補正を行った結果について示したものである．なお，図中に示した3区分の意味は，測定されたA特性床衝撃音レベルを47 dB未満，47 dB以上52 dB未満，52 dB以上と性能別に区分し，その平均値を示したものであり，A特性補正後の周波数特性の変化を観察したものである．図6.5を見ると，タイヤ衝撃時では，A特性の補正をかけた場合でも，63 Hz帯域の値が大きく，A特性床衝撃音レベルの数値は63 Hz帯域の値によって決定されている様子がわかる．しかし，図6.6のボールの場合を見ると，A特性の補正をかけることによって125 Hz帯域以上の影響が大きくなり，A特性床衝撃音レベルの値は125 Hz帯域以上の成分によって決定されており，この影響は床の遮断性能が高くなるほど強くなる傾向にある．これらの2つの図を見ると，タイヤとボールを用いた測定結果は，主に測定対象としている周波数が異なるものである．したがって，今後，とくにボール使用時の床衝撃音試験結果の利用方法について，研究レベルで検討する必要がある．

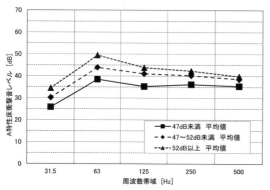

図6.5　タイヤ衝撃時のA特性補正後の床衝撃音
　　　（スラブ素面）

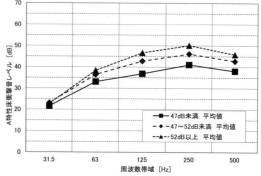

図6.6　ボール衝撃時のA特性補正後の床衝撃音
　　　（スラブ素面）

次に，タイヤ衝撃時のL数とボール衝撃時のA特性床衝撃音レベルの対応性について，床仕上げ構造の種類別に区分して，図6.7（スラブ素面），図6.8（直張床），図6.9（乾式二重床）に示す．

図6.7（スラブ素面）と図6.8（直張り床）の結果を見ると，L数とA特性床衝撃音レベルの対応はあまり良くない．タイヤ衝撃時のL数は，床板素面の場合でL-40〜L-56，直張床でL-43〜L-56とL数で13〜16の変化があるが，ボール衝撃時のA特性床衝撃音レベルは，スラブ素面の場合で42〜55 dB，直張り床で43〜54 dBとなっており，レベルの変化は11〜13 dBとL数に比べて少なく，特に性能の高いL-40, L-45付近での対応が悪い傾向にある．これは，衝撃力特性の差と評価法の違いによることが理由として挙げられる．

図6.9を見ると，乾式二重床仕上げの場合は，両者の相関は，他の床仕上げに比べて多少良くなる傾向にある．これは，A特性補正後の床衝撃音の周波数特性が，ボール衝撃でも63 Hz帯域で多少卓越する傾向にあるためであるが，両評価尺度による直接の性能の読み替えはかなり難しい．

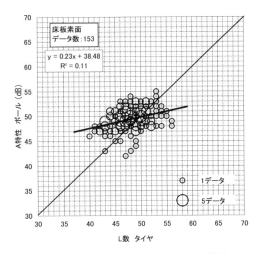

図 6.7 タイヤ衝撃時の L 数とボール衝撃時の A 特性床衝撃音レベルの対応（スラブ素面：153 例）

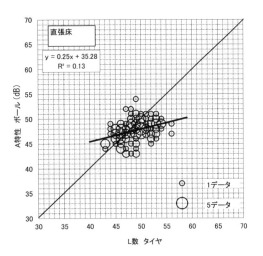

図 6.8 タイヤ衝撃時の L 数とボール衝撃時の A 特性床衝撃音レベルの対応（直張り床仕上げ：137 例）

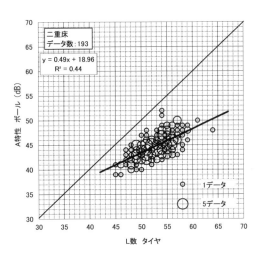

図 6.9 タイヤ衝撃時の L 数とボール衝撃時の A 特性床衝撃音レベルの対応（乾式二重床仕上げ：193 例）

同様の対応関係について，木造構造においても計測した事例がある．文献 6-21) からの引用データを図 6.10 に示す．この場合も，タイヤ衝撃時の L 数は L-45〜L-69，L 数で 24 の変化があるが，ボール衝撃時の A 特性床衝撃音レベルは 48〜66 dB，レベルの変化は 18 dB と L 数に比べて狭く，とくにタイヤ衝撃時の L 数で，L-45〜55 付近の対応が悪くなる．

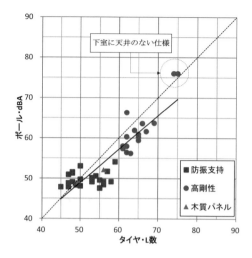

図 6.10 タイヤ衝撃時の L 数とボール衝撃時の A 特性床衝撃音レベルの対応[6-21]

6.4.2 上下階住戸間の床衝撃音遮断性能の測定方法

上下階住戸居室間，上階廊下と下階居室間など界床を介した居室間等の床衝撃音遮断性能について，JIS A 1418-1 および 1418-2 に規定された標準軽量衝撃源と標準重量衝撃源を用いた測定方法の概要を以下に示す．なお，JIS に規定された測定方法は，標準重量衝撃源の衝撃力特性(2)を有する衝撃源の規定を除き，"遮音性能基準"の日本建築学会推奨測定規準[6-22]と一部に違いはあるものの，ほぼ対応している．

1) 測定装置

 a) 測定装置の基本構成

床衝撃音レベルの測定に用いる測定装置の基本的な構成は，音源装置としての標準床衝撃音発生器と受音装置からなり，図 6.11 のように組み合わせて使用される．

 b) 標準床衝撃音発生器

標準床衝撃音発生器は，JIS に規定された標準軽量衝撃源と標準重量衝撃源を用いる．

 (a) 標準軽量衝撃源

標準軽量衝撃源は，一般にタッピングマシンと呼ばれるもので，500 g のスチール製ハン

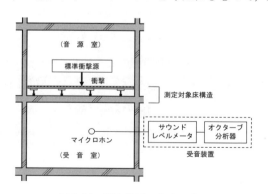

図 6.11 測定装置の基本構成

マーが一直線上に等間隔に5個並び，両端のハンマーの中心間隔は40 cmとなっている．各ハンマーは，4±0.2 cmの高さから順次自由落下し，各ハンマーは1回の落下で1回しか床面を打撃しないようになっている．

(b) **標準重量衝撃源**

標準重量衝撃源は，衝撃力特性(1)と衝撃力特性(2)を持つ2種類の衝撃源がJISに規定されている．ただし，現状では，標準床衝撃音発生器として衝撃力特性(2)を持つゴムボールを用いた場合の評価規準や評価方法などがいまだ定まっていないことから，集合住宅のコンクリート躯体床を対象とした中間検査や竣工検査等にゴムボールが標準床衝撃音発生器として用いられることはない．

なお，衝撃力特性(1)の衝撃力特性を有する標準重量衝撃源は，"タイヤ"または"バングマシン"と，衝撃力特性(2)の衝撃力特性を有する標準重量衝撃源は，"ゴムボール"と，一般に呼ばれている．

c）**受音装置**

受音装置は，JIS C 1509-1（電気音響-サウンドレベルメータ（騒音計）-第1部：仕様）に規定されたサウンドレベルメータ（騒音計）と，JIS C 1513（音響・振動用オクターブ及び1/3オクターブバンド分析器）に規定されたオクターブ分析器を用いる．ただし，最近では，実時間分析機能が組み込まれたサウンドレベルメータを使用することが多い．

2) **測定条件**

a）**測定対象室の室内条件**

居室間の床衝撃音遮断性能を測定する際の対象室の室内条件は，原則として建物は入居可能な状態にまで工事が完了し，いわゆる竣工とされている状態とする．

b）**測定周波数帯域**

測定周波数帯域は，軽量床衝撃音の場合は，オクターブバンド中心周波数63，125，250，500，1000，2000および4000 Hz 重量床衝撃音の場合は，63，125，250および500 Hzとする．なお，JIS A 1418-1：2000では，軽量床衝撃音レベルの測定は，63 Hz，4000 Hz帯域は除外されている。

c）**音源室，受音室の設定**

音源住戸と受音住戸は，測定の目的および生活の実態を想定して定める．集合住宅の基本的音響性能を検証するための建物竣工時の測定では，音源住戸とした居室の直下階の住戸居室を受音室とするのが一般的であるが，音源室の斜め下の居室や直上階の居室が受音室であってもかまわない．

なお，測定時は，衝撃源稼動時に音源室内で生じる稼動音が下階受音室へ影響を及ぼさないよう，音源室と受音室の窓，扉，換気口などは閉じる．

d）**床衝撃音発生器の設置位置**

標準床衝撃音発生器の設置位置は，室の周壁から0.5 m以上離れた床平面内で，中央点付近1点を含んで平均的に分布する5点とする．一般には床面に対角線を引き（測定線），その線

上にできるだけ一様に分布する5点の音源位置を定める．やむを得ない場合は3点としてもよい．床面積の小さい洋室，梁の位置が室の中程にある室などでは，床面全体を対象として測定点を設定する．

3) 受音室における床衝撃音レベルの測定

a) 測定位置の設定

床衝撃音の測定位置は，受音室内で天井，周壁，床面などから0.5 m以上離れた空間内に，相互に70 cm以上離れた4点以上の点を空間的に均等に分布させて設定する．マイクロホンは，原則として上向きとする．

軽量床衝撃音レベルの測定方法を規定したJIS A 1418-1では，移動マイクロホン法による測定方法も規定されており，移動マイクロホン法を採用した場合のマイクロホン設置位置も別途定められている．

b) 床衝撃音レベルの測定

床衝撃音レベルの測定は，測定対象床面の各音源位置に設置した標準衝撃源による衝撃ごとに，受音室内の各測定点で床衝撃音レベルを周波数帯域ごとに測定する．

なお，軽量床衝撃音レベルの測定は，平均化時間を250 Hz帯域以下の周波数帯域では3秒以上，500 Hz帯域以上の周波数帯域では2秒以上として等価音圧レベルを測定する．重量床衝撃音レベルの測定は，騒音計の時間重みづけ特性をFとし，床衝撃音発生時の最大音圧レベルを測定する．サウンドレベルメータの周波数重みづけ特性は，軽量，重量のどちらの測定の場合もFLAT特性とする．また，暗騒音の影響が認められる場合は，受音室中央などの代表点において各周波数ごとに暗騒音レベルを測定し，床衝撃音レベルと暗騒音レベルとの差（$L_{sb} - L_b$）を周波数帯域ごとに求め，表6.1の値によって測定値を補正し，補正した値によって床衝撃音レベル測定値とする．暗騒音とのレベル差が6 dBよりも小さい場合は，この補正計算は行わず，床衝撃音レベルの測定結果を参考値として記録する．

各測定点での床衝撃音レベルの測定は，小数点以下2桁までを測定して小数点以下1桁までを表示する．日本建築学会推奨測定規準では，1 dB単位で行うことが定められている．

4) 床衝撃音レベルの算出

床衝撃音レベルLは，周波数帯域ごとに各音源位置ごとの床衝撃音レベル$\overline{L}_j$を用いて，式6.6により算出する．

$$L = \frac{1}{m}\sum_{j=i}^{m} \overline{L}_j \quad \cdots\cdots\cdots\cdots\cdots\cdots\cdots\cdots\cdots\cdots\cdots\cdots\cdots\cdots \text{（式 6.6）}$$

ここで，

$\overline{L}_j$：各測定点で測定された音源位置jの床衝撃音レベルエネルギー平均値（dB）

m：音源位置の数

各音源位置の床衝撃音レベルのエネルギー平均値$\overline{L}_j$は，各測定点で測定された床衝撃音レベルL_iを用いて式6.7により求める．

$$\overline{L}_j = 10 \log_{10}\left(\frac{1}{n}\sum_{i=1}^{n} 10^{L_i/10}\right) \text{ (dB)} \quad \cdots\cdots\cdots\cdots\cdots\cdots\cdots\cdots\cdots\cdots \text{(式 6.7)}$$

ここで,

L_i：受音室測定点 i における床衝撃音レベル（dB）

n：測定点の数

5）測定結果の表示

床衝撃音レベルの算出結果は，図 2.4 に示した遮音等級曲線上に表示して 2.3.3 に示す方法によって L 値を求める．

遮音等級曲線の図は，横軸にオクターブバンド中心周波数をとり，縦軸に床衝撃音レベルをとる．軸の目盛は，横軸のオクターブバンド幅対縦軸の床衝撃音レベル 10 dB の幅が 3 対 4 となるようにし，測定結果は周波数帯域ごとに点で示し，順次直線で結ぶ．測定結果の表示例を図 6.12，表 6.4 に示す．

床衝撃音遮断性能の等級の表示は，軽量床衝撃音遮断性能については $L_{i,r,L}$-○○ と，重量床衝撃音遮断性能については，衝撃力特性(1)による結果は $L_{i,F\max,r,H(1)}$-○○，衝撃力特性(2)による結果は $L_{i,F\max,r,H(2)}$-○○ と表すことが，JIS A 1419-2 に規定されている．ただし，JIS に規定された表示方法とは異なるが，従来から軽量床衝撃音遮断性能は L_L-○○ と，重量床衝撃音遮断性能は L_H-○○ と表示する方法が広く普及しており，現在も，ほとんどの場合，この表示方法が用いられている．

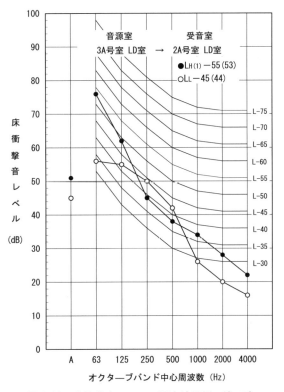

図 6.12　床衝撃音レベルの測定結果例：竣工時

表6.4 床衝撃音レベル測定結果読取り値の例：竣工時

音源室:3A号室LD室　　音源:バングマシン

音源	受音	床衝撃音レベル（dB）							
		63Hz	125Hz	250Hz	500Hz	1000Hz	2000Hz	4000Hz	A特性	A.P.
S1	1	75.6	63.7	45.1	40.3	35.0	25.8	19.8	52.7	79.4
	2	74.7	57.9	43.6	39.8	37.7	27.6	21.8	51.0	79.2
	3	77.5	66.4	46.1	42.8	38.5	30.6	21.5	53.0	79.5
	4	77.8	67.8	44.8	41.4	38.2	28.7	22.1	53.2	79.1
	5	78.6	60.9	45.0	41.9	37.8	28.5	23.6	52.1	80.6
	平均	77.1	64.6	45.0	41.4	37.6	28.5	21.9	52.5	79.6
S2	1	73.2	58.1	47.1	42.5	37.7	31.4	24.0	48.8	82.8
	2	78.5	55.4	48.1	41.7	37.7	31.4	24.6	50.7	84.4
	3	78.4	61.6	46.5	40.9	38.0	29.9	23.9	51.9	83.4
	4	80.0	59.7	46.8	43.1	38.3	30.6	24.4	53.1	82.3
	5	75.1	56.0	48.1	41.2	36.9	30.4	24.0	49.4	82.1
	平均	77.7	58.8	47.4	42.0	37.7	30.8	24.2	51.1	83.1
S3	1	76.4	62.0	44.9	41.1	37.7	29.5	22.5	50.6	80.7
	2	78.4	59.4	46.1	41.5	38.8	28.7	22.6	52.1	84.1
	3	81.9	61.8	45.4	41.9	40.1	31.5	22.8	54.7	84.1
	4	86.0	59.1	48.6	44.2	40.8	32.4	24.3	58.5	86.5
	5	79.9	56.2	45.3	42.8	37.1	29.1	22.8	53.0	83.7
	平均	81.8	60.2	46.3	42.4	39.1	30.5	23.1	54.7	84.2
S4	1	72.8	68.1	45.9	36.2	32.1	32.7	24.3	52.7	83.5
	2	68.5	64.3	45.0	35.9	31.8	32.7	25.3	50.9	86.9
	3	70.5	59.9	45.8	36.3	29.4	30.7	25.3	48.5	86.0
	4	73.2	60.6	42.8	34.6	29.8	29.4	23.0	48.0	82.4
	5	73.4	56.8	44.7	33.9	30.8	30.3	23.6	48.2	85.7
	平均	72.0	63.7	45.0	35.5	30.9	31.4	24.4	50.1	85.2
S5	1	68.6	59.6	40.4	32.2	26.0	20.4	17.5	45.5	74.2
	2	73.6	58.6	41.6	32.2	22.6	19.2	17.0	47.2	76.3
	3	73.1	65.0	40.9	30.0	22.6	22.1	20.0	49.5	75.7
	4	74.3	59.2	40.9	29.6	22.0	19.5	19.1	48.3	76.1
	5	73.0	54.6	39.2	31.5	22.9	22.6	21.5	45.0	76.4
	平均	72.9	60.7	40.7	31.2	23.5	21.0	19.3	47.4	75.8
床衝撃音レベル(補正前)		76.3	61.6	44.9	38.5	33.8	28.4	22.6	51.2	81.6
受音室暗騒音レベル		37.1	30.1	27.3	20.7	16.7	14.5	14.9	24.5	49.6
床衝撃音レベル(補正後)		76.3	61.6	44.8	38.4	33.7	28.2	21.8	51.2	81.6
床衝撃音レベル(整数値)		76	62	45	38	34	28	22	51	82

受音室:2A号室LD室　　音源:タッピングマシン

音源	受音	床衝撃音レベル（dB）							
		63Hz	125Hz	250Hz	500Hz	1000Hz	2000Hz	4000Hz	A特性	A.P.
S1	1	57.2	54.8	50.5	41.1	29.3	22.0	17.7	44.4	61.4
	2	54.8	54.6	47.9	42.9	28.6	21.3	17.7	44.1	61.9
	3	57.9	55.7	49.7	41.3	27.4	19.1	15.7	44.3	62.1
	4	60.3	55.4	48.7	40.2	27.6	18.8	15.5	43.6	62.4
	5	58.1	54.7	48.8	41.8	27.4	19.2	15.9	44.1	62.4
	平均	58.0	55.1	49.2	41.6	28.1	20.3	16.6	44.1	62.1
S2	1	57.4	57.9	53.8	42.3	27.1	24.5	17.8	47.0	63.0
	2	55.1	55.2	54.5	45.6	27.5	24.7	18.3	47.9	63.7
	3	57.6	56.6	53.6	44.1	26.9	23.8	20.3	46.9	63.1
	4	59.2	56.5	53.3	43.1	26.1	22.3	17.6	46.5	62.6
	5	56.4	53.2	53.2	44.4	26.7	23.1	17.0	46.6	62.7
	平均	57.4	56.1	53.7	44.0	26.9	23.8	18.4	47.0	63.0
S3	1	57.5	58.7	49.3	41.0	27.1	21.8	16.5	44.9	65.0
	2	52.1	56.0	50.2	43.4	28.3	22.8	18.2	45.2	63.1
	3	55.2	56.4	51.8	41.3	26.4	20.8	17.3	45.3	62.9
	4	55.5	53.0	50.1	43.0	26.5	20.3	16.2	44.2	60.8
	5	55.5	56.9	48.0	42.0	28.7	25.9	23.3	45.3	64.0
	平均	55.5	56.6	50.1	42.2	27.5	22.8	19.2	45.0	63.4
S4	1	53.9	54.2	52.1	40.8	26.5	20.1	17.5	44.6	66.5
	2	49.9	52.7	48.2	43.4	26.7	21.7	19.1	43.6	67.1
	3	53.4	54.5	49.2	40.6	25.3	19.8	20.0	43.4	65.2
	4	52.0	50.3	48.9	40.9	24.7	19.3	17.6	42.3	61.2
	5	52.2	50.2	47.4	40.4	24.9	19.5	16.6	41.8	65.3
	平均	52.5	52.8	49.5	41.4	25.7	20.2	18.3	43.3	65.5
S5	1	56.8	55.9	48.9	41.9	25.1	23.2	22.6	43.8	61.8
	2	55.2	55.3	49.5	42.4	23.3	19.1	17.7	44.4	62.7
	3	54.3	55.1	48.6	42.6	23.3	18.2	17.3	44.0	61.0
	4	54.5	54.7	49.6	41.9	22.9	19.0	18.1	43.6	59.9
	5	51.1	54.0	48.6	41.1	23.1	18.7	17.4	43.3	61.5
	平均	54.7	55.0	49.1	42.0	23.6	20.1	19.2	43.8	61.5
床衝撃音レベル(補正前)		55.6	55.1	50.3	42.2	26.4	21.4	18.3	44.6	63.1
受音室暗騒音レベル		37.1	30.1	27.3	20.7	16.7	14.5	14.9	24.5	49.6
床衝撃音レベル(補正後)		55.5	55.1	50.3	42.2	25.9	20.4	15.6	44.6	62.9
床衝撃音レベル(整数値)		56	55	50	42	26	20	16	45	63

6.4.3 コンクリート躯体床での床衝撃音遮断性能中間試験

1) 中間試験の目的

設計時に設定された目標値が充足されているかどうかを検証するため，建物工事途中でコンクリート躯体床を対象とした測定が，中間試験として実施されている．

2) 床衝撃音レベルの測定

a) 測定対象床の選定

中間試験時の測定対象床は，妻側住戸および中間住戸の中からLD室（居間・食堂）の平面形，例えば横長，縦長，方形などを勘案して選定する．対象住戸数は，音源側住戸と受音側住戸を1組として，全住戸数の5〜10％程度とし，選定された住戸内の主要室，例えばLD室と洋室1（主寝室）などを測定対象居室とすることが多い．

b) 測定時の室条件

測定時の受音室の室内条件は，間仕切壁がプラスタボード下地張りまで終了し，天井は下地金物（軽鉄下地）までの施工状態，居室出入口等の開口部は仮の建具によってふさぎ，窓サッシは施工済みの状態とする．また，換気口取付孔にはグラスウールを詰めてプラスタボード等でふさぎ，屋外からの透過音による暗騒音レベルの上昇を防ぐようにする．

音源室の測定対象居室床は，床仕上げを施していない素面の状態とし，対象居室床を含むスラブ内には建築資材，工作機器等の重量物は置かないようにする．

c) 測定方法

コンクリート躯体床の床衝撃音レベルの測定は，JIS A 1418-2 に規定された標準重量衝撃源を用いた測定方法によるものがほとんどであり，標準軽量衝撃源による測定は行わない場合が多い．音源室，受音室での衝撃点，受音点は，それぞれ5点とするのが一般的である．

d) 測定結果の表示

測定結果は，図2.4に示した遮音等級曲線上に表示してL値を求める．

設計目標値を L_H-50 とした床構造の中間試験結果を図6.13に示す．図は，L_H-50 を超える床構造が相当数あることを示している．

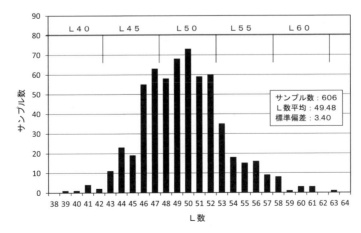

図6.13 コンクリート躯体床の重量衝撃源による床衝撃音レベルL数の分布

6.5 室内静ひつ性能の検証方法

室内静ひつ性能の検証方法は，対象とする騒音によって大きく3つに分類される．1つは道路騒音や鉄道騒音など屋外から居室内への透過音，2つ目は集合住宅の共用設備機器類である共用部用の空調室外機稼動音やエレベータ昇降音，機械式立体駐車施設稼動音，ポンプ類稼動音，駐輪機作動音などの稼動・作動音，3つ目は他住戸から伝搬する引戸や扉の開閉音，浴室桶落下音など生活音に類する発生音である．

以下に室内騒音の測定方法の概要を示す．

6.5.1 室内静ひつ性能の測定方法

1) 測定装置

室内静ひつ性能の測定は，JIS C 1509-1（電気音響－サウンドレベルメータ（騒音計）－第1部：仕様）に規定されたサウンドレベルメータ（騒音計）と，JIS C 1513（音響・振動用オクターブ及び1/3オクターブバンド分析器）に規定されたオクターブ分析器を用いる．ただし，最近では，実時間分析機能が組み込まれたサウンドレベルメータを使用することが多い．

2) 記録機器

室内静ひつ性能の測定では，レベルレコーダが用いられることはほとんどないが，エレベータ昇降音や機械式立体駐車施設稼動音の測定では，レベルレコーダを用いると発生音の時間的変化を捉えて適切な測定を行うことができるので，JIS C 1512（騒音レベル，振動レベル記録用レベルレコーダ）の規定に適合するレベルレコーダ，あるいは1）の規定に適合する測定装置が用いられている．

3) 測定条件

a) 測定対象室の室内条件

室内静ひつ性能測定時の室内条件は，測定の目的が建物竣工時の音響性能検証のための測定であるならば，原則として入居可能な状態にまで工事が完了した空室の状態とする．

b) 測定対象とする騒音の種類

測定対象とする騒音は，種類が多くまた新しい音源の出現も考えられるため，全てを規定することはできない．下記に示す現状で主たる騒音源と考えられるものを対象とし，その他のものは必要に応じて追加する．

(a) 屋外からの透過音

道路騒音や鉄道騒音などの屋外騒音が外周壁を経て室内へ透過して生じる室内騒音．

(b) 共用設備機器や住戸専有設備機器の稼動音

屋内または屋外に設置され，使用時に住戸居室内で発生する稼動音．次を対象とする．

a．ポンプ，ガス給湯器，電気室トランスおよび付属機器等の設備機器稼動音
b．エレベータ昇降音，機械式立体駐車施設・駐輪機，自動ドア，メールボックス等の稼動・作動音
c．トイレ給排水音
d．ディスポーザ稼動音（厨芥の破砕音，排水音）
e．その他室内騒音に影響があると考えられる設備機器・施設の稼動・作動音

(c) 生活音に類する発生音

他住戸から伝搬する引戸や扉の開閉音，浴室桶落下音，共用廊下・階段の歩行音などの生活音．

(d) 屋外から透過する室内騒音の測定条件

屋外から対象居室内へ透過する室内騒音の測定は，対象とする騒音の時間変動特性によって定常騒音，変動騒音，間欠騒音，衝撃騒音のいずれかに分類し，それぞれに適した測定量，測定方法によって行う．

a．屋外騒音源が道路騒音のように時間によって不規則に変化する場合は，生活の時間帯や測定時間帯に配慮して測定を行う．

b．屋外騒音源が工場騒音のように特定できる場合は，対象とする工場の就業状態や稼動状態に配慮して測定を行う．

c．設備機器類稼動音の測定条件

設備機器類の稼動音の測定は，通常の使用状態，稼動条件として行うことを基本とする．ただし，稼動条件によって発生音が大きく変化するような機器類の場合は，標準的な稼動条件の測定に加えて，音の発生が大きくなる条件でも測定を実施する．

4) 測定方法

a) 測定対象室の選定

測定対象室は，騒音が問題となる居室あるいは一番影響の大きいと考えられる居室を選定する．

b) 測定点の位置

室内騒音の測定位置は，一般に対象室の中央床上 1.2 m とすることが多い．居室内の特定位置で設備機器類の稼動音が問題となる場合は，その位置を測定点に追加する．

c) 測定量

測定量は，A 特性音圧レベル（騒音レベル）と中心周波数 63〜4 kHz のオクターブバンド音圧レベル，オクターブバンド等価音圧レベルとすることを基本とする．どの測定量とするかは，変動騒音，衝撃騒音，間欠騒音，定常騒音など対象とする騒音の時間特性に留意して選定する．

d) 暗騒音の補正

暗騒音の影響が認められる場合は，受音室中央などの代表点において各周波数ごとに暗騒音レベルを測定し，室内騒音の音圧レベルと暗騒音レベルとの差 ($L_{sb} - L_b$) を周波数帯域ごとに求め，表 6.1 の値によって測定値を補正し，補正した値によって室内騒音の音圧レベル測定値とする．暗騒音とのレベル差が 6 dB よりも小さい場合は，この補正計算は行わず，音圧レベルの測定結果を参考値として記録する．

5) 測定結果の表示

室内騒音の音圧レベル測定結果は，図 2.7 に示した騒音等級曲線上に表示して 2.3.4 に示す方法によって N 値を求める．

騒音等級曲線の図は横軸にオクターブバンド中心周波数をとり，縦軸に床衝撃音レベルをとる．軸の目盛は，横軸のオクターブバンド幅対縦軸の音圧レベル 10 dB の幅が 3 対 4 となるようにと

り，測定結果は周波数帯域ごとに点で示し，順次直線で結ぶ．

6.6 L数，N数とA特性音圧レベルの関係

室間の遮音性能，床衝撃音遮断性能，室内静ひつ性能の予測計算はオクターブ帯域別に行う必要があるが，予測計算結果を単一数値で表示する場合は，遮音等級であるD値，L値，また騒音等級N値が用いられ，竣工時等の音響性能測定では，床衝撃音遮断性能や室内静ひつ性能をA特性音圧レベルで測定，評価することもある．

"遮音性能基準"では，室内静ひつ性能についてはN値のほかにA特性音圧レベルによる基準値がN値と同じ数値で（例えばN-40の場合は40 dB）併記されている．もともと，遮音等級曲線のL曲線や騒音曲線のN曲線は，騒音計の周波数重みづけ特性Aを逆にして表示した逆A特性を基にしたものであり，ある条件下では，L数とA特性音圧レベル，N数とA特性音圧レベルは1対1の関係で対応することは明らかである．実際の建物で，L数とA特性音圧レベル，N数とA特性音圧レベルが1対1の関係で対応するかを検討した結果について図6.14～6.18に示す．L数とA特性音圧レベル，N数とA特性音圧レベルの関係は必ずしも1対1の関係ではなく，また，ある係数を求めてそれによって補正すればよいというものではないことがわかる．

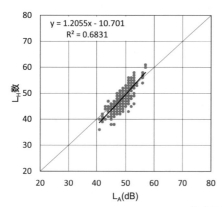
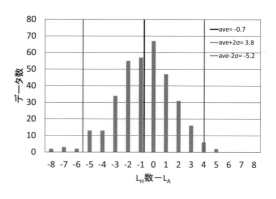

タイヤ L_H　中間：348データ
図6.14　L_H数とA特性衝撃音レベルの関係(1)

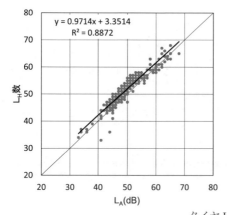
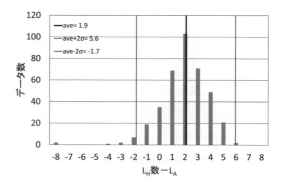

タイヤ L_H　竣工：381データ
図6.15　L_H数とA特性衝撃音レベルの関係(2)

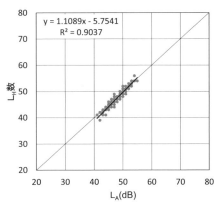 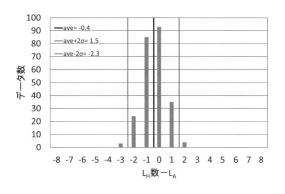

ボール L_H　中間：244 データ

図 6.16　L_H 数と A 特性衝撃音レベルの関係(3)

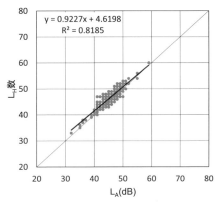 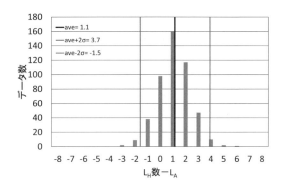

ボール L_H　竣工：484 データ

図 6.17　L_H 数と A 特性衝撃音レベルの関係(4)

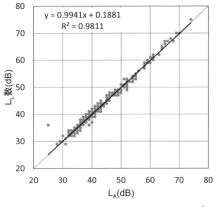 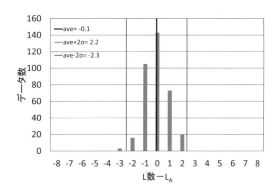

L_L　竣工：361 データ

図 6.18　L_L 数と A 特性衝撃音レベルの関係

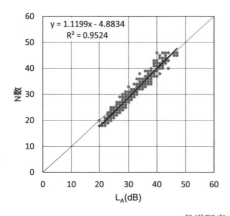
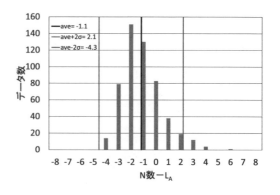

鉄道騒音＋道路騒音：531 データ

図 6.19　N 数と A 特性音圧レベルの関係(1)

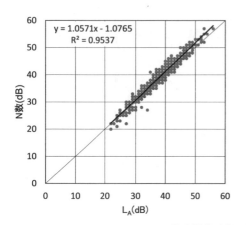
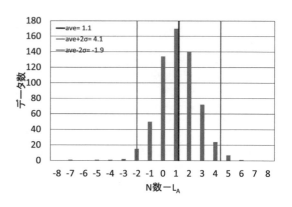

浴室桶落下音＋引き戸落下音：618 データ

図 6.20　N 数と A 特性音圧レベルの関係(2)

6.7　規準化・標準化

6.7.1　規準化・標準化の意味

　"遮音性能基準"では，それぞれ個々の界壁・界床を評価するのではなく，界壁・界床を介する2室間の空間性能を評価するという考えから，居室間の空気音遮断性能については2室間の平均音圧レベル差そのものを，床衝撃音遮断性能については居室内で生じる床衝撃音レベルそのものを測定量としている．一方，国際的な整合化の一環として改正された JIS（JIS A 1417 など）では，測定値を規準化および標準化して界壁・界床の性能を表すことを基本としており，"遮音性能基準"とは異なる概念が導入されているので，注意する．

1) 規準化 (normalize)

　規準化とは，室間音圧レベル差や床衝撃音レベルの測定結果を受音室の等価吸音面積によって換算することをいう．規準化室間音圧レベル差 D_n，規準化床衝撃音レベル（規準化軽量床衝撃

音レベル）L_n は，それぞれ測定結果から式 6.8 によって算出される．

$$D_n = D - 10 \log_{10} (A/A_O)$$
$$L_n = L + 10 \log_{10} (A/A_O) \quad \cdots\cdots\cdots\cdots\cdots\cdots\cdots\cdots\cdots\cdots\cdots （式 6.8）$$

ここで，
- D ：室間音圧レベル差　（dB）
- L ：軽量床衝撃音レベル　（dB）
- A ：受音室とした居室の実際の等価吸音面積（m²）
- A_O：規準等価吸音面積（10 m²）

2）標準化（standardization）

標準化とは，室間音圧レベル差や床衝撃音レベルの測定結果を，受音室の残響時間によって換算することをいう．標準化室間音圧レベル差 D_{nT}，標準化床衝撃音レベル（標準化軽量床衝撃音レベル）L_{nT} は，それぞれ式 6.9 によって算出される．

なお，標準化を行う際の基準とする残響時間 0.5 秒は，家具を配置した居室を想定している．

$$D_{nT} = D + 10 \log_{10} (T/T_O)$$
$$L_{nT} = L - 10 \log_{10} (T/T_O) \quad \cdots\cdots\cdots\cdots\cdots\cdots\cdots\cdots\cdots\cdots\cdots （式 6.9）$$

ここで，
- D ：室間音圧レベル差　（dB）
- L ：軽量床衝撃音レベル　（dB）
- T ：受音室の実際の残響時間（秒）
- T_O：標準残響時間（0.5 秒）

3）規準化・標準化の特徴

窓，扉等からの迂回路伝搬音がない場合の室間音圧レベル差は，$D = TL + 10 \log_{10} (A/S)$ で求められることは 5.2.3 の式 5.11 で示しており，第 2 項は，一般の集合住宅では等価吸音面積 A と音が直接透過する壁の面積 S がほぼ同程度となることから，$10 \log_{10} (1) = 0$ と考えてよいことを記した．ここで，第 2 項の影響があることを考えた場合，受音室の等価吸音面積 A が変化すると，室間音圧レベル差も変わることになる．2 室間の遮音性能を考える際，両室の等価吸音面積が大きく異なると，音源室と受音室を入れ替えた場合に，室間音圧レベル差の結果が変化することになる．1 つの壁を対象とした室間遮音性能に対して，2 つの遮音性能値が得られることになる．規準化を行った場合は，等価吸音面積を一定値（10 m²）に換算するため，理論的には，1 つの壁に対して 1 種類の室間音圧レベル差が得られる．

一方，標準化については，受音室の残響時間を一定値に換算するため，受音室の室容積が影響する結果となる．室容積が大きくなると，標準化室間平均音圧レベルは大きくなる傾向があり，標準化床衝撃音レベルは小さくなる傾向がある．測定対象となる壁の両側の室容積が同一であれば，音源室と受音室を入れ替えても，測定結果に変化が生じないことになるが，室容積が大きく

異なる場合は，音源室と受音室の入替えは，標準化室間平均音圧レベル差に変化が生じる．

6.7.2 日本建築学会"遮音性能基準"の規準化・標準化との関わり

JIS A 1417, 1418-1, 1418-2 などの遮音性能現場測定方法では，2000 年の改正時に規準化，標準化の規定が設けられたが，"遮音性能基準"の日本建築学会推奨測定規準では，そのような規定は設けられていない．それは，わが国では，次のような考え方に立って遮音性能の測定方法の規定を策定しているためである．

(a) 室間音圧レベル差という測定量は，1つの壁を介した居室間においても音源室とした居室を受音室として測定すれば，2 種類の室間遮音性能値が得られる可能性がある．このようにどちらを音源室とするかによって遮音性能値が異なる測定は，実際の生活実感に対応するものであることから，組合せによって得られた値そのものが測定・評価されるべきものである．

(b) 床衝撃音レベルについても，下階室の等価吸音面積により標準軽量衝撃源の床衝撃音レベルが変化することは事実であり，実際の生活実感にそれが反映されるため，それはそれとして測定・評価されるべきである．

また，「測定上の現実的問題として，現場で残響時間を測定するというのは，現場測定としては多大な労力を要すること」，「通常の集合住宅の居室を対象とした場合，基準化，標準化を行っても，それほど大きな差異は生じないこと」なども基準化，標準化が"遮音性能基準"の日本建築学会推奨測定規準に導入されなかった理由になっている．

最初に述べたように，国際的な整合化に伴い，規準化，標準化が JIS に導入されたが，"遮音性能基準"の適用等級（特級〜3 級）は，部位の性能ではなく空間性能に対しての判断基準である．すなわち，実建物での生活状況にある居室空間を評価するための指標であるため，JIS に規定されるような測定値の規準化，標準化は行っていない．また，日本建築学会の遮音性能基準[6-1]で評価するのであれば，規準化または標準化を行わない測定結果で音響性能を判定する必要がある．

引用・参考文献

6-1) 日本建築学会編：建築物の遮音性能基準と設計指針 第二版，技報堂出版，1997

6-2) 日本建築学会編：建築物の遮音性能基準と設計指針，pp.363-377，技報堂出版，1979

6-3) JIS A 1417:2000：建築物の空気音遮断性能の測定方法

6-4) 日本建築学会編：建築物の遮音性能基準と設計指針，pp.378-402，技報堂出版，1979

6-5) 日本建築学会編：集合住宅の遮音性能・遮音設計の考え方，pp.34-49, pp.64-72，2016

6-6) 木村翔，安岡正人：建築物の遮音性能基準（JIS 案）について，日本音響学会誌，32 巻，10 号，pp.647-661，1976.10

6-7) 安岡正人：床衝撃音レベル測定方法の JIS 改正について，日本音響学会誌，34 巻，2 号，pp.79-86，1979.2

6-8) 日本建築学会編：建築物の遮音性能基準と設計指針，pp.355-372，技報堂出版，1979

6-9) 木村翔，井上勝夫，岡部豊：重量衝撃源の衝撃特性，日本音響学会講演論文集，3-3-2, pp.407-408,

1978.5

6-10) 木村翔, 井上勝夫, 岡部豊：重量衝撃源の衝撃特性, 日本音響学会講演論文集, 1-3-4, pp.441-44, 1979.6

6-11) 井上勝夫, 木村翔, 伊東正夫, 高橋健太郎：自動重量床衝撃源装置の特性, 日本音響学会講演論文集, 1-4-18, pp.461-462, 1980.5

6-12) 阿部恭子, 井上勝夫, 安岡正人：標準重量床衝撃源の衝撃力特性に関する温度依存性-その１. 実験装置及び実験方法-, 日本建築学会大会学術講演梗概集, pp.141-142, 1999.9

6-13) 安岡正人, 井上勝夫, 阿部恭子：標準重量床衝撃源の衝撃力特性に関する温度依存性-その２. 実験結果の考察-, 日本建築学会大会学術講演梗概集, pp.143-144, 1999.9

6-14) 井上勝夫, 阿部恭子, 安岡正人：標準重量床衝撃源の衝撃力特性に関する温度依存性-その３. 床衝撃音による検討-, 日本建築学会大会学術講演梗概集, pp.145-146, 1999.9

6-15) 井上勝夫, 安岡正人, 橘秀樹：床衝撃音測定用標準重量衝撃源の開発, 日本建築学会技術報告集, No.14, pp.143-148, 2001.12

6-16) Katsuo inoue, Masahito yasuoka, Hideki tachibana：New Heavy Impact Source for the Measurement of Floor Impact Sound Insulation of Buildings, Proceedings of Inter-Noise, pp.1493-1496, 2000

6-17) 井上勝夫：JIS A 1418 建築物の床衝撃音遮断性能の測定方法, 音響技術, No.111, pp.31-36, 2000.9

6-18) 木村翔, 大川平一郎, 井上勝夫：重量床衝撃源の意義と望ましい衝撃力特性について, 日本建築学会技術報告集, pp.199-202, No.1, 1995.12

6-19) 井上勝夫, 阿部今日子：集合住宅の居住者反応から見た重量床衝撃音遮断性能の生活実感による表現方法の検討, 日本建築学会環境系論文集, Vol.79, No.701, pp.589-596, 2014.9

6-20) 鹿倉潤二, 井上勝夫, 天川恭一, 大川平一郎, 大川周一郎：床衝撃音遮断性能評価量の相関関係に関する実態把握, 日本建築学会技術報告集, Vol.21, No.48, pp.677-682, 2015.6

6-21) 井上勝夫, 冨田隆太, 秋本恭平：木造建築物の床衝撃音遮断性能の評価尺度に関する検討, 日本建築学会大会学術講演梗概集, pp.225-22, 2014.9

6-22) 日本建築学会編：建築物の遮音性能基準と設計指針, pp.403-424, 技報堂出版, 1979

第7章　音響性能に関する目標値設定・設計・施工・監理上の問題

7.1　音響性能の設計目標値設定上の責任

7.1.1　設計業務一般における契約上の注意義務

　設計契約を，請負契約と解するか，準委任契約と解するかの争いがあるが，ここでは準委任契約を前提に説明する．

　設計業務における設計作業の実質的意味は，「建築主の要求等に基づいて合理的に設計条件を設定し，その設計条件に基づいて，合理的に設計内容を具体化し，それを図書化する作業」[7-1]と考えられる．

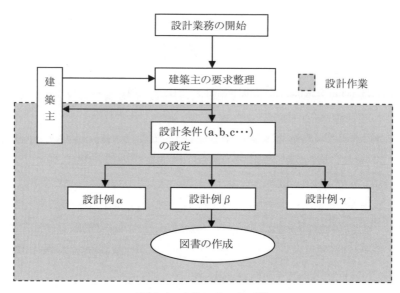

図7.1　建築設計の流れ[7-2]

　したがって，設計業務においては，契約上，依頼者の要求に沿って設計条件を合理的に設定する注意義務と設計条件を具体化させるための注意義務，そして，設計図書として表現するための注意義務があると考えられる．また，注意義務の程度は，善良な管理者としての注意（略して，善管注意という），すなわち，設計者に当てはめると，設計者に対して一般に要求されるだけの注意である．

7.1.2　依頼者の要求に沿って設計条件を合理的に設定する注意義務

　一般に，遮音設計における依頼者の要求は，対象室の「静かさ」に集約されることが多いと思われる．この「静かさ」について，ある静かさを具体化する仕様が示されている場合は，問題が少ない．例えば，依頼者の要求が，日本住宅性能表示基準（住宅の品質確保の促進等に関する法律第3条など）が定める「8-3　透過損失等級（界壁）」の「等級4」であれば，設計者には当該等級に示される基準に適合するよう設計をする注意義務がある．

　しかし，「静かさ」が○○dB以下というように定量的に示された場合は，注意が必要である．依頼者が要求する「静かさ」は，あくまで結果であり，遮音設計時に設定した対象騒音の大きさを

上回る発生音があった場合には，設計目標値を超える場合もあることを理解しておいてもらわないとトラブルになりやすい．したがって，設計者は，依頼者に対して，音源としての騒音の大きさの設定方法およびその値，設定した対象騒音の大きさに対する遮断性能の目標値，設定した対象騒音の大きさと現実のずれが生じた場合には「静かさ」にも影響が出ること，こうした影響をできるだけ少なくするためには性能に余裕をみるためにコストがかかることなどを十分説明し，了解を得ておく必要がある．

なお，要求が「気にならない程度」というように感覚的な場合は，さらに問題が多い．感覚的だと，依頼者が要求した静かさが実現した，しないで紛争が生じやすいからである．

したがって，依頼者から，感覚的な要求が出されたときは，当該要求内容をできる限り定量化し，上記の説明をする必要がある．

なお，仮に感覚的な要求のまま設計を進めてしまった場合，設計者の注意義務違反の有無は，ケースバイケースでの判断にならざるを得ない．

では，依頼者から，「静かさ」などについて，格別要求されていないとき，設計者は，どのような点に注意して設計すべきであろうか．

依頼者から，遮音に関して格別要求がない場合，どの程度の遮音性能を欲するかについて確認することが望ましいが，仮に合理的意思解釈の問題になるとすれば，一般的には，依頼内容は遮音設計として適法であること，および遮音設計としての建築学的合理性が確保されていること，と考えられる．したがって，設計者の責任は，遮音設計としての適法性および建築学的合理性の確保に対する注意義務違反の有無で判断されると考えられる．

例えば，長屋または共同住宅の各戸の界壁の遮音性能が問題になった場合であれば，設計内容が，建築基準法第30条・同法施行令第22条の3で定める技術規準に適合するもので，国土交通大臣が定めた構造方法（国土交通省告示第170号）を用いているか，または国土交通大臣の認定を受けたものとしているかが問題になる．

もっとも，依頼者から格別の要求がある場合（明示だけでなく黙示の場合もある）には，たとえこうした基準に適合していても，当該要求を満足していなければ，注意義務違反を問われることになるので注意する．

7.1.3 遮音設計における不法行為上の注意義務

最高裁平成19年7月6日判決によれば，「建物の建築に当たり，契約関係にない居住者に対する関係で設計者，施工者及び工事監理者が負う注意義務は，建物に建物としての基本的な安全性が欠けることがないように配慮すべき注意義務である．設計者等がこの義務を怠ったために建築された建物に建物としての基本的な安全性を損なう瑕疵があり，それにより居住者等の生命，身体又は財産が侵害された場合には，設計者等は，不法行為の成立を主張する者が上記瑕疵の存在を知りながらこれを前提として当該建物を買い受けていたなど特段の事情のない限り，これによって生じた損害について不法行為による賠償責任を負う．例えば，バルコニーの手すりの瑕疵であっても，これにより居住者等が通常の使用をしている際に転落するという，生命又は身体を危険にさらすようなものもあり得るのであり，そのような瑕疵があればその建物には建物としての基本的な安全性を損

なう瑕疵があるというべきであって，建物の基礎や構造く体に瑕疵がある場合に限って不法行為責任が認められると解すべき理由もない．」とされている．

したがって，遮音性能が「基本的安全性」に関するものといえるかどうかが問題になるが，今のところ，この点に関して直接判断した最高裁判所の判例はない．

もっとも，最高裁平成21年9月21日判決によると，快適性に関するものは「基本的安全性を損なう瑕疵」とはいえないとしていることから，遮音性能を快適性に関するものと考えれば，不法行為は成立しないように思われる．

この点については，今後の裁判例の積み重ねを待つしかないと思われるが，「基本的安全性」か「快適性」かは，騒音の程度，被害の内容等総合的に判断するしかないと考えられる．

7.2 施工者の責任

請負契約は，ある仕事を完成する約束とそれに報酬を支払う約束があれば成立する（民法第632条）．

これを工事契約に当てはめると，請負者は，ある建築物を完成する約束をし，発注者は，それに報酬を支払う約束をしていることになる．

請負者の完成約束の対象である建築物は，発注者から指示された内容，すなわち設計図書に記載された内容の建築物である．一般に，設計図書には，建築物の姿・形が描かれているため，施工者が遮音性能そのものの実現を約束することは少ないと思われる．

すなわち，施工者は，設計図書どおりの姿・形の建物を完成しなかった場合に契約上の責任を負うことが基本であるため，一般に，遮音性能そのものの実現に関する責任はないと考えられる．

もっとも，施工者が，一定の遮音性能を確保することを特別に約束した場合（この場合は，設計内容を審査する業務も引き受ける必要がある．）は，約束した遮音性能が出ないときは，責任を負うことになる．

7.3 工事監理者の責任

工事監理は，その者の責任において，工事を設計図書と照合し，それが設計図書のとおりに実施されているかいないかを確認することをいう（建築士法第2条8項）．

したがって，施工者の場合と同様，一般に，遮音性能そのものの確保に関する責任はない．

7.4 売主の責任

遮音性能そのものが売買契約の内容になっているとすれば，売主は，当該遮音性能を有する建物を売る義務があり，それに反すれば損害賠償責任を負う（民法第415条，570条）．

一方，遮音性能が売買契約の内容になっていなければ，何ら責任が生じないことは当然である．

当該性能値が売買契約書やパンフレット等に示されていた場合はどうか．当該記載の意味として，そこに示された性能値を現実に確保するという趣旨に解釈されるのであれば，売主は買主に対し，当該性能値を備える建物を提供する義務があると考えられる．しかし，そのような趣旨ではないと

解釈されれば，そうした義務はない．

7.5 音響性能に関する基準，規準，規格と事業者，設計者との責任上の関わり
7.5.1 建築基準法により規定されている音響性能と設計者・施工者・監理者の責任

建築基準法第30条には，長屋または共同住宅の各戸の界壁の遮音性能に関する規定がある．これによると，「界壁は小屋裏又は天井裏に達するもの」とし，その構造は「遮音性能（隣接する住戸からの日常生活に伴い生ずる音を衛生上支障がないように低減するために界壁に必要とされる性能をいう）に関して政令で定める技術的基準に適合するもので，国土交通大臣が定めた構造方法を用いるもの又は国土交通大臣の認定を受けたものとしなければならない」とされている．

遮音性能に関する技術的基準は，建築基準法施行令第22条の3に規定され，表7.1の左欄に掲げる振動数の音に対する透過損失がそれぞれ同表の右欄に掲げる数値以上となっている．3つの周波数しか規定はないが，集合住宅における界壁の遮音性能は，おおむね室間音圧レベル差で見て，D-40以上が必要となる．

表7.1 建築基準法における長屋または共同住宅の界壁の遮音性能の基準

振動数（Hz）	透過損失（dB）
125	25
500	40
2000	50

具体的な界壁の構造方法は，国土交通省告示第170号に示され，間柱および胴縁その他の下地を有しない界壁（鉄筋コンクリート造等）と下地を有する界壁（乾式二重壁等）についての構造方法（仕様）が規定されている．

集合住宅の設計者は，告示に示されている仕様，もしくは国土交通大臣の認定を取得した界壁の仕様に従って設計を行われなければならない．また，施工者は，設計図書どおり施工し，監理者は，設計図書どおりに工事が行われているか否かを確認しなければならない．

7.5.2 住宅品確法を基に設定された音響性能と設計者・施工者の責任

住宅の品質確保の促進等に関する法律（以下，住宅品確法という）に基づく住宅性能表示制度では，2.4節に記載したように，(1)界床の重量床衝撃音対策，(2)界床の軽量床衝撃音対策，(3)界壁の空気音遮断性能，(4)外壁開口部の空気音遮断性能，の4つの性能表示項目を表示することができる．

住宅性能表示制度の適用は任意である．建築主が住宅性能表示制度を利用する場合，建物の評価は，国からの指定を受けた指定住宅性能評価機関が行う．指定住宅性能評価機関は申請された建物について評価を行い，住宅性能評価書を交付する．この評価には，図面などの設計図書に基づき評価を行う設計評価と，建設工事中や完成段階での現場検査に基づく建設評価の2種類がある．そして，対象建物は，指定住宅性能評価機関による評価により，施主の要求性能どおりに設計がなされ，また，評価を受けた設計どおりに工事が進められたかが確認される．

ここで注意しなければならないことは，住宅性能表示制度は設計図書の記載に基づいて評価が行

われる，という点である．すなわち，住宅品確法に基づく住宅性能表示制度では，各性能表示項目についてそれぞれ，評価対象となる住宅の各部位が表示項目のどの等級に該当するのかを，新築住宅の着工前に設計図書に記載された仕様を基にして，あるいは建設段階で設計図書どおりに施工されているかについて，指定住宅性能評価機関が判断するものである．建物竣工後に音環境性能を実測し，その実測結果を基にして該当等級を表記する制度ではない．

　表示性能がどの等級に該当するのかは，国土交通省の告示による評価方法基準に例示された仕様を基に，指定住宅性能評価機関が判断することになる．例えば，重量床衝撃音対策の場合，評価方法基準の中には，床板の種類・床仕上げ構造の種類・スラブの端部拘束条件・等価スラブ厚・受音室の面積などによって判断する重量床衝撃音対策等級と，スラブの等価厚さと床仕上げ構造の性能（重量床衝撃音レベル低減量）によって評価する相当スラブ厚（重量床衝撃音）の2種類の表示体系と評価基準がある．このうち，相当スラブ厚の表示では，鉄筋コンクリート製の均質単板スラブの場合，スラブ厚さが27 cm以上，20 cm以上，15 cm以上，11 cm以上，そのほか（11 cm未満），の5段階の区分に応じて遮音性能を評価し表示することになっている．評価方法基準に示される音環境に係わる仕様規定の概要を表7.2に示す．

表7.2　評価方法基準の音環境に係わる仕様規定の概要

性能表示項目	評価基準	規定される仕様
重量床衝撃音対策	重量床衝撃音対策等級	床板の種類，床仕上げ構造の種類，床板の端部拘束条件，等価スラブ厚，受音室の面積など
	相当スラブ厚（重量床衝撃音）	床板の等価厚さ，床仕上げ構造の性能（重量床衝撃音レベル低減量）
軽量床衝撃音対策	軽量床衝撃音対策等級	床板の種類，等価厚さ，床仕上げ構造の仕様
	軽量床衝撃音レベル低減量（床仕上げ構造）	床仕上げ構造の仕様
界壁の空気音遮断性能	透過損失等級（界壁）	界壁の仕様（材質・厚さなど）
外壁開口部の空気音遮断性能	透過損失等級（外壁開口部）	居室の外壁の開口部に使用されるサッシおよびドアセットの実験室での遮音性能測定結果

　したがって，住宅品確法に基づく住宅の遮音性能表示を利用する場合，設計者は，設計図書に記載された仕様が日本住宅性能表示基準に記載された仕様の例示と合致した設計内容にする義務がある．また，施工者は，設計図書に記載された内容どおりに施工する義務がある．さらに工事監理者は，工事が設計図書どおりに実施されているか否かを確認する義務がある．したがって，仮に完成後に遮音測定を実施し，表示された遮音性能の水準に達していなかった場合でも，設計段階での仕様の選択が正しく，完成建物においても設計図書どおり施工されていれば，施工者に責任は生じないことになる．

　なお，日本住宅性能表示基準に例示されていない仕様を採用した建物について性能表示を行う場合は，個別に特別評価方法認定という制度（住宅品確法第58条以下）が活用できる．これは，その仕様が施工された実験室または実建物において遮音測定を行い，その結果を基にしてその仕様に

対しての特別な等級評価の方法を国土交通大臣が認定する制度である．仕様を提案する建材メーカや建設会社などの企業が評価の申請を行い，国土交通大臣の登録を受けた者が試験（住宅性能表示制度の中で特別評価方法認定を認めるための審査）を行い，試験証明書が発行される．この試験証明書にも，表示される等級と仕様の条件詳細が記載されるので，それに従って実建物での設計と施工を行う必要がある．

　住宅品確法では，住宅性能評価書が交付されている住宅に関する紛争が生じた場合，簡易かつ迅速に紛争が処理されるよう指定住宅紛争処理機関を利用することができるようになっている．指定住宅紛争処理機関では，紛争の内容によって，あっせん，調停または仲裁が行われる．国土交通大臣が弁護士会などを「指定住宅紛争処理機関」として指定している．

7.5.3　日本建築学会推奨基準を基に設定された音響性能と設計者・施工者・監理者の責任

　日本建築学会の「遮音性能基準」[7-3]は，2章で示したように，学術，技術，居住者等の状況を踏まえた「推奨基準」であり，現状ではほとんどの規格・基準がこの推奨基準に基づいて作成され，また，遮音設計時における「設計目標値」の設定も同基準に基づいて行われていると思われる．この基準は，床衝撃音遮断性能や室間音圧レベル差にあるように，基本的には建築物の遮音性能の程度を表すものである．よって，建築物の設計や性能評価には利用しやすい形で示されている．

　設計に際し，発注者と設計者が協議の上，この「遮音性能基準」によって具体的な性能値を選択した場合，設計者は，発注者に対し，当該性能値を満たす設計内容にする契約上の責任がある．施工者は，設計図書に記載された具体的な仕様を実現する義務がある．当該性能値を現実に満足させる義務があるわけではない．監理者は，工事が設計図書どおり実施されているか否かを確認する義務がある．

引用・参考文献

7-1）大森文彦：新・建築家の法律入門，p.25，大成出版社，2012
　　　同：建築工事の瑕疵責任入門，p.28，大成出版社，2007
7-2）大森文彦：新・建築家の法律入門，p.26，大成出版社，2012
7-3）日本建築学会編：建築物の遮音性能基準と設計指針　第2版，技報堂出版，1997

第3編　苦情・紛争発生時の対応

第8章　集合住宅の音の不具合に関する電話相談

8.1 「住まいるダイヤル」における電話相談の状況

（公財）住宅リフォーム・紛争処理支援センター（以下，住まいるダイヤルという）は，住宅の品質確保の促進等に関する法律に基づき，国土交通大臣の指定を受けて住宅に関する相談業務を行っている．電話による住宅相談は，2000年（平成12年）度より業務が開始され，2013年（平成25年）度までの相談件数の累計は178596件にのぼる．

178596件の相談中，18141件は集合住宅に関する相談で，そのうち，音の不具合に関する相談は1549件である．

8.2 音の不具合に関する電話相談の傾向

「住まいるダイヤル」で受け付けられた電話相談の内容を基に，音の不具合に関する相談の傾向[8-1]を次に紹介する．

8.2.1 音の不具合の種類と発生部位

音の不具合に関する相談1549件について，不具合の種類を図8.1でみると，［遮音不良］が最も多く826件53％，［床鳴り］が362件24％，［異常音］が361件23％となっている．また，不具合の発生部位は，図8.2のようになり，［床］が最も多く51％，続いて［壁］が15％，［天井・屋根］が11％となっている．ただし，ここでの「異常音」は，音源の種類が相談者によって正確に判断できない場合や設備機器等の異常運転に伴う発生音などを集計したものであり，いわゆる異音・不思議音といわれる音に関するものだけではない．

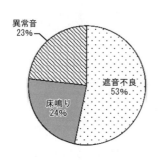

図8.1　音の不具合の種類

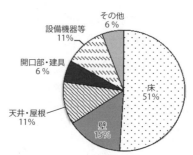

図8.2　音の不具合の発生部位

次に，遮音不良に関する発生部位を図8.3に，異常音に関する発生部位を図8.4に示す．「遮音不良」に関する相談（826件）の発生部位は，［床］が最も多く44％，［壁］が24％，［天井・屋根］が16％であり，「異常音」に関しての相談（361件）の発生部位は，［設備機器等］が最も多く36％，続いて［床］が18％，［天井・屋根］が12％となっている．

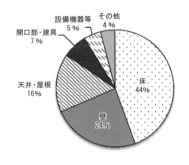
図 8.3 遮音不良の発生部位

図 8.4 異常音の発生部位

8.2.2 音の不具合と苦情申し立ての相手方

音の不具合に関する相談（1549件）のうち，苦情の相手方が不明のものを除いた1299件について，申し立てた苦情を解決するために，補修や損害賠償等の請求をする申立ての相手方を図8.5～8.7に示す．図8.5から音の不具合に関する苦情の相手方は，［売り主］が 60 %（809件）で最も多く，続いて隣接住戸等の［近隣］が 13 %（174件），リフォーム工事を行った場合の［リフォーム業者］が 11 %（149件）となっている．［売り主］の比率は，図8.6の「遮音不良に関する苦情の相手方」，図8.7の「床鳴りに関する苦情の相手方」に対する集計結果の場合もほぼ同様であり，苦情の相手方がかなり特定されている様子がわかる．

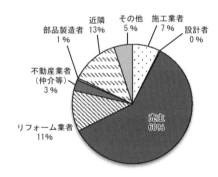
図 8.5 音の不具合に関する苦情の相手方

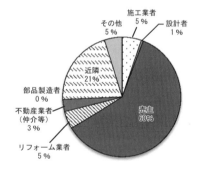
図 8.6 遮音不良に関する苦情の相手方

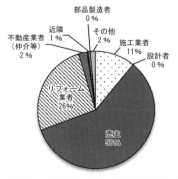
図 8.7 床鳴りに関する苦情の相手方

8.2.3 音の不具合に対して希望する解決方法

電話相談であるので，苦情の大小はあるが，単純に音の不具合に対して希望する解決方法を集計してみると，図8.8のようになる．図8.8は，音の不具合に関する相談（1549件）のうち，具体的に解決方法を回答した958件の集計結果である．「補修」が最も多く77％（738件），「損害賠償」および「補修と損害賠償」は8％（74件），「契約解除」は5％（45件）となっており，相談の20％程度がかなり深刻な問題となっている様子がわかる．

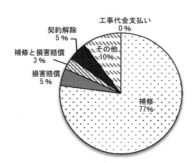

図8.8 音の不具合に関する希望する解決方法

8.3 音の不具合に関する主な電話相談事例

紛争処理支援センターでは，受け付けた電話相談記録から一般消費者等に参考となる事例を選定し，相談内容の一部を加筆修正した上で，ホームページに掲載し一般公開している．ここでは，その一部を「遮音不良」「床鳴り」「異常音」および「その他」に分類して示す（2015年3月末現在）．

表8.1 遮音不良に関する相談事例

遮音性能をうたい文句とした分譲集合住宅の上階からの生活音	11階建て建設性能評価書付き新築分譲集合住宅10階部分の住戸を，「コンクリート中空スラブ厚さ275 mmとL_L-45の二重床の仕様が決め手で購入しました． 入居してみると上階住戸の生活音，足音，物が落ちる音などが聞こえます．ときには，家具が揺れることもあります．管理会社に申し出たのですが，音については居住者間で解決すべきで管理会社は関与しないとのことなので，上階の方に直接話してみました．足音が聞こえにくくはなったのですが，他の音については変わりません．上階の方は協力して解決する姿勢はあるのですが，今のうちに原因を調べて，何か対策を講じておきたいと思います．このような場合，売主に何らかの対応を求められるでしょうか．
集合住宅の上階住戸からの生活音	新築集合住宅を購入しました．上階から生活音がよく聞こえてきます． 話し声が壁を伝わって聞こえてくるし，特にひどいのは，居間で食事中に上階トイレの使用中の音が聞こえてくることです．パイプシャフト内配管の揚水音，排水音もよく聞こえます．パイプシャフトの壁の下地は木造です．販売会社は地元業者で設計，施工，販売まで一括して行っており，現場監督，設計者に音を聞いてもらいましたが「これくらい普通であり問題がない」と相手にしてくれません． 遊びに来た友達はひどいと言います．管理組合はできていますが，未入居の住戸があり，他の家の状況はわかりません．解決策を教えてください．
集合住宅界壁の遮音構造（ブロック造）	7階建て分譲集合住宅を買いました．住居は5階で3世帯の真ん中です． 片方の隣家との界壁はブロックにコンクリートを埋め込んだものだそうです．そのせいか隣のテレビの音が聞こえます．建築基準法で壁厚の制限はないのでしょうか． 管理組合はまだできていません．管理会社に音の問題を話したら，「少し時間を下さい」と言ったまま2か月経ってしまいました．1年点検のアンケートがきたので，そこに音の問題を書くつもりです．隣家となるべく波風を立てたくないと考えています．どうしたらいいのでしょうか．

表 8.2 床鳴りに関する相談

集合住宅住戸の遮音フローリングの床鳴り	新築集合住宅に入居して5か月目です． 遮音フローリング L_L-45 を張っていますが，床鳴りがひどくなってきました．6か月点検時に，売主に指摘したのですが，木材の乾燥収縮によるものと説明され，特段の措置はしてもらえませんでした．売主の対応は適切なのでしょうか．
築4年中古集合住宅の床鳴り	4か月ほど前，4年前に新築分譲された集合住宅住戸を，仲介業者を通して個人売主から購入しました． 床はフローリングの二重床ですが，入居して3日目に床鳴りに気づきました．契約書を見ると，売主は引渡し後3か月間の瑕疵担保責任を負い，その後の3か月間は仲介業者が継続して責任を負うと記載されています．また契約書には「5万円までの補修費用は購入者が負担する」ことも定めてありました． 仲介業者に連絡して床を見てもらうと，「二重床内の部品が不足しているのだと思う」と言われました．そこで，この集合住宅を新築分譲した集合住宅販売会社に連絡して床を見てもらったのですが，「部品の不足があるようですが，オーナーチェンジしているので対応できません」と言われました．自己負担で直さなければならないのでしょうか．他のリフォーム業者から補修工事の見積りをとったところ，5万円との提示がありました．

表 8.3 異常音に関する相談事例

新築集合住宅のサッシからすき間風の音がする	19階建て新築分譲集合住宅の17階の住戸を購入しました． 入居後しばらくして，風の強い日に，北側にある部屋の引違い窓サッシから一定の音程がある笛の鳴るような音が聞こえるようになりました．音が気になって眠れません．サッシは共用廊下に面して設けられている複層ガラス窓です．売主のアフターサービス担当者に連絡したところ，サッシ業者が見に来て，サッシを調整してくれました．笛の鳴るような音は低くはなりましたが，まだ空気が抜けるようなシューシューという音がします．24時間換気用の給気口を閉じても，音は止まりません．サッシメーカにも見てもらいましたが，サッシ自体には問題はないと言われました．アフターサービス担当者から「これくらいの音は仕方がない」と言われていますが，他住戸でこのような問題は起きていないようなので，納得がいきません． このまま我慢するしかないでしょうか．
集合住宅居間の窓ガラス交換後に異常音	5年前に購入した集合住宅住戸に住んでいます．引渡しから4年後の12月に居間のガラス窓が突然割れ，6mmの複層ガラスに替える工事を建材業者に依頼し，工事終了後に代金47万円程度を支払いました． その後，工事をしたサッシ部分から異常音がするようになり，夜中でも気になって目覚めてしまうことがしばしば生じるようになりました．建材業者に問い合わせたところ，甲ガラスメーカに直接連絡するように言われましたが，甲ガラスメーカの担当者からは，ガラスが原因でサッシ部分から異常音がすることはありえないと説明されました．また，工事の見積書に記載されていた複層ガラスの製造番号等から，実際使われている複層ガラスは，問い合わせるように言われた甲ガラスメーカのものではありませんでした． 建材業者に調査を依頼したのですが，全く対応してもらえません．修理費用や他社に調査依頼した場合の調査費用を請求すると伝えても，そうして下さいと言われるだけで，納得できません．ガラス交換工事をしてから異常音がするようになったので，建材業者の工事に原因があると考えています．業者にどこまで責任を求められるか，教えて下さい．

表 8.4　その他の相談事例

集合住宅の大規模修繕でポンプの方式変更後に騒音と振動が発生	5階建て集合住宅の1階に住んでいます． 　昨年夏に大規模修繕工事が行われ，受水槽と揚水ポンプだった給水方式が増圧ポンプ方式に変更されました． 　4か月ほど経ってから，騒音と振動が気になるようになりました．加圧ポンプが設置されているのは，わが家の前にある共用階段下のスペースです．設置場所が狭かったので増圧ポンプのユニットを一旦解体して設置したと聞いています． 　施工会社が何度か修理にきたようですが，これ以上の対応は有償になると言っているそうです．他の住戸では起きていない不具合なのですが，直してもらえるでしょうか．
集合住宅の給排水音（ウォーターハンマー）とモーター音	4年前に11階建て集合住宅の1階に入居しました． 　1フロア3戸の集合住宅で1階は自分の住戸だけです．隣はエントランス・物入れになっていて，その隣は受水槽です．集合住宅全体の排水管や給水管が，自分の住戸の地中梁附近に集中していて，騒音がひどく夜間も眠れません．1年点検・2年点検時点で販売業者に話し，再三防音工事をしてもらいましたが，根本的な解決はされていません．最近では，浴室や洗面所等からコトコトと言うウォーターハンマー音がして，うるさくていられません． 　管理組合に相談しても，全体の問題とは異なるから金は出せないと言われました．兄弟も，この程度は飛行場の近くから考えれば我慢の範囲と業者の居るところで話しています．どうしたらよいのでしょうか．
集合住宅購入時の騒音についての重要事項説明が不十分	昨年に集合住宅の最上階住戸を購入し，入居しました．購入理由は，1階にスーパーが入っていて便利なためです． 　その後，どこからか音がするので原因を調べましたがわからず，サッシを二重サッシに変更しましたが音は消えませんでした．屋上に1階スーパーの大きなコンプレッサーが設置され，モーター音がして1日中回っていることがわかりました．販売業者に確認すると，スーパーの設備であると認めましたが，契約時点で重要事項の説明もなく，何も知らされていませんでした．スーパーは朝9時から夜9時まで開いており，その間，振動と騒音に悩まされています． 　販売業者側で騒音と振動の測定をした結果，騒音は25 dBA程度でした．特に低周波の振動がひどく，当方はノイローゼに近い状態であり，子供は他の集合住宅に引っ越しています．自分も他に住宅があるためにそこに住んでいます． 　損害賠償を請求したいのですが，できるものなのでしょうか．また，賃貸にしようとも考えていますがどうしたらよいでしょうか．

　ここに示した内容は，相談事例の一部である．そのため，集合住宅一般において発生している音に関する不具合等の状況をそのまま反映したものではない．また，相談者は建築や遮音性能等に関する専門知識を持たず，音に関する不具合等の状況を正確には把握できていないことが多いので，注意を要する．

8.4　建物の遮音性能に関する苦情と欠陥・瑕疵

8.4.1　欠陥と瑕疵

　集合住宅の室内騒音の状態や界壁，外壁，界床等の遮音性能に関するトラブルに対して，「欠陥」や「瑕疵」なる用語が頻繁に用いられている．一般的には瑕疵も欠陥も特に明確な違いはなく，同じように使われているように思われるが，法的には使い分けられている．そこで，本節では，これらの用語についてまず解説することとする．

　「欠陥」という言葉は，一般的な意味として，欠点・弱点・不足と解され，建築物では必要なものが欠けていたり不備な施工が行われている場合などに使われるケースが多い．このように，「欠陥」

という用語は「欠けていて足りない」,「不備な点」を意味し[8-2), 8-3)] など,住宅建築等では設計や施工のミスによって安全・安心上の問題が生じている状態に対して用いられる場合が多い.さらに,建築の設計者や施工者の故意または重大な過失によって引き起こされるような場合に対して用いられているようにも思われる.また,製造物責任法(PL法)では,「欠陥」とは,「当該製造物の特性,その通常予見される使用形態,その製造業者等が当該製造物を引き渡した時期,その他の当該製造物に係る事情を考慮して,当該製造物が通常有すべき安全性を欠いていること」(第2条・2項)と定義している.PL法を集合住宅に直接適用する是非にはいろいろと意見があるかもしれないが,「安全性を欠く」と言う点では,同様な意味合いと言えるであろう.

　この「必要なものが欠けて足りない」の判断については,基本的には法的基準との比較などによって行われるのが普通と思われるが,法的基準値がない場合については,公平中立的な立場にある学会や協会などの客観性の高い規準値が引用される場合が多い.また,判断にあたっては,定量的な比較が基本にあるようであり,その場合は不足量を定量的に証明することが求められる.法的基準に照らして部材の欠落や寸法の不足,数の不足などは明確に判断できるが,法的規制がないものについては,不足分の程度が客観的に判断されることとなる.よって,欠陥という用語は「客観的」な視点からの表現と言える.

　集合住宅の界壁の遮音性能の場合に対応づけて考えてみると,建築基準法第30条(施行令第22条の3)を満足しない透過損失の界壁が施工されている場合は,欠陥になると思われる.また,外壁(開口部)や界床の遮音性能については,法的規制がないため,日本建築学会の遮音性能基準等が判断理由に引用されることとなる.この場合では,規準そのものが任意団体の「推奨規準」であることから,規準値に対してどの程度性能が低下しているかどうかが判断を左右することになるものと考えられる.

　一方,「瑕疵」は破る・失敗・無効を意味することから,きずや欠点,行為・物・権利などに本来あるべき要件や性質が欠けていることを指し[8-2), 8-3)] など,軽微なものから大きなものまでを含む表現として用いられ,「主観的」な判断に基づく表現のようである.もっとも,民事上,建築請負では,発注者や購入者が要求した内容に適合しない点がある場合,瑕疵として扱われる.このように解釈すると,瑕疵は欠陥を包含する用語のように思われるが,両者は図8.9に示すような関係にあり,かなりの部分で重複する用語として用いられている言葉と解釈した方がよいようである.

　基本的に,建築物の場合の「瑕疵」は,建築の設計図を含む契約において約束された内容の性能や品質,仕様等を満たしているかどうかということになるものと考えられる.ただし,建築物に通常備わっているべきもの,その中には「空間性能」も入るが,それが備わっていない,満足していない場合には,たとえ契約上の約束が明示されていなかったとしても,黙示には契約(合意)したものと考えられるので,「瑕疵」と判断されるケースが発生すると考えられる.法的規制のある項目については,基準値を満足していないと「瑕疵」と判断されることは当然であるし,客観的に見て程度や内容に明らかな差がある場合は「欠陥」と判断されると考えられる.よって,「瑕疵」であるかどうかの判断は,建築として,特に合意した内容または常識的に具備すべき品質・性能等が備わっているかどうかが判断基準となりそうである.ただし,建設後や住宅購入後における経年変

化，使い方等に伴う性能劣化は程度にもよるが，対象外になるものと考えられる．

なお，「不具合」という用語が最近良く用いられているが，この言葉は，欠陥であったり瑕疵であったりする内容はもちろん，さらには消費者から見て，生活上，利用上具合が悪い状態を総称する用語と解釈しておけばよいと思われる．図8.9に不具合という表現の範囲を瑕疵，欠陥とともに示した．

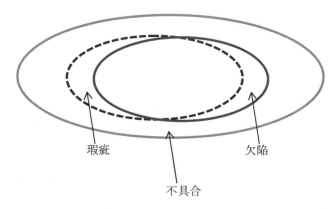

図8.9 瑕疵・欠陥・不具合の概念

8.4.2 建物の遮音性に関する紛争事例

本項では，集合住宅の界壁の遮音性能に関する設計上の問題について紛争例を紹介する．この事例は，賃貸集合住宅が竣工し，入居を開始したが，居住者から隣戸から話し声やテレビの音が聞こえ，生活に支障をきたすとともに，各住戸のプライバシーが守れないとして，入居契約者が契約解除を申し出たり，居住者間および建物所有者との間でトラブルが続出し，建物所有者が建築の設計者・施工者を相手取って訴訟を起こした事件である．裁判所では，まず，建物の現状（界壁の遮音性能）を知るべく，設計図に基づき界壁や外壁等の仕様をチェックし，現地での遮音性能検査および界壁断面仕様の確認を提案した．

現場における最も重要な確認点は，界壁の仕様が建築基準法を満足しているものかどうかであった．集合住宅の界壁仕様については，建築基準法第30条に基づき施行令第22条の3を満足する性能の告示仕様とするか，または特別評価方法認定に基づく「大臣認定」を受けた界壁仕様となっているかが必要である．現場調査の結果，界壁の断面仕様については，大臣認定を受けた「界壁仕様」となっていることが確認されたが，現場での遮音性能検査結果で，図8.10に示すように，外壁を

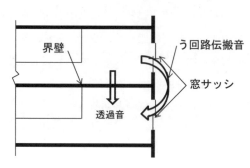

図8.10 隣戸間の遮音（平面図）

介した回り込み音（う回路伝搬音）の影響が大きく，空間性能（室間音圧レベル差）はD-25程度の性能となっていることが確認された．建築基準法に規定されている「透過損失」と「室間音圧レベル差」は一致することは少ないが，少なくとも透過損失の性能に相当する値以上の室間音圧レベル差が確保されるような設計が要求される．この事例では，設計者が外壁（サッシ）を迂回する音の影響を考慮しなかったことが原因であった．このう回路伝搬音に対する法的な規制はないが，当然，空間性能としての性能は確保しなければならない．

本事例では，設計者の責任が問われ，対象建築物の外壁部分の遮音性能の改修および対象期間における損害賠償金を支払うことで和解した．

このように契約書等に具体的な性能の記述はなくても，建築基準法に規定する性能に匹敵する程度の遮音性能は確保するように設計するのが設計者の責任と言えよう．なお，集合住宅における隣戸間界壁の遮音性能については，設計上・施工上達成すべき値として，日本建築学会の遮音性能基準[8-4)]などが引用されることが多い．同遮音性能基準で，適用等級1級（D-50），一般的な性能水準として適用等級2級（D-45）などが判断基準として利用される場合が多い．

また，集合住宅において床のリフォームを行う際，分譲時のカーペット仕様を木質系直張りフローリング材へ変更することによって，下階住戸の住人から軽量床衝撃音が大きくなり我慢できなくなったとして訴訟に至る事例もある．この種の事例は，特に軽量床衝撃音が床仕上げ材の表面材弾性に依存することが十分理解されていない場合に起こることが多く，仕上げ材の選択によっては，大きな性能低下が発生する．カーペット系の床仕上げ材の場合，カーペットの種類・仕様にもよるが，床板が150mm程度の厚さのコンクリートの場合，軽量床衝撃音遮断性能は一般的にL_L-40〜45程度を示すが，木質フローリング板をコンクリート床板上に直接張るとL_L-65程度の性能となり，極端な性能低下を起こす．また，防音木質フローリングを用いたとしても，その種類によってL_L-45〜60と大きく変化するため，製品の選択には十分な注意が必要である．

同種の訴訟事例として，床仕上げ材の床衝撃音遮断性能に対する知識を十分持っていなかった業者が，費用の面を考慮してL_L-60の性能に相当する直張り木質フローリングへのリフォームを行ったため，下階住戸の居住者から訴えられた例がある．このリフォーム（製品選択）では，リフォーム前の性能（L_L-45程度）を大きく低下させたとして，請負業者の責任が問われ，改修に要する費用および心理的被害に対する損害賠償金を支払うことで決着した．

リフォームによる遮音性能の低下は，居住者にとって突然の変化であり感覚的に大きな影響を与えるものである．よって，リフォームにあたっては，リフォーム前の性能を低下させないような対応が求められる．これらの点は，リフォーム業者のみならず，居住者も理解しておく必要がある．この判断は，基本的には発注者である施主（持ち主）が認識しリフォーム請負会社へ指示すべきであるが，内容に専門性が強いことから，相談を受けたリフォーム会社（設計者・施工者）が施主に対して提案し，了承を受けていくことが現実的と考える．

8.4.3 居住者の生活方法と苦情との関わり

苦情は，生活の仕方に伴う発生音の大小と建物の遮音性能の程度によって変化する．現在は，平均的（常識的）な生活を行った場合を想定して発生する音や衝撃力の強度を推定し，隣室や下階住

戸内に透過，放射される音を制限するように遮断性能の程度が適用等級（評価ランク）として提案され，使用されている．

よって，音に対する建築の遮断性能が適正に設計，施工されていたとしても，生活の仕方次第で苦情が発生する場合は十分あり得る．居住者の生活方法が非常識的であれば，発生音が大きくなり，隣戸や下階住戸から不法行為責任を問われる場合があったり，さらには建築性能が不足であれば，施主や買主から設計者や施工者，販売者等が不法行為責任を問われることとなる．

8.5 音響性能に関する紛争時の基本的対応

集合住宅（住戸）の音響的品質に関する苦情・紛争は，単に技術的問題に限られることではなく，それ以外の要因が含まれていることも考え，その点への配慮が必要であることは言うまでもない．また，苦情初期の対応のまずさは，それが苦情の域にとどまらず，建物に欠陥があるとして裁判にまで発展してしまうこともある．いずれにしても，この苦情の発生の原因の多くは，居住者が住まう住戸の音響性能に関する情報不足のために生じている場合が多い．

集合住宅に音響的問題があるとされるトラブルを解決していくためには，集合住宅は大型の商品の1つであることを認識し，音響性能は重要な商品の品質と位置づけられていることを事業主（販売），設計者，施工者がともに認識し，理解しなければならない．その認識・理解があることによって，苦情が正当に理解され，適切に対応されるものと考えられる．その理解，認識のためのいくつかの要因について示す．

8.5.1 居住者からの苦情と音響的不具合

集合住宅においては音に関する苦情の発生，または音響障害があるとの居住者からの申し立て事例も少なくない．そして，事業者・設計者・施工者であれば，何らかの形でそのことに関わってきたものと思われる．

この居住者からの音に関する苦情については，申し立てがあっただけでその建物に設計・施工上の音響的不具合があると判断されてしまうことが多く，関係者はこれらの苦情に何らかの形で対応している．しかし，この苦情への対応の仕方については，事業者のみならず，設計者，施工者，さらには入居者も同一の視点から考えなければならないことである．

集合住宅における苦情の発生は，居住者の個人的属性，住まい方にも大きく関係し，単に集合住宅の品質の問題に関わるものだけではないと考える．集合住宅の品質を考える上で，この苦情に対する対応は，今後の重要な技術的課題であり，それはまた社会的課題でもある．

ここで，音響的不具合があるとする判断基準の基本的な1つの考え方を示せば，事業主，設計者・施工者が実際，容易に手にすることのできる設計・施工の技術的知見の中で，計画される建物の品質が平均性能以上に設定され，建物竣工後の測定によってそれを充足していることが明らかにされていれば，入居後に生じた苦情・不具合の申し立ては，居住者の個人的属性または住まい方，近隣住戸との関係によるものとし，事業者に責任が生じることはないとする，というものである．

また，性能設計の対象とされていない，あるいは設計対象と考えもされなかった音響的要因によって生じた苦情は，現在の設計・施工の技術体系の中で，設計時または施工時に予測し得たものかど

うかによって決まるもので，もしそれが予測し得ないものであるならば，それは設計者・施工者・事業者の責任にすべて帰すべき問題ではないと考えられる．

この苦情，不具合に関する申し立て問題は，これからの社会においては責任範囲，責任の有無ということで表面化し，また取り上げられていくものと考えられることから，音響性能予測方法・技術の確度を高くし，建築設計・施工に付随する音響障害を絶無にすることは不可能ではあっても，音響的不具合の発生を少なくするための研究開発が必要になることは言うまでもない．

集合住宅の音環境に関しての研究が系統的に行われるようになって40年余りが経過し，現在でも多くの成果が得られている．その研究成果の多くは実際の建物に適用され，住まいの品質を大きく向上させてきた．しかし，集合住宅に住む人々の要求には，言い古された文言ではあるが，

　a．静かな住まい環境で生活をしたい
　b．自由に音を出したい．気兼ねなく生活をしたい

の相反する2つの側面があり，また，その要求水準も上昇してきたこともあって，それに工学的に対応していくだけでは限界があることも明らかである．要求の1つである静かな住まい環境について考えてみる．「静かな」とは，音のない無音の環境と考えられがちであるが，「静かな」とは，ある程度の音の存在を認める空間であることは経験的にも十分に理解されることであると思う．しかし，その静かな空間に存在する音はどのような音であればよいのか，しかもその音の受取り方は，居住者のその時の精神的な面，あるいは体調などによっても異なってくるものと考えられる．

また，もう1つの要求の背景には，集合住宅でのプライバシーへの高度な要求，さらに，近隣の人々との付き合い方が相互に絡み合っていることも考える必要がある．しかし，集合住宅の音環境は，隣戸からの音，上階からの音などが全く聞こえないことを前提とするのではなく，ある条件下では音は聞こえるが，一定の音響的品質が担保されているとすることの理解が，事業者も設計者もまた居住者にも必要である．

近隣の人々との付き合い方も，音の苦情と無関係ではない．従来の生活の中で生きていた近隣の人々との間での付き合い方は，

　・向こう三軒両隣
　・遠くの親戚より近くの他人

ということであった．この昔より語り継がれてきた隣近所との付き合い方の生活の知恵が，これからの集合住宅の生活の中に生かされているとすれば，苦情の申し立てにも影響があるはずである．現状では，プライバシーとの関係から，このような生活環境は望むべくもない．

8.5.2　苦情等の申し立てがあった場合の対応

居住者から苦情等があるとの申し立てについては，居住者にとって音に関して生活に何らかの影響が生じたことによって発生したものであり，その内容は多くの場合，主観的なものである．しかし，苦情の申し立てに対応していくためには，1つあるいは複数の音源を特定したり，苦情の対象を測定によって数値化または不具合箇所の特定などを行い，苦情を客観的に評価可能なものに置き換えて対応していく必要がある．それには，次の項目について検討するのが一般的である．

　a．苦情を申し立てている居住者より，居住者が感じているままの実状を聞き取る．

b．居住者からの聞取り調査に基づく苦情内容，発生状況の確認
　c．苦情の対象となっている音源の特定
　d．対象音の測定
　e．測定結果を評価し，苦情への対応を判断する必要があること．

　しかし，実際の多くの苦情への対応の経験から見ると，形式的にはこの過程によって対応はしているが，それぞれについての踏込みが十分でなく，苦情の解決への時間がかかる，あるいは調停，裁判へと進んでしまった例も少なくない．

　苦情への対応をしていくためには，上述の項目の順を追っての作業が必要で，a．の聞取り調査では，事業者（売主）として苦情申し立て者である居住者への接し方が問題となる．苦情を聞き取る立場では，その背景に苦情が居住者の要求水準が高いことによるものなのか，隣接住戸の生活の仕方に関わるものなのか，建物に何らかの不具合があるのかなどの要因を念頭に居住者に接することになると思うが，居住者からの苦情の申し立てを聞き取る段階では，まず，このような要因・条件については念頭に置くことなく，苦情に対して率直に，真摯に聞き取り，その苦情を受け止めることが大切である．これを実際に行うのは容易なことではなく，居住者が「この音です」と納得される音を聞き取るだけでも多くの時間を要するのが実状である．しかし，次のステップに進むためには，どうしてもこれを実行する必要がある．

　次のステップでは，聞取り調査の段階で「この音です」とされた音源，状況などを特定しなければならない．この段階では，測定器を持ち込んで発生音を測定するよりも，聴覚による判断によることが望ましい．音源を特定していくには，人間の聴覚による判断は測定器に勝るものである．この段階で，明確に音源が特定できなかったとしても，音源の音響的特徴は，明確に認識されるはずである．この認識を基に音源となる住戸，例えば上階住戸の居住者の協力を得て，苦情申し立てのあった下階住戸において聞き取れた音の特徴に合うような発生音を生じる音源を特定して，模擬的に上階住戸で音を発生させ，下階でそれを確認しながら苦情の対象となっている音源を特定するなどの作業を行う．ただし，衝撃的な発生音に対しては全て，原因が子供の飛び跳ね，走り回りなどと表現されてしまう例も多いが，実はふすまの開閉音であったり，浴室での桶の落下音であったり，掃除機のヘッドが巾木に当たる音であったりする例も少なくない．

　この作業は非常に面倒なことのように思えるが，結果として苦情を早期に解決することになることを忘れてはならない．

　このようにして対象音源が特定されれば，特定された音源を対象に発生音レベルを測定し，苦情としての主観的なものを評価可能であり，また，他と比較可能な客観的な物理量に置き換えることができる．

　この客観的な物理量をどのように評価するのかの判断は，現状ではその適用に今後の研究を待たなければならない面も多くあるが，日本建築学会より提案されている室内騒音の適用等級[8-4]によって行う．

　客観的な数値で示された集合住宅の品質を評価した結果，苦情が居住者の要求水準が高いことによるものであれば，当事者間の話合いによることになるが，もし，品質に問題があるとされた場合

には，その対応は，事業者（売主）と購入者間で行われることになり，場合によっては，施工者，設計者なども当事者となる．

この場合，話合い，調停，裁判のいずれであっても苦情の原因となる集合住宅の品質として問題ありと判断された内容を次のように分離することによって，争点を明らかにする必要がある．

　イ．住戸に使用されている材料，工法，設備機器等の品質に問題がある
　ロ．法律上の問題がある
　ハ．販売契約上の問題がある

　イ．は住戸に使用されている材料の選定またはその工法，採用されている設備機器の品質，あるいはそれに接続されている配管類の品質が原因となって所定の集合住宅の品質が確保されていない事象であろう．

　また，ロ．の法律上の問題としては，建築基準法上のいわゆる「界壁条項」があって界壁の透過損失が規定されているが，通常コンクリート系の集合住宅であれば，この条項に規定されている性能値を下回ることはない．また，法律的には，環境基準や騒音規制法，都条令，区条令に規定される値によって，集合住宅の品質に対して苦情が発生した場合のその音の評価に適用されている例もあるようであるが，適用が適切であるかどうかの判断は，法律家に委ねる必要がある．

　ハ．の販売契約上では，その契約内容に音響的品質が含まれる例は少ないと考えるが，購入時の重要事項説明の説明項目や，販売時の説明内容との相違が苦情の争点になることがある．とくに販売時のセールストークとして音について説明を求められれば，「聞こえません」や，「問題ありません」などの発言は後々物議を醸すことになる．

引用・参考文献

8-1) 住宅リフォーム・紛争処理支援センター：住宅相談統計年報 2015 など
8-2) 世界大百科事典　第2版，日立デジタル平凡社，2009
8-3) 大辞泉，小学館，2012
8-4) 日本建築学会編：建築物の遮音性能基準と設計指針　第二版，pp.6-7，技報堂出版，1997

第9章　外壁・界壁の透過音（空気音）に関わる苦情発生の要因と対応

　集合住宅の音響性能に関わる苦情には，設計，施工上の技術的な問題に加えて，相隣関係も加味されての居住者の音に対する意識，感じ方が関係してくる．したがって，入居者からの苦情の発生がただちに建物に音響的不具合があるとするのは早計ではある．そこで，どのような時に，どのような音が苦情の対象とされやすいのか，苦情の要因となりやすいのか，その典型的な例を挙げながら，対応の事例，基本的考え方について述べる．ただし，苦情の発生した事例を説明資料として用いる場合には，苦情の実例を基に事由を説明するのに影響のない範囲で改変して使用している．したがって，いずれの資料も苦情そのものの事例またはその要因となる事例そのものを挙げて示したものではない．

9.1　外周壁に関わる苦情発生要因と対応
9.1.1　外周壁に入射する音響負荷量設定の過誤
1）苦情の要因

　外周壁の遮音性能に関わる苦情には，外壁に取り付けられる換気口，窓サッシそれぞれの遮音性能が関わることは言うまでもないが，外周壁からの透過音に関わる苦情発生要因として取り上げられるのは，遮音設計時のもっとも基本的な検討項目である外周壁に入射する音響負荷量（音源レベル）設定の過誤を挙げることができる．

　その典型的なものは，計画敷地が高架道路，高架鉄道軌道に近接する計画建物である場合で，外周壁の遮音設計が行われる際の計画建物の外周壁に入射する音響負荷量の設定について，地上1～2mの高さで測定された値を基に，測定点から計算対象室の外周壁面までの音の伝搬を単純に距離による減衰があるものとした計算を基に設定して，室内への透過音を予測するという事例を挙げることができる．

2）苦情要因への対応

　高架道路・高架鉄道に近接した建設計画敷地では，地表面からの高さ1.5～2mの範囲で得られた値は，一番低い高さの測定点の値を基準として，他の高さの測定値を相対値として表示すると，図9.1に示すように，いずれの高さ方向の測定点においても，高さが上昇するにつれて音圧レベルは上昇している．このような傾向はごく一般的なことであることから，高さ方向での音圧レベル変化の影響を遮音設計時に取り込まなければならないことは明らかであり，この点への配慮不足が苦情発生の要因となることに留意する必要がある．もちろん，計画敷地の周辺の建物などの状況によっては，上方の測定点に行くにしたがって音のレベル変化の傾向は異なるので，遮音計画の対象となる音源の高さ方向における伝搬特性に対する確認が，敷地環境騒音測定時には必要である．

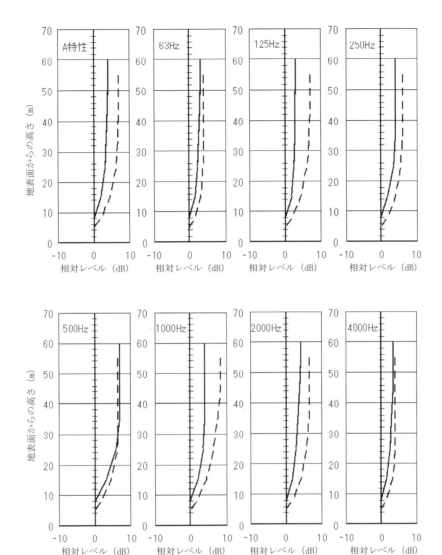

――― A計画敷地での事例　----- B計画敷地での事例
図9.1　高さ方向での鉄道騒音のレベル変化の事例

9.1.2　壁付換気口の遮音性能および換気口からの透過音に対する配慮不足

1) 苦情の要因

　屋外から住戸居室内への透過音を対象として，室内静ひつ性能という視点から外周壁の遮音性能を検討する際に，外壁に取り付けられている換気口部分からの透過音については

　a．換気口からの透過音について設計時に全く考えられていない

　b．換気口の遮音性能について設計の対象として取り込まれていたとしても，設計時に用いられているその性能値そのものに問題がある

など，外周壁の遮音設計時における換気口の影響への配慮が不足していたことが，苦情発生の要因となっており，このような事例は少なくない．

また，換気口からの透過音が「うるさい」として閉めてしまう例も見受けられるが，シックハウスへの対応から建築基準法に規定される常時換気が必要となり，第3種換気方式の自然給気口は「常時開」が前提である点にも注意が必要である．

　換気口からの透過音の影響については，換気口の遮音性能の測定法，表示法等が普及していないため，設計時に検討されないのもやむを得ない面もあるが，T-3等級，T-4等級程度の遮音性能を持つ窓サッシを採用するときには，換気口からの透過音についての影響を無視することはできないことに留意しておく必要がある．一般的にいえば，T-2等級の窓サッシで換気口からの影響が生じると考えて設計を進める必要がある．

　鉄道沿線に建設された集合住宅を例にとって，換気口からの影響について検討した事例を図9.2.1に示した．この住戸では，T-3等級（LD室），T-4等級（主寝室）の窓サッシが取り付けられていたが，換気口への設計時の配慮が十分でなかったために苦情発生の要因となった．この換気口の影響は，換気口の内部に油土を詰めてふさいだ（音響的には換気口がない条件を想定）状態で遮音性能を測定した結果と，換気口が開放されているときの外周壁遮音性能の測定結果との比較によって示した．

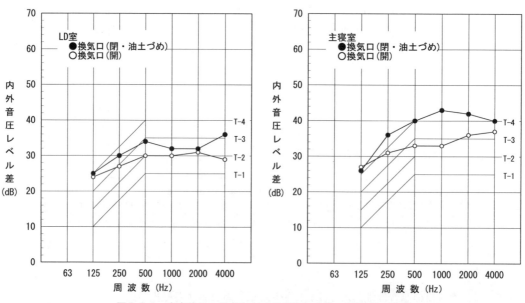

図9.2.1　室内静ひつ性能に対する換気口からの透過音の影響

　図9.2.2に示した事例も換気口の影響を設計時に考えていなかったために，苦情発生の要因となった苦情は，鉄道騒音が「うるさい」ということであった．鉄道騒音の室内騒音への影響を低減するために，インナーサッシを増設し二重サッシ（二重窓）としたが，鉄道騒音による室内騒音の低減はほとんどなかった．二重サッシにすれば遮音性能が向上するという事象だけを基にした対策が行われ，換気口への配慮がなかったために対策効果がないとされてしまった．

2) 苦情要因への対応

　換気口からの透過音が室内静ひつ性能に影響があることが明らかにされたとしても，現在市販されている防音型あるいは消音型と呼ばれている換気口は，T-4等級の窓サッシが採用されている外周壁の場合には，それに見合った遮音性能値を持つ換気口の製品がなく，消音装置を組み込んだダクトを用いた機械換気方法を考える必要がある．とくにT-4等級の窓サッシが採用されている居室では，台所換気用（レンジフード）給気口についても消音装置を組み込むことを考える必要がある．さらに可能であれば，台所用給排気口を騒音の大きい外周壁面に設置しないなどの設計上の配慮も必要である．

　また，換気口からの影響に関しての苦情の1つに，窓際に設置されたベットの頭部の上方に換気口が設置されているような場合に，「換気口から聞こえる音がうるさい」というのがある．これは，建物竣工時に屋外からの透過音による室内騒音を測定した結果では，室内静ひつ性能の設計目標値を充足していた居室であっても換気口からの透過音が問題視されるもので，図9.3に示したものは，鉄道騒音が対象となったものである．この例では，換気口をふさぐことによって室内騒音は中・高音域での低減の可能性があり，この状態での室内騒音で居住者の了解も得られたが，しかし，その状態での居室の使用は法的には不可能なので，遮音性能の高い換気口に取り替えることになった．

　この事例からは，室内平均的な室内騒音レベルでの設計目標値の充足を考えるだけでなく，寝室に用いられる居室では，換気口からの直接音の影響についても設計上の配慮が必要であることが示唆される．

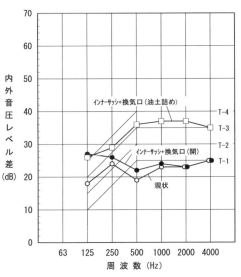

図9.2.2　外周壁の遮音性能に対する換気口からの影響　　図9.3　寝室での換気口からの透過音による苦情

9.1.3　窓サッシの公称遮音性能と実建物での遮音性能の乖離

1) 苦情の要因

　外周壁遮音設計時の窓サッシの遮音性能値には，実験室で測定された音響透過損失の値が用い

られるが，実際の集合住宅に取り付けられた窓サッシの遮音性能と実験室で得られた値との間には，乖離があるといわれている．

また，メーカが技術資料として表示する各形式のサッシの遮音性能値は，実験で用いられたガラス厚・種類とは無関係ではない．しかし，実際の建物への採用時には，遮音設計時にメーカから提供された実験室データでのガラスとは異なる厚さのものが採用されていたり，異なる種類のガラスが用いられていることもあり，何のために遮音設計をしたのかわからなくなるなど，窓サッシの選定にはさまざまな問題も生じている．いずれにせよ，メーカ公称性能と実建物でのサッシの遮音性能との間に乖離があることが一番の問題であり，苦情の要因となっている．

2) 苦情要因への対応

設計時の窓サッシ選定時には，次項に示したことを十分に考慮する必要がある．

a) 実験室での測定条件と施工条件を考慮しての対応

実験室における窓サッシの遮音性能（音響透過損失）の測定では，試験体取付け用コンクリート枠または鉄製枠内に試験対象のサッシ枠を取り付け，そのサッシ取付け枠と取付け枠の間にはモルタルが詰められて，窓サッシ遮音性能測定用試験体が製作される．この試験体をJISに規定される実験室（残響室）の試験用開口部に設置して，遮音性能である音響透過損失を測定する．したがって，遮音性能の測定は，サッシ枠と障子の取合い部を含めたサッシ枠内面より内側部分が対象となる．そのため，建物躯体とサッシ枠の施工条件は含まれないことになり，実建物での窓サッシの性能値が実験室値と異なる要因の1つになる．この取付け条件の遮音性能への影響についての資料は少なく，メーカから提供される実験室値もこの点が曖昧である．

さらに，実験室で測定される時の試験体は，当然のことながら細心の注意で製作・調整されていると考えられるから，遮音設計時には，実験室値は，その窓サッシがもつ最高の遮音性能が発揮されていると考える必要がある．

b) 実建物での施工条件による影響を考慮しての対応

実験室測定値と実建物での窓サッシの性能値との乖離について検討するために準備された建物で，遮音性能測定結果では，実験室値と比較的よく合致するとの報告[9-1]もあるが，実際には，そのような結果とならない事例は多くある．

遮音性能に与える施工的な要因としては

a．障子の召合せ部にすき間を生じたことにより遮音性能が低下

b．過度の躯体シール材の打設により，サッシ枠がはらみを生じ，障子との間にすき間が生じ遮音性能が低下

c．障子の気密機構および気密材の調整不足による遮音性能の低下

などが考えられる．

図9.4に示したものは，建物竣工時の音響性能検証時に問題視され再度の窓サッシの調整が行われた結果，その調整効果は認められたものの，T-4等級の窓サッシが採用されているにもかかわらず，実建物での測定値は期待されている値との差が大きかった．また，再度の調整によって性能値は向上したということになると，竣工時にはどのような条件で調整されていたの

かといった別の視点からの問題も残る.

ここで挙げた事例のように,特別に調整しても遮音設計時に期待していた性能値を得ることができなかったというのは別として,実験室と実建物での遮音性能値との乖離があることは多くの測定事例から言われていることであり,設計時には安全率を見込んで遮音計算を行うということが必要になる.その安全率の採用は工事費にも大きく関係してくるので,安易に設定すべきではないが,現状では,各周波数での音響透過損失から一律に 2 dB を減じる,あるいは安全率として 0.9 を掛けた値を設計用の音響透過損失とするなどの方法が採用されているが,いずれも経験的に決められたものと考えてよく,理論的にまたは実験的な裏付けに基づいた安全率の提案が望まれている.

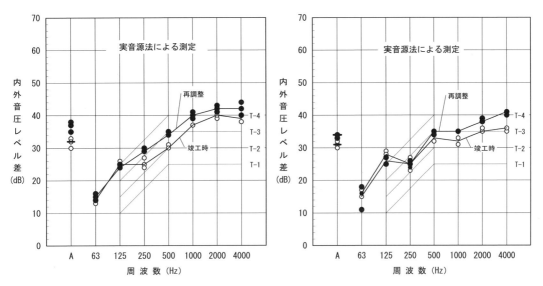

図 9.4 窓サッシ枠再調整による遮音性能向上効果の事例

c) 実建物での測定方法の違い

建物竣工時に実施する遮音性能の測定の目的が

a. 窓サッシ単体の遮音性能を部位性能として測定する.

b. 対象室の外周壁(外壁,窓サッシ,換気口)の遮音性能として測定する.

のどちらを測定目的とするかによって,その測定方法も異なることに注意したい.

すなわち,実建物での窓サッシの遮音性能測定が a. に示した測定目的であるならば,実験室での音響透過損失に相当する値としての音響透過損失相当値を測定する方法を用いる必要がある.

b. の目的の場合は,窓サッシそのものが測定の対象ではなく,外壁構造,窓サッシの面積,換気口,開口面積,対象室内の等価吸音面積,外壁構造,窓サッシ,換気口の遮音性能等の影響を含んだ対象室個々の外周壁の遮音性能を測定することになる.その方法には,自動車騒音などの実際の騒音を音源とした実音源法によるのが直接的で有用である.しかし,この方法で

は，対象外周壁の外部測定点の設定の仕方や対象室内の室内暗騒音の高い周波数領域での測定値への影響に十分配慮する必要があり，測定時の室内騒音の影響によって性能値が見かけ上低く示されることがあるので，注意したい．

9.2 界壁・隔壁に関わる苦情発生要因と対応
9.2.1 内装工法特有の遮音欠損に関わる苦情要因
1）ボード直張り工法を採用した壁構造の遮音欠損
(1) 苦情の要因

ボード直張り工法とは，コンクリート躯体壁面に団子状の石こうボンドを一定間隔に付着させ，これに石こうボードを圧着固定して内装壁を構成する工法である．このような工法を用いた複層構造壁では

a．特定の周波数領域において，コンクリート躯体壁を複層構造壁にしたことによって，遮音性能値の落込み現象（遮音欠損）が生じる．

b．遮音欠損は，多くの場合に 250 Hz 帯域と 2000～4000 Hz 帯域で生じる．250 Hz 帯域での遮音欠損は，石こうボードの質量に対して空気層（中空層）と団子状ボンドによる支持点間のボードの曲げと，石こうボンドが同時にばねとして作用し共振現象を起こすことが原因とされている．

2000～4000 Hz の周波数帯域に生じる遮音欠損は，表面材の石こうボードのコインシデンス効果によるものである．

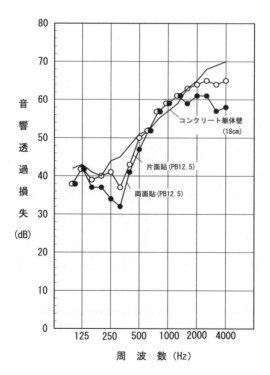

図 9.5 ボード直張り工法による遮音欠損の一般的な傾向

c．コンクリート躯体壁の片面のみに直張り工法による内装壁を施工した場合には，図9.5に示したように，躯体壁両面に施工したときと比べて遮音欠損量は小さい．

などの遮音特性を示すことが明らかにされている．

　このボード直張り工法は，施工面からは種々の利点を持つ内装壁工法ではあるが，遮音欠損によって居室間の空気音遮断性能に問題を生じる可能性が大きいことが明らかになったことから，界壁にこの工法が採用されることは少なくなったが，その使用がなくなったわけではない．界壁でない外壁部分（妻側，バルコニー側，共用廊下側，エントランスと接する住戸壁など）においては，音響的影響が少ないとしてボード直張り工法が現在でも採用されているが，妻側住戸外壁にボード直張り工法を採用した場合には，上下階居室間の音響的な関係は，界壁における隣接住戸の居室間における位置関係を上下に置き換えただけのものであり，界壁における遮音性能と同様に，ボード直張り工法に見られる遮音欠損による遮音性能の低下が生じるものと考えなければならない．妻側上下階住戸間での遮音欠損による苦情は，隣接住戸間と同じように

・　通常の話し声やテレビの音が聞こえる
・　掃除機の音が聞こえる
・　歩行音が聞こえる

などといった例を挙げることができる．

　ボード直張り工法が界壁に採用された隣接住戸居室間での測定事例を図9.6に示した．苦情発生時の住戸居室間の空気音遮断性能の実測値であるD-40という値は，テレビの音，話し声，電話の音，子供の泣き声などが聞こえるといった状態と考えてよい．

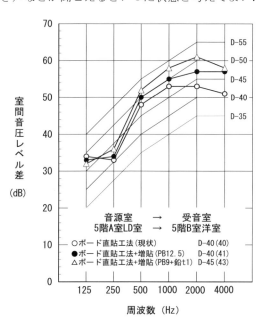

図9.6　ボード直張り工法による住戸間界壁の遮音欠損の事例

(2)　苦情要因への対応

　対応策としてよく採用されているのは，ボード直張り工法による壁面に石こうボード等を増

張りするという方法で一番現実的な方法といえるが，その効果は，図9.6に併せて示したように，ボード面の質量負荷による共振周波数の低下およびボードの複層化による高周波数域におけるコインシデンス効果の移動等による性能改善を認めることができるが，500 Hz 帯域以下では，その効果は小さい．

2) コンクリート躯体層と石こうボードによる複合壁の遮音欠損

(1) 苦情の要因

界壁構造として採用が増えている図9.7に示した複層壁構造では，125 Hz 帯域において遮音欠損が生じる可能性が大きい．この遮音欠損の生じる原因については，軽量鉄骨下地に張られた石こうボードによる内装壁を押したときのたわみを低減するために，軽量鉄骨下地とコンクリート躯体壁との間に現場発泡の樹脂を部分的に取り付けた影響とされている．遮音欠損が生じる物理的機構は，ボード直張り工法での石こうボードとコンクリート躯体壁との関係で生じるものと原理的には同じものであると考えられている．

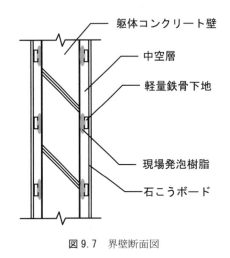

図 9.7　界壁断面図

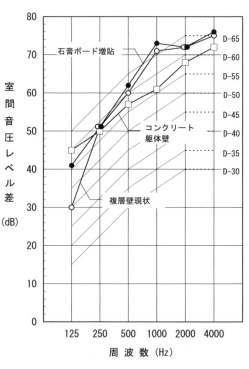

図 9.8　界壁遮音欠損と改善効果の事例

(2) 苦情要因への対応

苦情要因への技術的対応としては，現状の複層壁構造の石こうボード内装壁の取付け方に問題があることを実証するためにボード内装壁を取り除き，コンクリート躯体壁の状態にして室間の遮音性能を測定した．その結果は，図9.8に示したように，一重壁であるコンクリート壁の遮音特性についてみれば，125 Hz 帯域での遮音欠損はなくなった．したがって，石こうボードによる複層壁の施工にその原因があることは明らかにされたが，根本的な原因についての検

討は十分ではない．しかしながら，その対応策としては内装壁面へのボード増張りという方法が実建物対象の実施可能な工法として採用され，その効果については，図9.8に示したように，遮音欠損は低減した．

3) 内装工法に断熱パネルの使用による遮音欠損

(1) 苦情の要因

外壁に界壁（住戸の戸境壁）が接している部分では，図9.9に示したように，断熱・結露防止のために外壁と界壁の取合い部から一定の範囲で，断熱材が施工される．このような場合に，断熱補強部分以外の界壁面と段差なしで内装壁を仕上げるための1つの方法として，発泡材とボードとを接着した断熱パネルを断熱補強が施されていない部分の界壁面に接着施工をする内装工法が採用されることがある．

この工法が採用された住戸間界壁の遮音性能は，図9.10に示した事例のように500, 1000, 2000 Hz帯域に及ぶ広い範囲で遮音欠損が生じるが，ボード直張り工法ほどに問題視されていない．しかし，この工法による遮音欠損は，ボード直張り工法の場合よりも室間遮音性能に与える影響は大きいともいわれている．

図9.10に示したものは，内装壁に断熱パネルを採用している隣接住戸間の遮音性能の事例であり，遮音欠損が中音域に生じることが明らかにされている．

(2) 苦情要因への対応

この事例で内装壁を除去したコンクリート躯体壁の場合の居室間の遮音性能はD-50となり，

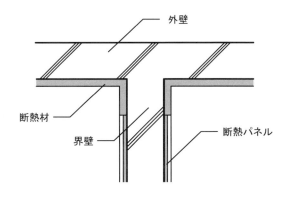

図9.9 断熱パネルの施工例

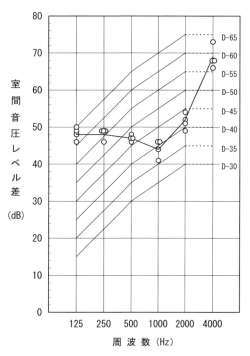

図9.10 断熱パネルを用いた内装壁における遮音欠損の事例

躯体壁の両面に断熱パネルを施工された界壁を持つ住戸間の遮音性能は D-35〜D-40 であるのと比べて，内装壁の影響であることは明らかである．

施工後の建物において対応策として一般的に採用されるのは，界壁の断熱パネルによる内装壁表面に石こうボードを片面または両面それぞれに増張りをする方法を採用するのが一般的であるが，その効果は，図 9.11 に示したように遮音性能の向上効果は低く，設計当初からの検討が必要であることを示している．

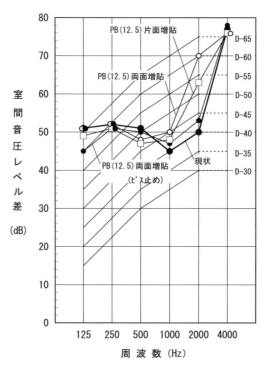

図 9.11　複合ボード内装壁面への増張りによる遮音性能向上効果

4）隣戸間界壁の断熱折返しによる遮音欠損

(1) 苦情の要因

外壁構造に戸境壁（界壁）が接している部分では，断熱・結露防止の目的で外壁と界壁との取合い部分から一定の範囲で，図 9.12 に示したような断熱材が取り付けられる．この断熱工法の影響によって，界壁構造の遮音性能に欠損が生じることがある．この遮音欠損は，図 9.13 に示したように 2000 Hz，4000 Hz 帯域に大きく表れる傾向がある．この帯域での遮音欠損量が大きいことから当然苦情発生の要因になるとして，建物の音響性能評価時には問題視されている．

(2) 苦情要因への対応

多くの集合住宅においてこの折返し部をもつ断熱材が施工されていることから，これに起因すると思われる遮音欠損が生じていると考えられるが，これによる苦情の発生例は少ない．それがどのような理由によるものかは明らかでないが，

a．遮音欠損が生じたとしても図9.13に示したように2000～4000 Hz帯域であり，この周波数帯域での遮音欠損は，性能値の評価には問題にならない．
b．2000 Hz，4000 Hz帯域での遮音欠損は，遮音性能の絶対値がある程度以上あれば，隣戸間の遮音性能の評価に影響がない
c．実際の建物で遮音性能がとくに問題となる主寝室が隣接するような位置にないため，たまたま苦情が発生していない

など，その原因としていくつかを考えることはできる．これらを実証するには，実建物での調査に加え，心理実験による検討も必要になる．これはボード直張り工法，断熱パネル工法での遮音欠損の場合にも共通することで，今後の重要な検討課題であるともいわれている．

9.2.2 遮音性能に対する要求水準が高いことによる苦情

1) 苦情の要因

集合住宅の住戸間の保持すべき遮音性能の水準は，居住者個々の立場からみれば，自己の要求する遮音性能水準と隣接住戸の住人である他人が要求する性能水準との関係から相対的に決まってくるものである．

設計時には，不特定多数の居住者を対象として生活スタイル，家族構成等も異なる居住者のあらゆる要求を想定して，音源側と受音側住戸居室との組合せを考え，それぞれの要求の水準を満足させる設計を行うことは不可能に近い．現時点で設計時に採用される音響性能値は，居住者より要求される一般的な水準を想定し，その平均的な性能値が設計目標値となっている．

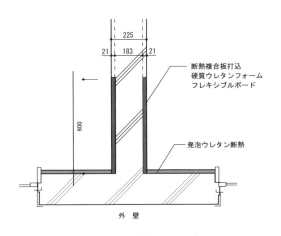

図9.12 断熱折返し工法

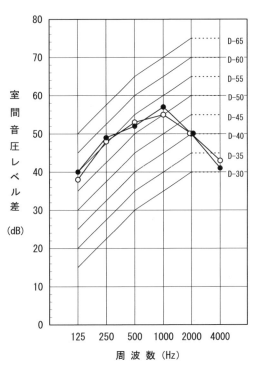

図9.13 断熱折返し工法による住戸間界壁の遮音欠損

しかし，居住者の要求を平均化した性能水準によって設計された集合住宅では，平均的な性能水準より高い性能を要求する人々にとって，図9.14に示したD-55という遮音性能値であっても満足することができないとして，苦情に結びつくことがある．

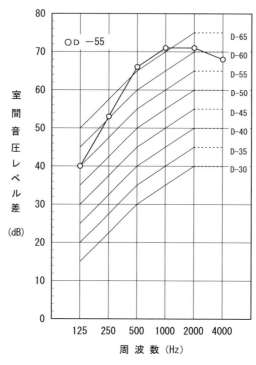

図9.14　住戸間居室遮音性能

2) 苦情要因への対応

　高い要求水準は，生活上のプライバシー確保への高度な要求があることをまず挙げなければならないが，それもまた人それぞれの生活スタイル，家族構成によって異なるものであると考えなければならない．

　したがって，物理的な遮音性能の設計目標値を充足しているかどうかの問題だけで解決できない面も持っているため，集合住宅の遮音性能とはどのような前提条件で成り立っているものであるかを居住者に理解してもらうことが先決である．その上で，性能向上の方法について技術的説明とともに，その実現可能性についても十分な説明を行い，現状の遮音性能についての理解を求めることが必要である．

9.2.3　界壁の迂回路伝搬音による遮音性能低下が要因となる苦情

1) 苦情の要因

　外廊下に面した隣接住戸居室間において，図9.15.1に示すようにD-40となっていた事例では，隣りの住戸居室での声・テレビの音が聞こえるといった苦情が発生した．

　この住戸間の界壁構造はコンクリート造であり，特に遮音欠損を生じるような内装壁構造は採用されていない．この性能低下の原因は，窓サッシの遮音性能に起因するものと予測された．

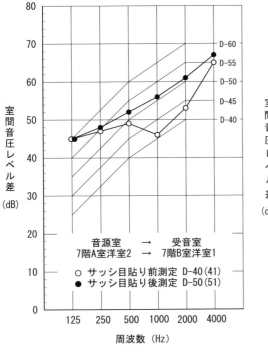

図 9.15.1　室間の空気音遮断性能への
　　　　　 窓サッシ遮音性能の影響

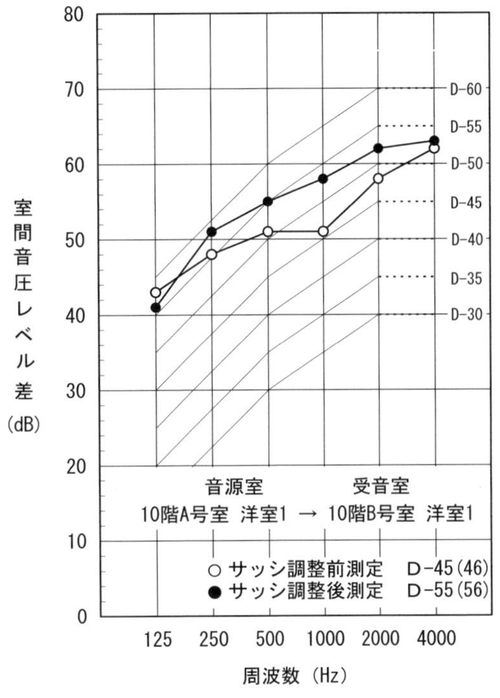

図 9.15.2　空間の空気音遮断性能への
　　　　　 窓サッシ性能への効果

　また，図 9.15.2 に示した事例は，界壁に乾式二重壁が採用されていたが，前述と同様の苦情が発生した．遮音性能は D-45 であったこの事例においても，サッシの召合せ部分の影響であると遮音性能測定時に判断された．

2) 苦情要因への対応

　2 つの事例ともに同じ界壁構造を持つ居室間で外廊下に面していない居室間での遮音性能の測定結果では，このような現象は生じていないことを確認した．その後に，窓サッシの遮音性能が苦情の要因との判断を実証するため，音源側の住戸居室の外廊下に面した窓サッシの召合せ部分をテープでふさいで再度室間遮音性能を測定した結果，D-50，D-55 の遮音性能を得ることができた．このことから，室間遮音性能が目標値を大きく下回ったのは，窓サッシの遮音性能に問題があることが明らかになり，窓を介する迂回路伝搬音が原因として，窓サッシの再調整が行われ，2 つの測定によって目標値を充足する結果が得られた．

9.2.4　自住戸内の隔壁の居室間透過音によるプライバシー低下が要因となる苦情

1) 苦情の要因

　自住戸内の居室間遮音性能を設計対象としている例は少ないが，隣室からの音が聞こえて困る，居間のテレビの音がうるさいといった苦情が居住者から上がるのも最近の傾向である．

　図 9.16 に示した D-30，D-35 の遮音性能が得られていれば，自住戸内居室間の遮音性能として一般的には悪いと評価されるような値ではないが，隣接室からの音楽などによる低音域の音が強調されるようになった透過音が寝室において不快感に結び付き，苦情が発生した．

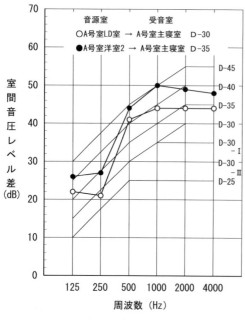
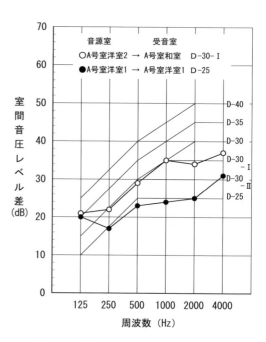

図9.16 自住戸内隣接居室の遮音性能（A）　　図9.17 自住戸内隣接居室の遮音性能（B）

　また，洋室1（主寝室）と洋室2（子供室）間の遮音性能についての苦情は，家族間といえどもプライバシーの確保はある程度必要として，これからの設計課題として取り上げる必要がある．例えば，図9.17に示した洋室1と洋室2との間の遮音性能D-25では話し声の内容までを理解することができ，洋室1が主寝室となっていることを考えれば，遮音性能を高くすることが必要とされる．ただし，廊下のアンダーカットを利用した換気が前提となっている現在の集合住宅においては，実際にはD-25〜D-35程度の遮音性能であることがほとんどである．
　自住戸内の居室間の遮音性能の水準をどこにおいて設計目標値を設定するかは，今後の課題とされている．

2）苦情要因への対応

　プライバシーの確保を第一に考えれば，他住戸間の遮音性能と同等にするべきだという意見もある．一方で，自住戸内においては，家族の生活している音が聞こえることに意味があるとして，とくに高齢者が同居している場合には，遮音性能を上げることは望ましくないという意見もある．どちらにしても自住戸居室間の遮音性能を向上させるということは，技術的には十分に対応できるが，それには平面計画の段階からの配慮が必要であり，単に隔壁構造に遮音性能の高いものを採用すればよいという問題ではないことに留意しておく必要がある．

9.2.5　玄関扉の遮音性能に関わる苦情

1）苦情発生の要因

　共用廊下での話し声が玄関扉を介して室内で聞こえる，あるいは玄関扉から室内の話し声が聞こえるといった事例が苦情の要因になる．玄関扉も室内外を隔てる部位であるので，窓サッシと同様の配慮が必要といえるが，設計時に窓サッシほどにその遮音性能が検討されることは少ない．

しかし，次のような事例では，建物設計時に検討されていないところに苦情の要因がある．
　a．タワー型高層集合住宅で，共用廊下が建物内となっている場合，共用廊下空間が静かになる場合が多く，住戸内の生活音が共用廊下で聞こえてしまう．
　b．外廊下型集合住宅で，廊下側が主たる居室（主寝室など）に面しているため，廊下側の居室には遮音性能の高い窓サッシが採用されたが，玄関扉の遮音性能への配慮が足りず，玄関扉を介した透過音が問題になる．

2）苦情要因への対応

　玄関扉はスチール建具であることが一般的であり，扉自体で見れば高度の遮音性能を期待できるが，取付け枠との間は，窓サッシと異なりエアタイトゴムのみで接触している仕様が普通であるので，その影響で遮音性能の低下に結びつくことになる．また，開閉頻度が高いので，遮音性能向上のためにグレモン錠を採用することは不可能に近いといえる．したがって，エアタイトゴムの調整程度が対応策になる〔図 9.18〕．

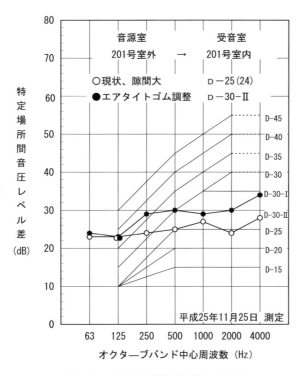

図 9.18　玄関扉の音響透過損失の事例

引用・参考文献

9-1) 大脇雅直：実験室における現場施工方法，施工精度等の再現実験，日本建築学会環境工学委員会 音環境小委員会「サッシの遮音性能に与える要因と遮音設計の考え方」シンポジウム，pp.17-22，2004.11

第10章　床衝撃系生活音・開口衝撃音に関わる苦情の要因と対応

10.1　上下階住戸居室からの歩行音に関わる苦情発生の要因と対応

10.1.1　上階住戸からの歩行音に関わる苦情

1）苦情発生の要因

　生活音として苦情申し立てのもっとも多いものに，上階住戸における歩行音がある．歩行音の下階住戸への伝搬による苦情の問題は，床衝撃音遮断性能として集合住宅の基本的な音響性能の範疇に入るもので，基本的には，その性能値によってその苦情は判断され，また対応されるべきものである．

　しかし，苦情があった場合には，界床構造を介する居室間の性能値による説明によって解決されることは少なく，実歩行によって上階住戸からの歩行音を下階の苦情申し立て者の住戸において測定し，その値によって苦情への対応がなされることが多い．したがって，上階からの歩行音による苦情は，ほとんどの場合に室内静ひつ性能の範疇で取り扱われる．

2）苦情への対応

　歩行による床衝撃系生活音の測定は，人が衝撃源として常に一定の条件で歩行することが難しく，また，人によっても歩行の具合が異なることから，測定値はまちまちであり，一定した評価はできない．しかしながら，測定結果に不確かさはあるが，苦情申し立て者への説明資料としては説得力のある値となるため，この方法による測定が多く採用されている．

　図10.1の事例は，苦情申し立てのあった住戸を受音室，上階住戸を音源室として，成人男性または子供が歩行したときに受音室で生じる歩行音を測定した結果である．歩行音に対する苦情は，集合住宅での苦情の典型的なもので，「足音が聞こえる」「子供が走り回るのがよくわかる」「歩く方向がはっきりわかる」など具体的にその事象が説明されることが多い．また，「～が聞こえる」といった苦情と同様に，「眠れない」「目が覚める」「医者にかかっている」など生活障害を訴えることが多い．

　この種の事例では，とくに集合住宅の基本的音響性能である床衝撃音遮断性能と直接的に関わるため，対象住戸間界床の遮断性能が一定水準を保持しているかを確認するとともに，問題となる歩行音を客観的に評価可能な数値に置き換えるための測定が必要である．

　歩行音による影響を客観的に直接評価するためには，衝撃力が一定の条件で歩行音に近似した発生音が得られるような衝撃源を用いる方法，あるいは歩行音を客観的に評価可能な数値に置き換えるための測定が必要になる．

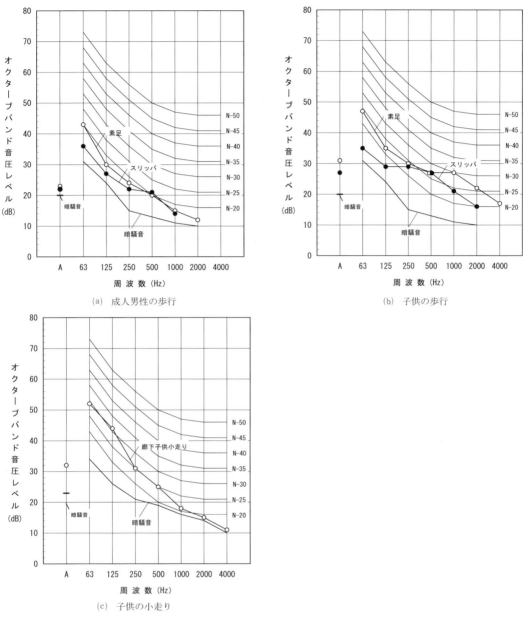

図 10.1　上階住戸の人の歩行による床衝撃音系騒音の測定例

10.1.2　下階住戸からの歩行音に関わる苦情

1) 苦情発生の要因

　歩行音に関しての苦情は，通常は上階住戸が対象となるが，下階住戸または隣接住戸が対象とされることもある．とくに下階住戸が対象となる場合は，「下階からは聞こえない」，あるいは「下階から聞こえるのは建物に不具合があるから」といった苦情申し立て者の誤った認識が前提となって，上階住戸からの歩行音の場合よりも問題視されることがある．何を根拠としてそのようなことを言われるのかは不明であるが，下階からであっても上階からであっても，また隣接住戸

からであっても，床衝撃音の聞こえ方に違いはあるが，聞こえるものである．また，下階住戸あるいは隣接住戸からの歩行音であっても，測定方法や評価方法に違いがあるわけではなく，上下階を対象としたときと同様に考えればよい．

2）苦情への対応

下階住戸から上階住戸への歩行音の測定結果を図10.2に，横方向隣接住戸からの歩行音の測定結果を図10.3に示した．この事例では，普通歩行の場合は下階住戸方向，横方向隣接住戸の

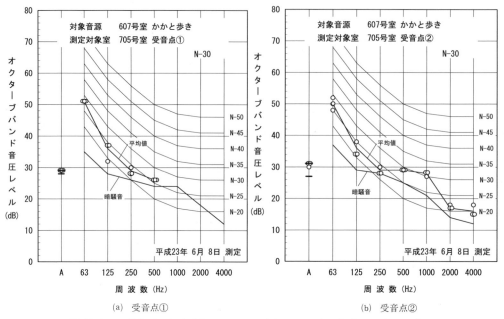

図10.2 下階住戸から上階住戸への人の歩行による床衝撃音系騒音の測定例

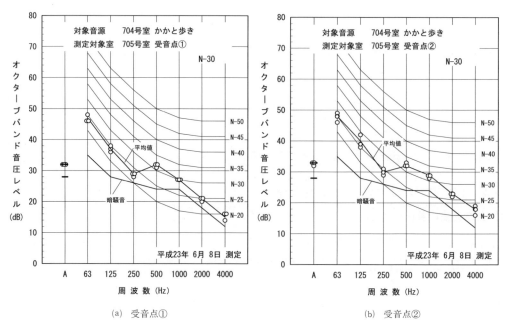

図10.3 横方向隣接住戸から上階住戸への人の歩行による床衝撃音系騒音の測定例

いずれからも歩行音を確認することはできなかった．図で示したのは，通常では考えられない「かかと」で強く床を衝撃するような強い歩行状態の結果である．これらの結果は，「足音が聞こえる」「子供が走り回る」などの苦情が，衝撃源を歩行とするものではない場合のあることを示唆するもので，苦情の対象となる音源が何であるかをまず特定することが，苦情への対応の第一歩となる．

10.2 共用部での歩行音に関わる苦情発生の要因と対応
10.2.1 共用階段からの歩行音に関わる苦情
1）苦情発生の要因

共用階段に接する一階住戸居室（寝室）で，共用階段を昇降する際に生じる歩行音に対して苦情が寄せられた．図10.4は，標準軽量衝撃源を衝撃源として用い，共用階段を衝撃したときに寝室で発生する床衝撃音を測定した結果である．

2）苦情への対応

実歩行による測定は行わず，JISに規定された標準軽量衝撃源による測定を行い，その結果によって評価し，対策を立案するといった方法としたのは，居住者の申し入れによるものである．

測定結果はL_L-50となり，L_L-40以下にすることが要求された．対策は，階段踏面をカーペット敷きとした．対策による軽量床衝撃音遮断性能は，同図に示したようにL_L-30となり，苦情は解決した．しかし，音響的には解決をしたが，カーペットの保守管理は誰が行うのか，その費用の負担など，音以外の問題点が新たに発生した．

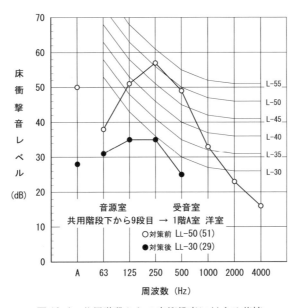

図10.4 共用階段からの床衝撃音に対する苦情

10.2.2 共用廊下からの歩行音に関わる苦情

1) 苦情発生の要因

共用廊下に接する住戸洋室で，成人女性が共用廊下をハイヒール，ミュール履きで歩行したときに生じる歩行音に対して苦情が生じた．この事例では，標準重量衝撃源と標準軽量衝撃源による測定が行われ，標準重量衝撃源による性能値には問題はなかったが，標準軽量衝撃源による性能値は，図10.5に示すようにL_L-65を示し，生活実感との対応からみても，標準的な性能値を大きく超過する結果となった．

2) 苦情への対応

実歩行による測定も実施しており，その結果は図10.6に示すようにN-40を超える結果であり，影響が大きいと判断された．対策としてはカーペット敷を仮に採用し，その後，廊下に適する仕上げ材を選定して施工して解決した．

また，念のために述べておくが，JISに規定された標準衝撃源は，単に床構造の床衝撃音遮断性能の測定に用いるだけでなく，さまざまな形で床衝撃音の伝搬特性を測定する際に利用できるものであり，これによって得られた床衝撃音レベルの大小によって，客観的に伝搬音の評価をすることができる．

もともと，床衝撃音遮断性能の評価量としての床衝撃音レベルは，標準衝撃源によって建物のある点が衝撃を受けたときに，その周辺の室空間でどの程度のレベルの音が放射されるかを知り，その値が大きければ衝撃音に対する遮断性能が低い，あるいは伝搬音が大きいといった判断に利用できるものである．したがって，音源室直下の居室での測定ということに標準衝撃源による床衝撃音の測定は限定されるものではなく，衝撃位置と受音位置の関係は自由に設定することができ，固体音の伝搬特性を知ることにも利用できる．ただし，床構造の遮断性能を表す床衝撃音レベルの予測計算は，今のところ音源住戸居室の直下階居室を対象としている．

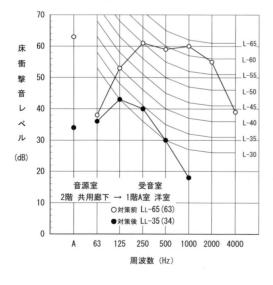

図10.5 標準軽量衝撃源による床衝撃音測定結果

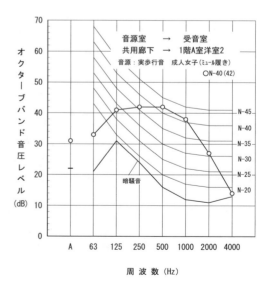

図10.6 実歩行による床衝撃音測定結果

10.2.3 共用通路からの歩行音に関わる苦情

1) 苦情発生の要因

この事例は、床仕上げ材が防滑性ビニール床シートである共用通路からの歩行音に対して、通路直上階住戸の居住者より苦情が発生したものである。

共用通路から上階住戸への歩行音による苦情を判断するための建物の音響性能値としては床衝撃音遮断性能があり、それは集合住宅の基本的音響性能の範疇に入るものである。しかし、この床衝撃音遮断性能は、上階から直下階への影響と考えて判断規準が示されているとして、下階から上階への伝搬音にこれを適用できないとする考え方が、この種の苦情解決を遅らせている要因の1つにもなっている。

2) 苦情への対応

歩行音に対しての苦情の申し立てがあった場合、床構造を介する居室間の床衝撃音遮断性能値によって解決されることは少なく、歩行音が聞こえるかどうか、あるいは室内騒音の程度に関わる室内静ひつ性能によって話合いが行われることが多い。そのため、床衝撃音遮断性能が一定の水準以上であることが担保された上での話であるが、実歩行による歩行音の測定による結果が求められ、本事例においても対策工事後に歩行音が測定され、報告されている。しかし、対策が不十分であるとの居住者よりの申し入れがあり、苦情の対象となっている騒音源による発生音を再度検討するとともに、音響的な面から改善工事について改めて検討が加えられた。

児童、成人（男性、女性）の歩行時に共用通路直上階の居室で発生した騒音を測定した結果を図10.7.1, 10.7.2に示す。また、キャリーバッグを引いての歩行時に発生した騒音の測定結果を図10.8に、台車走行時に発生した騒音の測定結果を図10.9に示す。

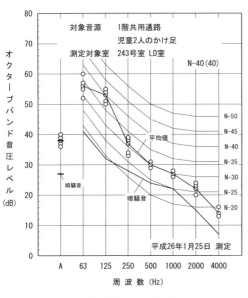
(a) 児童2人のかけ足

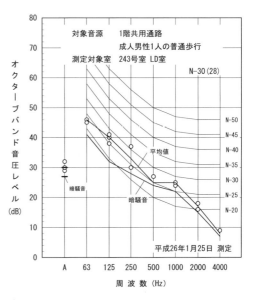
(b) 成人男性1人の普通歩行

図10.7.1 共用通路直上階居室での人の歩行による床衝撃系騒音の測定例(1)

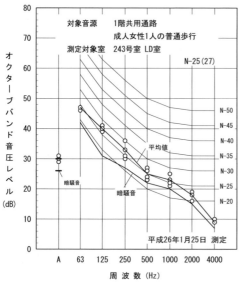
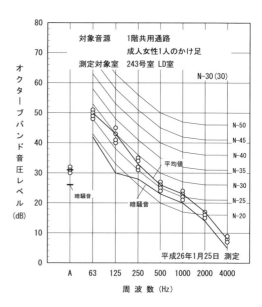

(a) 成人女性1人の普通歩行　　　　　　　　　　(b) 成人女性1人のかけ足

図 10.7.2　共用通路直上階居室での人の歩行による床衝撃音系騒音の測定例(2)

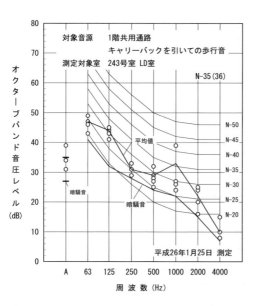
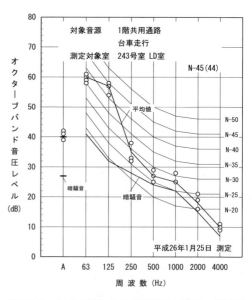

図 10.8　キャリーバッグを引いての歩行による床衝撃音系騒音の測定例　　図 10.9　台車走行による床衝撃音系騒音の測定例

　共用通路からの歩行音に関する苦情への対策として、共用通路の床面に浮き床層が施工されることが多いが、効果が十分に得られないことがある。その原因は、図 10.10 のインピーダンス測定結果の例に示すように、浮き床層施工前の躯体床（図は土間と表記）のインピーダンスレベルより、浮き床層施工後のインピーダンスレベルが低音域で低下したためと考えられる。苦情への対策として浮き床層の施工を採用する場合は、音響技術者を交えての検討が必要となる。

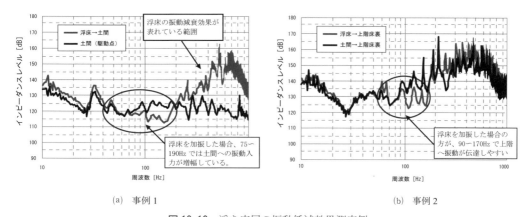

(a) 事例 1 (b) 事例 2

図 10.10 浮き床層の振動低減効果測定例

10.3 その他の床衝撃系生活音に関わる苦情発生の要因と対応

10.3.1 子供室からの玩具の落下音による苦情

1) 苦情発生の要因

この事例は，上階住戸の子供部屋で子供（幼稚園年少組）が遊んでいる際に，合成樹脂製玩具，合成樹脂製コップを投げ出したときの落下音と判断される音による苦情である．

2) 苦情への対応

衝撃源が特定されたのは，上階居住者との話合いの時点であった．苦情の対象と考えられた衝撃源の測定例を図 10.11 に示すが，対策としては，遊び方の改善，床上に部分敷きカーペットを敷設することでほぼ解決する．

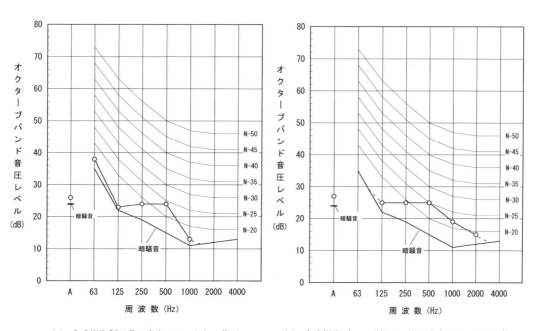

(a) 合成樹脂製玩具の高さ 30 cm からの落下 (b) 合成樹脂ボール（径 4 cm）の高さ 30 cm からの落下

図 10.11 子供室での玩具の落下による下階住戸での床衝撃音系騒音の測定例

10.3.2 浴室からの物の落下音による苦情

1) 苦情発生の要因

床衝撃系の生活音の中で浴室からの物の落下による衝撃音に関する苦情は，苦情申し立て時にその衝撃音が何によるものなのかが特定できていないことが多い．苦情があった場合は，入浴時または清掃時の状況を想定して，騒音源を探ることになる．

浴室内での入浴行為に関連する苦情は，

a．隣の住戸の人が風呂に入っているのがよくわかるので，建物に構造上の欠陥がある

b．「コンクリートの壁や床に穴があいている」「壁や床のコンクリートに亀裂があるから隣の人が風呂に入っている音が聞こえる」

といった内容のものが多い．

次に示す事例は，いずれも経験的に衝撃源を想定して衝撃音を発生させ，その結果によって衝撃源が特定されたものである．図10.12は，苦情の対象と想定された衝撃源によって行った測定結果である．これらの結果から，浴室用の腰かけが床とぶつかりあう音，洗面器の落下音などが，隣接住戸の居室に伝搬したことが苦情の原因と考えられた．

2) 苦情への対応

対策は，バスユニット自体を防振することが可能であれば，浴室内で発生する騒音の低減方法として一番望ましいが，施工後の建物においてそのような対策を実施することは不可能に近い．また，工事場所は，苦情を申し立てている住戸ではなく，上階，隣接住戸の浴室ということになり，実現は難しい．この事例では，苦情の申し立て者へコンクリート躯体の施工上の欠陥でないことを説明し，関係者間の話合いによって，対策はとくに実施されていない．

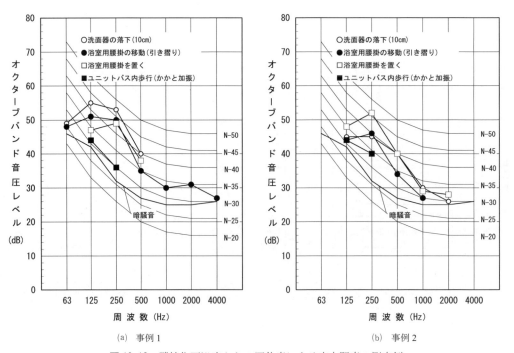

(a) 事例1　　　　(b) 事例2

図10.12　隣接住戸浴室からの固体音による室内騒音の測定例

10.3.3 浴室からの浴槽ふた開閉音,ワイパーによる壁面拭取り音に関わる苦情

1) 苦情発生の要因

浴室に関連する苦情の事例として,図10.13に浴槽の折りたたみ式ふたの開閉音を,図10.14にタイル張り浴室壁に付着した水滴のゴム製ワイパーによる拭取り音を,下階住戸で測定した結果を示す.

2) 苦情への対応

これらの苦情は,ほとんどの場合はとくに対策が行われることはなく,発生音の原因が明らかになることで,上下階住戸の居住者どうしの話合いにより解決されることが多い.したがって,苦情の解決には,発生音の原因の究明が重要となる.

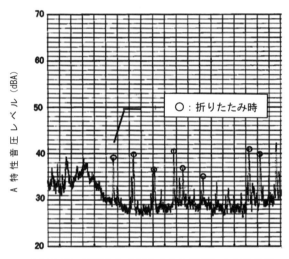

図10.13 浴槽ふたの折りたたみ開閉による発生音

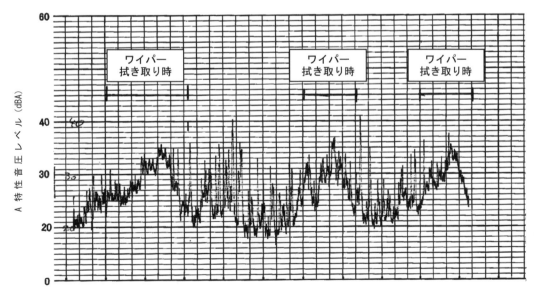

図10.14 浴室壁面のワイパーによる水滴拭取り音

10.3.4　台所回りからの家事作業時の固体音に関わる苦情

1) 苦情発生の要因

　台所での家事作業によって発生する生活音に対する苦情はそれほど多くない．ここでは，台所からの音とは特定されていたが，衝撃源まではっきりとしていなかった苦情の事例を示す．苦情の表現は，「毎日同じものとは言えないが，いろいろな音がする」というものであった．台所で発生する固体音の事例として，やかんや鍋を調理台に置くときやスプーン・コップを落下させたときの測定結果を図 10.15 に示した．

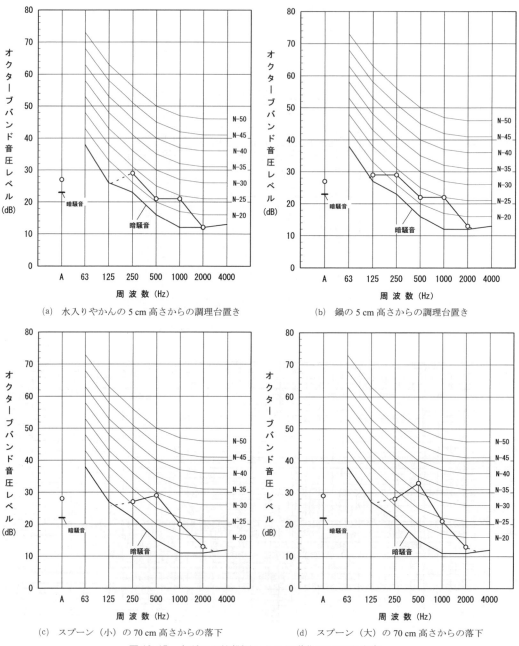

(a)　水入りやかんの 5 cm 高さからの調理台置き　　(b)　鍋の 5 cm 高さからの調理台置き

(c)　スプーン（小）の 70 cm 高さからの落下　　(d)　スプーン（大）の 70 cm 高さからの落下

図 10.15　台所での衝撃源による下階住戸での発生音

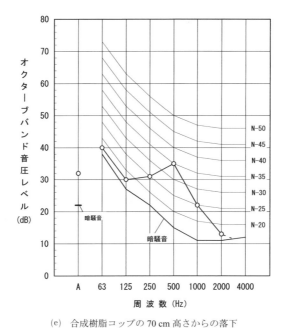

(e) 合成樹脂コップの70cm高さからの落下

図 10.15　台所での衝撃源による下階住戸での発生音（つづき）

2）苦情への対応

この事例は，上階住戸の居住者を含め，話合いによって解決されたが，音源が何であったかは明らかにしたいとの上下階居住者よりの申し入れによって，想定される衝撃音の測定が行われ，同時に居住者の耳による確認が行われた．

10.4　開口衝撃音に関わる苦情発生の要因と対応
10.4.1　扉・引戸の開閉音に関わる苦情
1）苦情発生の要因

扉，引戸などの開閉時に発生する衝撃音による苦情の例を，図 10.16，10.17 に示した．扉，引戸などの衝撃音は，出入口扉，窓，室内の扉や引戸，ふすま・障子などの開閉時の衝撃によるもので，建物躯体が直接衝撃されて，隣接住戸または近接住戸内に放射される固体音である．

2）苦情への対応

扉，引戸などの衝撃音の対策は，現状では扉のドアクローザの取付け，引戸やふすまの戸当たり部へのゴムなど緩衝材の取付けなどが，一般的に行われている．引戸の場合は，衝撃力を和らげるブレーキ装置を取り付けると，効果はさらに増大する．

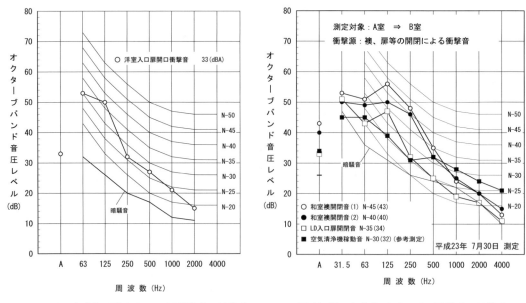

図10.16 上階住戸洋室出入口扉開閉時の衝撃音　　図10.17 上階住戸扉，引戸開閉時の衝撃音

10.5 その他の生活系固体音に関わる苦情発生の要因と対応

10.5.1 ハンガーを掛ける音による苦情

1) 苦情発生の要因

この事例は，洋室に設置されたロッカーの金属パイプへハンガーを掛けるときに下階住戸で発生した衝撃音に関しての苦情である．非常に珍しい事例で，測定結果を図10.18に示す．

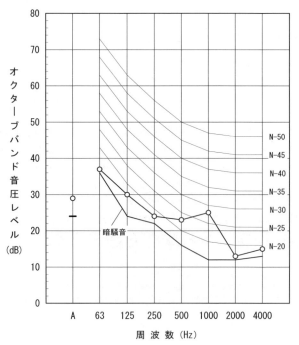

図10.18 洋室ロッカーのハンガー掛けによる下階住戸での発生音

2) 苦情への対応

　苦情を申し立てた下階住戸の居住者は，騒音が何によって発生しているのかわからず，居住者の話合いによって音源の調査が実施され，それにより音源の特定がなされた．苦情は，音源側の居住者が樹脂製ハンガーを利用することにより解決した．

第11章　建築設備機器等による発生音に関わる苦情の要因と対応

11.1　給排水音に関わる苦情の要因と対応

　給排水音は，古くから集合住宅で生じる音に関する苦情の中で指摘される割合が高く，現在も依然として苦情の対象となっている．

　給排水音は，給排水設備を音源・振動源とする騒音であるが，ポンプや給水栓，バルブ等から発生した音・振動に起因する給水・給湯系の騒音と，流しやトイレ等の排水時の発生音・振動に起因する排水系の騒音が代表的であり，給排水騒音の大部分は，管路に伝搬した音・振動による固体音である．

　また，これらの騒音は，ポンプ，バルブ，給水栓の稼動，作動による発生音・振動によるだけでなく，管内流速の変化する管路の曲がり部分や管路の断面変化により音・振動が発生し，管路内の水中音と管壁振動が相互に複雑に関係しながら伝搬していくが，最終的には管壁等から発生する放射音と，管壁支持部から建物躯体に伝搬した振動によって居室の内装面から放射される固体音に分けられる．

11.1.1　給水管路系からの固体音による苦情

1）苦情発生の要因

　ポンプに接続される管路，その他の管路系を伝搬する騒音・振動に起因する苦情は少なからず生じている．騒音源としては，

　　a．機械的に発生するものとして，ポンプの稼動によって発生した振動が管路に入射するもの
　　b．流体的には，管路内の流速変化や乱れによって発生するもの
　　c．管の途中に取り付けられた弁，管末に取り付けられた給水栓・便器洗浄タンクのボールタップ・フラッシュバルブなどの給水器具で吐水時に発生するもの

が主なものであり，それらは管路系を伝搬して，室内に固体音として放射される．

　伝搬経路となる管路系は，給水管，排水管，給湯管など種類が多く，居室内への放射音は，

　　イ．管壁から居室内空間に放射される音
　　ロ．管路を建物躯体壁・床に直接支持，あるいは埋め込むことによって生じた固体音

とに大別することができる．

2）苦情への対応

　居室内への放射音が，上記イ．の場合は，管路の位置，材質・厚みなどが関係するが，パイプシャフト内に配管されていれば問題になることはほとんどない．ロ．の場合は，管の支持方法，貫通部の防振処理方法，配管が埋め込まれる場合は管の被覆・厚み等の施工方法によって，発生音の程度は大きく左右される．

　また，騒音源（管路）の種類にもよるが，管路系からの騒音は，室内への放射音の程度は小さくとも苦情の対象とされることが多い．ただし，音源が何であるかを容易に指摘することができ，対策の立案も容易であるが，その対策は他住戸内で実施しなければならないことが多く，その実施は難しいことが多い．

11.1.2 汚水排水管からの固体音による苦情

1) 苦情発生の要因

台所の流しや便器などの汚水排水時の発生音は，排水管がむき出しで配管されていた初期の集合住宅では，管壁からの放射音による問題が多く発生していたが，現在ではパイプシャフト内に配管されるため，排水管放射音の影響よりも，管路で生じた振動による固体音が問題となる場合が多い．ここでは，汚水の排水堅管および排水横引主管からの固体音によって発生した苦情の事例を示した．

2) 苦情への対応

排水管からの固体音の低減対策は，横引主管のコンクリート躯体スラブからの吊り方法を防振吊りとした．防振吊りによる低減効果を確認するため，排水横引主管に代用汚物を流して上階住戸居室内で発生する騒音を測定した結果を図 11.1 に示す．これによれば，汚水の排水横引主管を苦情発生時の鉄筋吊りではなく，防振吊りとして横引主管を躯体床から音響的に切り離すことにより，汚水の排水時に生じる固体音による室内騒音レベルは 15 dB 低減した．

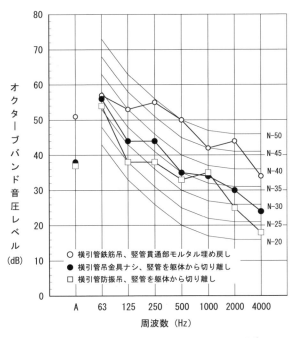

図 11.1 汚水排水管からの固体音測定事例 [11-1]

11.1.3 台所排水管からの固体音による苦情

1) 苦情発生の要因

上階住戸の台所の排水音が，図 11.2 に示すように排水時の発生音のレベルも低く，排水音の継続時間も短いが，直下階住戸の寝室として使用している和室で聞こえたとして，苦情となったものである．この事例のように下階住戸寝室の暗騒音が低い場合には，対象となる騒音の強度が小さくとも問題になる．したがって，苦情の発生は対象音の強度だけでなく，室内暗騒音との関

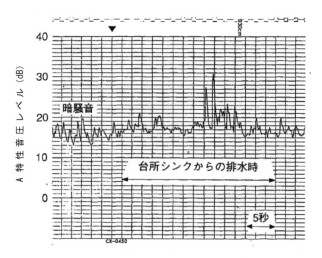

図 11.2 上階住戸台所シンクからの直下階住戸和室での排水音測定結果

係が大きいことに留意しておく必要がある．

2) 苦情への対応

苦情への対応は，排水管の建物躯体貫通部の防振処理，管の躯体壁での支持方法を防振支持とすることで解決した．

11.1.4 トイレ排水管からの固体音による苦情

1) 苦情発生の要因

上階住戸のトイレが居室直上あるいは斜め上の位置になるような住戸の平面計画がなされていると，トイレ（洋風便器）排水管からの固体音による苦情の原因となりやすい．ただし，受音住戸となる下階の住戸居室で聞こえるトイレ排水音レベルは小さいため，室内暗騒音レベルが 30 dB 前後であれば，マスキング効果によって問題になることは少ない．

図 11.3 に示した事例は，室内暗騒音が 15～20 dB 程度の室内環境であり，トイレ排水時の下階住戸居室内でのトイレ排水音との間に 10 dB 以上の差が生じ，排水音がはっきりと聞こえる状況であった．トイレ排水管からの固体音による苦情は，トイレ排水時の室内騒音と室内の暗騒音との差が大きくなると生じやすい．

2) 苦情への対応

トイレ排水音が苦情の対象となるのは，固体音による影響と判断されるのがほとんどあり，建物計画時において，平面計画上，トイレと下階居室との位置を離すなどして処理するのが基本である．管路系で対応しなければならないときは，便器排水管の床貫通部の防振処理に加え，管路系の位置や配管方法に対しての配慮が必要となる．

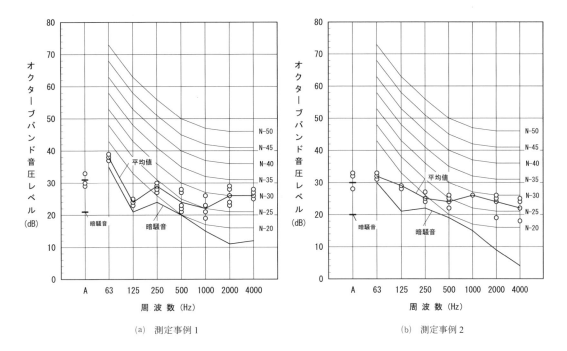

(a) 測定事例1

(b) 測定事例2

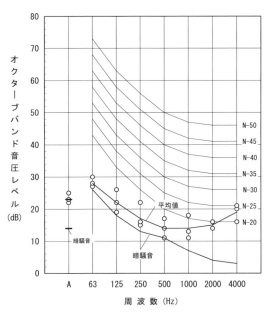

(c) 測定事例3

図 11.3 トイレ排水管からの固体音による室内騒音

11.1.5 放尿時の固体音に関わる苦情

1) 苦情発生の要因

　　上階住戸トイレの位置が下階住戸寝室の斜め上に位置し，上階住戸トイレの男性放尿時に放尿音が聞こえるとして苦情になった事例である．下階住戸寝室での放尿音測定結果を図11.4に示す．

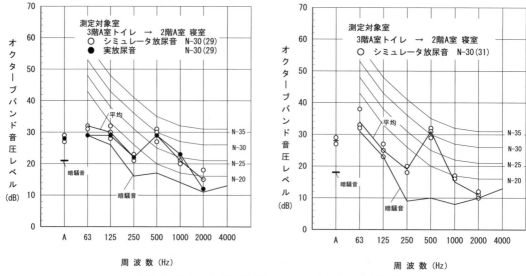

図11.4 放尿および放尿音シミュレータによる室内騒音

2) 苦情への対応

現状では，放尿音に関する測定方法は規準化されたものがなく，測定された値の評価も容易ではない．とくに実際の放尿行為を音源とする場合は，その測定も難しい．そのため，放尿音シミュレータが試作[11-2]されており，シミュレータによる放尿音特性は，男性が立位で洋風便器へ放尿したときとほぼ同等になることが検証されているので，シミュレータによる測定結果から，便器，排水管等の防振方法について検討することが，解決への近道となる．

また，自住戸内トイレの放尿による発生音が，トイレに隣接する廊下および居室で聞こえ，不快であるとの苦情が生じる例もある．これは，放尿によって便器で発生した音が，トイレ出入口扉を透過して生じる空気音であることが多い．

放尿音シミュレータを用いた模擬放尿によるトイレ前面廊下における放尿音の測定結果を図11.5に示す．このような事例のもっとも一般的な対応策は，扉の下部ガラリをふさぐ程度のことであるが，その効果は高音域で認められる．ただし，この方法は，トイレ内の換気という点からは問題がある．

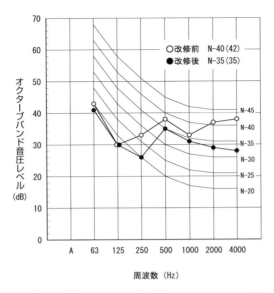

図11.5　便器への模擬放尿時のトイレ扉前発生音測定事例

11.2　家庭用専有設備機器音に関わる苦情の要因と検証
11.2.1　専有ガス熱源機器稼動音による苦情
1)　苦情発生の要因

　給湯・暖房のためのガス熱源機，空調機が各住戸に設置されるようになり，それらの機器稼動時に発生する騒音に関わる苦情も少なくない．
　この苦情に対応していくためには，以下に示すような測定上の大きな障害がある．
　　a．対象が自住戸のものでなく他住戸の機器の場合は，音源となる機器の特定が容易ではない．
　　b．ガス熱源機の場合は，暖房，給湯，追いだきといった条件によって発生音（振動）が大きく変化するため，苦情の内容の客観的な判断資料を測定によって得ようとすると，他住戸，それも複数住戸の協力を得なければならない．
　図11.6の事例は，近隣住戸の協力を得て音源となる住戸が特定された後に，音源住戸のガス熱源機の稼動条件を変えて苦情申し立てをしている住戸，いわゆる受音住戸居室で稼動に伴う固体音を測定した結果である．

2)　苦情への対応

　機器本体の防振，管路の防振など基本的な対策によって，稼動音の低減は十分に可能と判断されたが，対策を必要とする機器が他住戸の専有設備であること，また，機器がメータボックスの中に設置されていたために防振のためのスペースがないなど，対策の実施は困難であった．
　また，専有設備機器を対象とする場合は，機器メーカの協力も必要であり，この事例では，ガス熱源機内に取り付けられていたファン，ポンプなどの回転部を持つ機器の動バランスに問題があるとして，機器の交換によって苦情は解決されている．

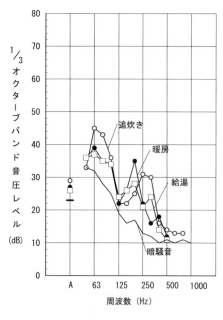
図 11.6　ガス熱源機稼動による固体音の測定事例

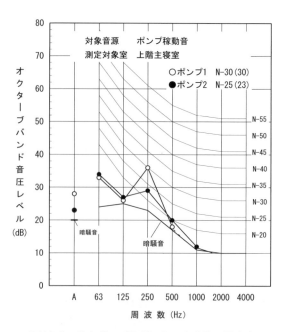
図 11.7　給水ポンプ稼動による上階住戸居室内での発生音測定事例

11.3　共用設備機器音に関わる苦情の要因と対応

11.3.1　給水ポンプ，排水ポンプ等の固体音による苦情

1) 苦情発生の要因

　ポンプ稼動時の固体音に起因した室内騒音は，純音成分が卓越する場合が多く，居室内への放射音レベルが小さくても問題になることが多い．とくに暗騒音の低い居室では，苦情が発生しやすい．図11.7に示したものは，給水ポンプが対象となった事例で，竣工時の測定では，A特性音圧レベルによる測定値によって設計目標値を満足していると評価されていた．そのため，純音成分の影響は評価の対象とされていなかったことが原因で苦情が発生した．

2) 苦情への対応

　苦情の原因となるポンプ稼動音は，ポンプ本体表面から室内へ放射される音が直接問題になるというよりは，ポンプ稼動時に生じた振動が管路内の流体中や管壁を伝搬して，また流れによって発生する騒音が管路を介して建物躯体に伝搬し，居室の内装壁面から室内に音として放射される固体音が問題となることが多い．
　対応策として一般的には，
　　a．ポンプを防振材で介して支持する
　　b．ポンプに接続される管路系まで防振支持金具で支持する
　　c．ポンプ吐出口と管路入口部分との間にゴム製の防振継手を挿入する
などが採用されているが，実際にはb.の対策は実施されないことが多い．
　また，c.の対策は，図11.8に示すように低音域では効果が得られないという事例もあり，必ずしも防振継手だけでは管路系の対策としては十分ではないことへの理解不足が，苦情発生の原

因となることも多い．

この事例では，施工技術的な問題ではなく，事業者から苦情を申し立てている居住者への説明内容が問題を複雑化させた．その説明が，技術的な対応策は全て実施して一応の成果は得られているとして，"遮音性能規準"に示されている1級以上の性能となっているとされたことに入居者は反発し，問題をこじらせた．

共用部のポンプ，空調機器の室外機などの稼動音については，住戸居室内で聞こえないことを前提としており，それが不可能な場合は居室内の暗騒音レベルより10 dB以上小さいこと，住戸居室内で聞こえる場合であっても卓越周波数があるような騒音があってはいけないこと，以上が設計条件になることに設計者，事業者は留意する必要がある．

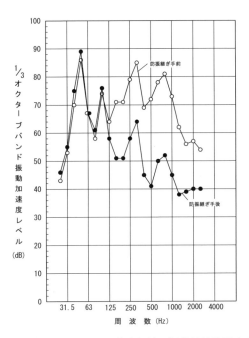

図11.8　防振継手による固体音領域の振動低減量測定事例

11.3.2　汚水ポンプからの固体音による苦情

1) 苦情発生の要因

図11.9は，汚水ポンプの稼動によって室内で発生した固体音による苦情の事例で，対策としてポンプの防振，パイプの防振吊り，パイプ貫通部の防振等が実施されているが，図11.9に示すように室内騒音の発生があり，十分な対策とは言いがたい．

2) 苦情への対応

汚水ポンプのように水中にあるポンプに対しては，通常採用される防振方法では十分でないことを念頭におく必要がある．水中ポンプの発生音は，水中に放射された放射音が排水槽のコンクリート壁を励振させ，建物躯体中を伝搬して生じる固体音であり，対策としては，水中音に対する排水槽の壁の遮音を考える必要がある．

本事例では，排水槽の内壁にグラスウールを取り付け，グラスウール表面を防水処理したステンレス板で覆うことによって，遮音層を構成した．これによって，対象居室内では汚水ポンプからの固体音は聞こえなくなり，問題は解決した．

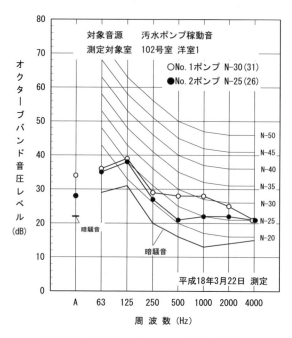

図 11.9 汚水ポンプからの固体音測定事例

11.3.3 排気ダクトからの固体音による苦情

1) 苦情発生の要因

住戸直下階に飲食店が入居し，その厨房の給排気ダクトが上階住戸のコンクリート躯体床スラブから吊られていることによって，上階住戸居室で図 11.10 に示す排気ファン稼動による固体音が苦情となった事例である．このような事例は，営業開始前の材料の仕込み段階から営業時間中，営業終業後の厨房の後片付けまで，排気ファンが連続して長時間稼動し，その影響する時間も長くなる．したがって，集合住宅の生活音を対象とした苦情とは大きく異なり，対応は飲食店との直接交渉になることが多い．また，住戸購入時に直下階に商業施設が入ることがわかっていても職種まではわからないことが多く，上階住戸に影響のある騒音の有無も明らかになっていないことが多いが，少なくとも住戸購入時には，事業者（販売者）への確認と商業施設からの影響が生じた場合の対応方法について，話し合っておく必要がある．

2) 苦情への対応

この事例では，ダクトの吊り金物に市販の防振吊手が使われていたが，一部の使いやすいところにだけ使用され，また，その防振吊手も斜めになるなど適切に設置されていなかったことから，ダクトの防振工法を全面的にやり直すことによって苦情を解決した．

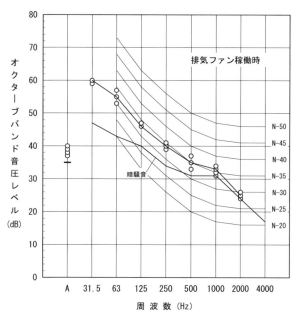

図 11.10　階下店舗の給排気ダクトからの固体音測定結果

11.3.4　変圧器等の電気設備機器からの騒音による苦情

1）苦情発生の要因

変圧器からの発生音が建物設計時に検討の対象となることは少ない．

騒音源（振動源）となる変圧器およびその付属機器の設置，保守，管理等は，電力会社によって直接行われるため，設計者として設計当初からの対応または苦情が発生した場合の建築的対応は容易ではない．この問題は，電力会社と建築設計者・施工者との境界で発生するものであり，建物計画時または施工時に取り上げられていないことが多い．

ここに示す事例は，電力会社の変電室が集合住宅の一部（借電室）に設けられ，そこに設置された変圧器等によって借電室上階住戸で生じた固体音が，「耳障りな音」「いらいらする音」として苦情が発生したものである．固体音の測定結果を図 11.11 に示す．この事例では，100 Hz 帯域で音圧レベルが卓越しており，変圧器からの固体音の周波数特性を持っていた．

2）苦情への対応

対策として，変圧器を防振ゴムを介して設置する案が提案され，電力会社によってそれが採用された．対策により 100 Hz 帯域の音圧レベルは 15 dB 以上低減され，聴感的にも問題はなくなったとして苦情は解決した．

ただし，変圧器の固体音対策に防振ゴムを用いることは，地震時の安全性の観点から問題視されることもあり，防振ゴムの種類・形状，設置方法などについて，電力会社との十分な協議が必要となる．地震時の安全性が問題視された場合の対策案として図 11.12 に示すような浮き床工法が採用される場合も多い．浮き床工法を採用する場合は，浮き床層が躯体と接触しないように施工することが重要である．

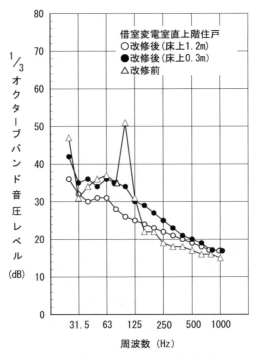

図11.11 借電室からの固体音と対策効果

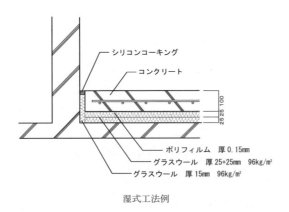

湿式工法例

図11.12 浮き床工法による変圧器からの固体音低減対策

　湿式浮き床工法を採用していながら苦情が発生した事例について，室内音圧レベル測定結果を図11.13(a)に示す．原因は，コンクリート浮き床層が躯体壁に密着してしまったため，図11.13(b)に示すような浮き床層による固体音低減効果が小さく，その影響によって借電室の上階住戸居室の室内騒音が設計時に予測した室内騒音レベルを大きく上回ったためであり，浮き床層の施工不良にあった．本来，浮き床層は躯体と直接接触してはならないが，接触していたことによって対策効果が見られなかったことになる．

　本事例では，浮き床層を躯体から完全に切り離すことによって，変圧器からの音は居室内で聞こえなくなった．

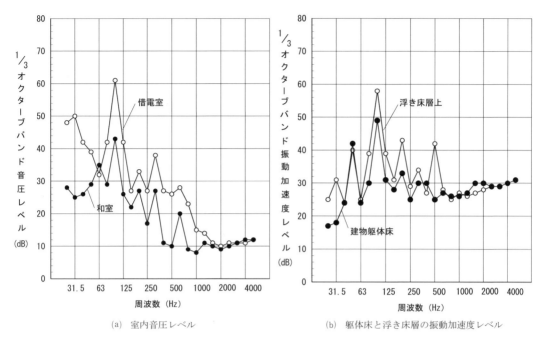

(a) 室内音圧レベル　　　　　　　　(b) 躯体床と浮き床層の振動加速度レベル

図 11.13　湿式浮き床工法の施工不良による苦情申し立て事例

11.3.5　機械式立体駐車施設の稼動音による苦情

1）苦情発生の要因

　敷地を有効利用できる機械式立体駐車施設は，建物の地下階や狭隘な敷地内に設置される場合が多い．また，その形式はさまざまであり，上下に移動するだけのものや，横行する機構が加わったもの，昇降装置が独立したものなど多岐にわたる．これら機械式立体駐車施設の稼動音は，施設の設置場所，形式，稼動速度，動作パターンなどによりレベルが異なるが，居室で聞こえる騒音の発生系は，基本的には，施設からの発生音が床や壁あるいはサッシなどから透過してくる空気音と，施設からの発生振動が建物躯体を伝わり，居室の内装材を振動させて音として放射される固体音に分けられる．

　機械式立体駐車施設稼動時の空気音による苦情の要因となるのは，施設の調整不足による発生音の増幅や駐車施設と居室間の界壁，床などの遮音性能不足が考えられる．

　固体音による苦情の原因は，施設の性能を阻害するような相対的な変形があってはならないため，柔らかい防振材の採用が難しいために起こる防振性能の不足や耐震ストッパからの振動の伝搬などが考えられる．とくに固体音による苦情は，水平耐震材の梁や柱など剛性の高い部位への支持が不十分であったり，ゴムなどの振動絶縁材の設置が適切に行われていない場合に発生しやすい．また，固体音は，空気音と同様に施設の調整不足から発生することもある．

2）苦情への対応

　機械式立体駐車施設は，図 11.14 に示すように，動作パターンにより発生音・振動のレベルが異なり，特に発停時にレベルが大きくなる傾向があるため，定常的な昇降，横行などの動作だけを対象とするのではなく，入出庫の一連の動作を対象として検討する必要がある．

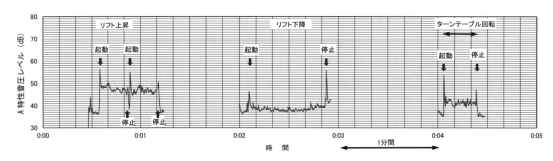

図 11.14　機械式立体駐車施設稼動時の発生音測定事例（機械より 1 m 離れた位置で測定）

11.4　その他の建築設備機器系発生音に関わる苦情の要因と対応
11.4.1　管路系の熱伸縮による発生音による苦情
1) 排水横引き管と支持金物，躯体貫通部の熱伸縮[11-3]

　a) 苦情発生の要因

　　この事例は，鉄筋コンクリート（RC）造集合住宅の 1 階住戸で，「ピシ，パシという大き目の氷が割れるような音」「ウイスキーグラスの大きめの氷が中で跳ねるような音」「リレースイッチのような音」が入居後半年を経た頃より生じているという居住者からの苦情である．音の発生に季節的な傾向はなく，天候や時刻にも関係なく，朝夕に頻発するとのことであった．

　　1 階住戸で"ピシ"，"パシ"という異音が発生し，その直下にピット等が設けられ，ピット内を排水横引き管等が通る場合は，原因が排水横引き管等の熱伸縮によるものが多い．本事例も苦情のあった 1 階住戸の直下にピットが設けられ，排水横引き管がピット内にあることが図面により確認されたことから，地下ピット内に入り，排水横引き管（塩ビ管）が熱伸縮により躯体貫通部で擦れて異音が発生していることを確認した．

　b) 苦情への対応

　　対策として，写 11.1 に示すように，横引き管支持部や躯体貫通部に防振ゴムを挿入した．この対策により音の発生は途絶えたが，2 か月ほどして，「コンコン，コンコンという木槌でたたくような音」が生じるようになったとのことで，2 回目の対策として，躯体貫通部に取り残されていた型枠材を除去して横引き管のこすれを解消した〔写 11.2〕．2 回目の対策の結果，異音の発生は全くなくなった．

写 11.1　1 回目対策：横引き管支持部および躯体貫通部への防振ゴム挿入

写 11.2　2 回目対策：躯体貫通部の型枠材除去

2) 給湯管地下ピット内躯体貫通部の熱伸縮による苦情

a) 苦情発生の要因

本事例は，集合住宅の 1 階住戸で，「コン，コンコン，コンコンコンという音が入居当初から生じている」との居住者からの苦情である．音の発生に季節的な傾向はなく，「2，3 秒間隔で常に聞こえる」「特に夜間は周囲の音がなくなるので気になり，寝れない」とのことであった．図 11.14 に主寝室での騒音調査結果を示す．

本事例も 1 階住戸の直下にピットが設けられ，ピット内に給湯管や排水横引き管があることが確認されたことから，地下ピット内に入り，原因が給湯管壁貫通部の熱伸縮に伴う擦れであることを特定した〔写 11.3〕．

b) 苦情への対応

対策は貫通部で直接躯体と配管が擦れることがなくなるようにしたことにより，音の発生はなくなった．

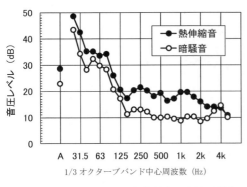

図11.15 主寝室での熱伸縮音調査結果[11-4]

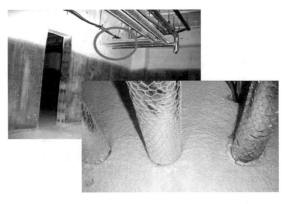

写11.3 主寝室直下の壁貫通部分

11.4.2 天井懐内で生じた異音による苦情[11-5]

1) 苦情発生の要因

　集合住宅の一室で「台所や浴室の換気扇を使うとリビングルームのバルコニーに面する掃きだし窓上部壁面付近より聴力検査のような音がする」との苦情が寄せられた．また，「換気扇を使っていても，窓や換気口を開けると音はしなくなる」との情報を得ることができた．「聴力検査のような音」ということから，衝撃的な音ではなく，定常的な騒音であることがうかがえた．また，「換気扇作動時に発生」「窓が開いていると音はしない」ということを手がかりに原因を予想すると，空気の圧力変動に伴う笛吹き音や風切り音が原因として推定された．

　居住者の申し出どおりに窓付近でこの現象が発生しているものとして，窓周りの機密性（すき間の有無）をチェックしたが，何ら不都合のないことが確認された．窓回りの次に発生の可能性が大きい部位として軽量鉄骨下地を用いた二重天井の懐内が予想し，発生部位の特定と発生原因の究明のため，天井全面を対象に測定を行い，発生量の大きい部位を特定してその部分の天井を剥がし，天井懐内の状況を目視調査した．その結果，RC造の間仕切り壁を跨いで火災報知器の配管（CD管）が存在し，エンドカバーにすき間があり，換気扇を稼動すると室間の空気の圧力バランスが崩れ，配管を通して空気が流通して，騒音が発生することを確認した〔写11.4〕．

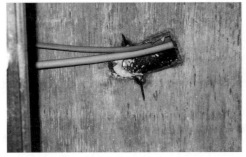

写11.4 CD管エンドカバーの状況

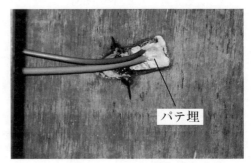

写11.5 パテによる対策

2) 苦情への対応

対策は，原因がCD管エンドカバーのすき間による笛吹き音であったことから，写11.5に示すようにCD管端部のすき間をパテによりふさいだ．図11.16に対策前後の騒音測定結果を示す．対策前は500 Hz帯域でピークを生じ，天井付近のA点では40 dB（N-40）の騒音の発生が見られたが，対策後は笛吹き音の発生は全く見られなくなった．

このような異音の早期の解決には，経験と知識を有する専門家への依頼が必要である．

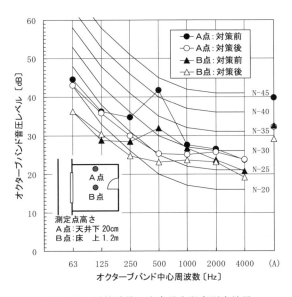

図11.16　対策前後の室内発生騒音測定結果

11.5　建設部材の熱伸縮による発生音に関わる苦情の要因と対応

11.5.1　型枠セパレータの熱伸縮に伴う発生音に関わる苦情

1) 苦情発生の要因

東棟と西棟の間にエキスパンションジョイントがあり，エキスパンションジョイントの施工は，図11.17に示すように東棟の躯体壁コンクリートが先行して打設され，型枠脱型後に西棟側面に発泡スチロールを張り，型枠として利用して西棟のコンクリート躯体壁が打設された．この時，東棟，西棟の型枠セパレータはジョイントナットで連結されており，脱型後も取り除かれることなくそのままであった．この事実は，苦情発生により現地調査の段階で判明したことである．苦情の発生は図11.18に示した周波数特性を持つ「ドン，ドン」という音が1日に何回も聞こえるというものであった．また，発生時間帯は8時～12時，15時～17時頃に多く，夜間も時々発生し，晴天の日はその発生頻度が高いというものであった．

発生原因を調査したところ，エキスパンション部の外壁面における振動加速度レベルが他の壁面より大きい，また，特定の場所でとくに大きいなどの結果が得られ，その部分は型枠セパレータが残存する部分とほぼ一致したことから，騒音の発生は型枠セパレータの影響と推測された．

2）苦情への対応

発生原因が残存の型枠セパレータであることを実証するため，対象住戸外壁面を中心にほぼ3住戸に相当する面の残存セパレータを，特別に製作した工具を用いて切断した．その結果，発生音はなくなったとの居住者からの報告があった．

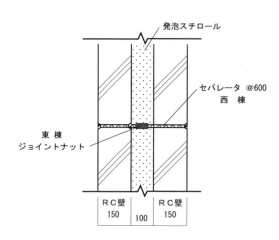

図 11.17　エキスパンション部断面

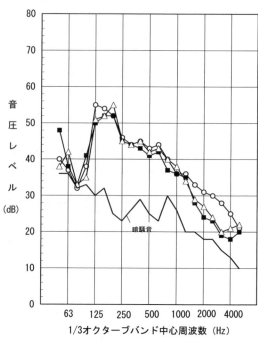

図 11.18　熱伸縮によって生じた衝撃音の周波数特性

引用・参考文献

11-1）村石喜一：音源データ集（排水管に起因する居室内発生音，音響技術，No.85，p.25，1994.3

11-2）大川平一郎，河原塚透：放尿音の測定方法（放尿音シミュレーターによる測定），音響技術，No.95，pp.54-56，1996.9

11-3）日本音響学会編：音響キーワードブック，p.13，コロナ社，2016

11-4）中澤真司：異音・不思議音の発生と制御方法，建築技術，No.793，p.150，2016.2

11-5）中澤真司：空気の圧力差による事例解説2　CD管，音響技術，No.128，pp.44-455，2004.12

第12章　苦情の発生に伴う音響測定時の留意点

12.1　苦情に伴う測定時の基本的な考え方

　居住者からの苦情は，居住者にとって何らかの音が聞こえたことによって日常生活に影響が生じたことにより発生するものであり，多くの場合，その内容は主観的なものである．そうした苦情に対応していくためには，第一に苦情の申し立て者から実情を聞き取り，不具合箇所や音源を特定して測定を行いそれらを数値化して，苦情を客観的に評価可能なものに置き換える必要がある．
　苦情への対応は，以下の過程を経て行っていく必要がある．

　a．苦情を申し立てている居住者から感じているままの実状を聞き取り，苦情内容，発生状況等を確認する
　b．苦情の対象となっている音源を特定する
　c．対象音を測定する
　d．測定結果を客観的尺度を用いて評価する

　現在でも，形式的には，この過程に沿って対応しているが，それぞれの項目について踏み込みが十分ではなく，苦情の解決までに長期の期間を要してしまったり，調停，裁判へと進んでしまった例も少なくない．
　苦情への対応を適切に行っていくためには，上述の項目順に居住者の視点に立った作業が必要で，a．聞取り調査では，苦情の申し立て者である居住者への接し方が問題となる．苦情の聞取り手は，苦情が居住者の要求水準が高いことによるものなのか，隣接住戸の生活状況に関わるものなのか，建物に何らかの不具合があるのかなどの要因を念頭において居住者に接することになるが，苦情の聞取り段階では，このような要因・条件を念頭に置くことなく，苦情を率直に受け止め，真摯に聞き取ることが大切である．しかし，これを実際に行うのは容易なことではなく，居住者が「この音です」と指摘する音を聞き取るだけでも，多くの時間を要する場合が多いが，苦情の解決を着実に進めるためには，適切な聞取りを実行する必要がある．b．音源の特定では，指摘された音源や個所などを特定する．この段階では，測定器を持ち込んで発生音を測定するよりも，聴覚による判断による方が妥当な場合が多い．音源を特定していくには，人間の聴覚による判断は測定器に勝るものであることを忘れてはならない．この段階で，明確に音源を特定できなかったとしても，音響的特徴ははっきりと認識されるはずである．この認識を基に音源となる住戸，例えば上階住戸の居住者の協力を得て，模擬的に上階住戸で音を発生させ，苦情のあった下階住戸にて聞き取ることのできた音の特徴に合う音の発生源を特定するなどの調査を行う．苦情の申し立て者から苦情の対象が歩行音と指摘された場合は，注意を要する．衝撃的な音の全てが子供の飛び跳ね，走り回りなどと表現される場合も多く，実はふすまの開閉音であったり，浴室での桶の落下音であったり，掃除機のヘッドが巾木に当たる音であったりする例は決して少なくない．
　この調査は非常に面倒なことのように思えるが，結果として，苦情を早期に解決する手段になることを忘れてはならない．
　このようにして対象音源が特定されれば，c．特定された音源を対象として音響測定を行い，苦情

としての主観的なものを評価可能な，また他と比較可能な d．客観的な量に置き換える．

この客観的な量をどのように評価するかの判断は，現状では，日本建築学会の室内騒音に関する適用等級によって一般に行われている．

客観的な数値で集合住宅の品質を評価した結果，居住者の要求水準が高いことによる苦情であれば，解決は当事者間の話合いによることになるが，品質に問題がある（不足）と判断された場合は，苦情の対応は事業者（売主），場合によっては設計者，施工者などが担うことになる．

12.2 空気音遮断性能に関する障害を対象とした測定

空気音遮断性能に関する障害を対象とした測定は，原則として 6.2 および 6.3 に規定する方法によって行う．受音室の測定点の選び方，音源スピーカーの設置位置の設定時には，次の点に配慮する．

a．室間の遮音性能が問題になっているのであれば，6.2 に規定する方法による

b．住戸内の特定の場所の透過音が問題とされているのであれば，受音室側の測定点は問題とされている位置付近とし，特定場所間での遮音性能を測定する

c．外周壁の内装工法に石こうボード直張り工法が採用されている場合は，通常の測定とは異なるが，音源室のスピーカーを対象壁面に向けて設置し，試験音を放射することによってその影響を抽出することができる．この測定で石こうボード直張り工法の遮音性能の特徴が表れなければ，石こうボード直張り工法の影響は少ないと考える

d．換気口からの透過音の影響を探る場合は，まず始めに換気口を通常の状態，次いで換気口に油土などを充填した条件で室間の遮音測定を行う．油土の充填前後で遮音性能に差が生じれば，換気口について検討する必要がある

e．窓サッシの召合せ部の影響については，通常の状態と召合せ部の四周にテープを張った上に油土を詰めるなどした状態で測定を行う．T-3 等級，T-4 等級の窓サッシが採用されている場合は，召合せ部からの影響が生じることがある．

12.3 床衝撃音遮断性能に関する障害を対象とする測定

床衝撃音遮断性能に関する障害を対象とする測定は，原則として 6.4 に規定する方法によって行う．受音室の選定および音源位置の設定の際は，次の点に配慮する．

a．受音室は音源室の直下階居室に限定することなく，苦情の対象となっている音源室と受音室間で測定を行う．

b．廊下は居室ではないため，竣工時の音響性能検証時に測定されることはほとんどなく，測定方法も規定されていないが，廊下を対象とする場合は，短辺方向に対して中央，長辺方向に対しては受音室での発生音が大きいと考えられる 2〜3 点の衝撃点を選び測定を行う．

また，床衝撃音に関する苦情では，JIS に規定された標準衝撃源による測定だけでなく，実際の歩行や器物の落下等の実音源を用いた測定が実施されることがある．これについては JIS 等に測定方法の規定がないため，測定方法によっては，測定したことが問題を複雑化させてしまうこともあ

るので，事前に測定の方法，また測定結果の評価方法について当事者間で十分に話合いを行い，納得の上での測定が必要になる．とくに実歩行音の測定では，苦情の対象とされる住戸の居住者，苦情の申し立て者への十分な説明が必要である．また，歩行音は，歩行者の歩き方によって変化する．人の歩き方は各人異なり，成人，子供の違いによっても大きく異なるので，留意する必要がある．実際の建物で測定した歩行者の違いによる歩行音の変化を図12.1，12.2に示した．歩行音の差異はあるとしても，「気になる」騒音の発生があると指摘されたときの苦情への対応では無視することはできない．また，苦情の実態理解のためには，この歩行による測定は避けることはできない．

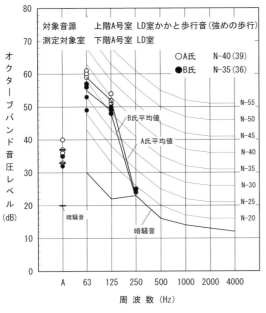

図12.1　歩行の仕方による歩行音の差異

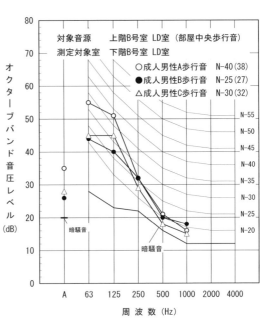

図12.2　歩行者の違いによる歩行音の差異

12.4　設備機器・施設に対する音響的不具合を対象とした測定

設備機器・施設の稼動による音響障害の有無，程度の判断のための測定は，原則として6.5に規定する方法によって測定する．測定の際は，次の点に配慮する．

a．音源が1つであれば，稼動時と停止時の室内騒音を測定する．このとき，機器の運転条件は必ず記録しておく

b．音源が複数ある場合は，音源を個別に稼動し，a.と同様に室内騒音を測定する．

c．個別の機器・施設でとくに測定条件を規定しておかなければならないものを以下に記す．

①測定対象機器が水中ポンプの場合は，排水槽や貯留槽の水の有無が大きく影響する．水中ポンプが水中にない場合は，発生音の影響が小さくなるという調査事例がある．

②ディスポーザの稼動音は，空運転と生ごみ投入運転で発生音（固体音）が大きく異なる．測定は標準生ごみの処理による測定を基本とするが，竣工時の音響性能検証ではこれを採用することはできない．したがって，代替ごみを何にするかの検討が必要になる．

d．家庭内設備機器，共用設備機器などの稼動に伴う発生音レベルは，小さくても気になる音と

して苦情につながる場合がある．影響の評価は対象とする発生音のレベルが小さく，他の騒音と区別することが難しいため，慎重に行う．聴感上若干聞こえる程度で，対象とする発生音が暗騒音の変動内にある場合は，測定不可能となる場合もある．この場合，暗騒音を測定して「暗騒音以下で測定不能」とする．測定の際には図 12.3 に示すように，レベルレコーダなどで記録した時刻歴波形を残すことが望ましい．

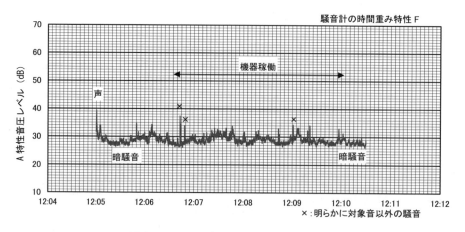

図 12.3　A 特性音圧レベル記録波形の例

12.5　生活音による不具合を対象とした測定

　生活音を対象とした測定は，日本建築学会の推奨測定規準や JIS に規定された標準的な方法がなく，実音源を対象とした測定になるため，測定したとしても，その結果を他の物件と比較検討することができない．そのため，建物に不具合があるかどうかが争われる場合は，実音源を対象とした測定結果では客観的な判断はできない．また，測定結果が居住者側に有利な結果となれば，事業主側にとっては不利ということになり，居住者側に不利な結果となれば，測定結果が不具合の現状を表してないとして居住者側より不満が生じ解決にならない．

　したがって，生活音による不具合を対象とした測定は，現状では音響技術者に依頼することが望ましい．将来的には公正で客観的な結果が得られる測定方法の確立が望まれる．

12.6　苦情の発生による騒音源特定のための測定事例

　対象音源が特定されておらず，上階住戸より「ドンドンという音が聞こえる」「夜中にドンドン音がする」「朝にドンドンという音で目が覚める」などの主観的な表現による苦情が寄せられた．このような苦情の解決を図るには，音源を特定する必要がある．

　そこで，経験的に通常考えられる上階住戸の騒音源を表 12.1 のように抽出し，これらの騒音源のそれぞれについて，上階住戸で模擬的に音を発生させ，苦情の発生した住戸の LD 室室内で音圧レベルの測定を行った．測定結果を図 12.4〜12.24 に示す．また，測定時には苦情申し立て者に立ち会ってもらい，主観的に聞こえる音の騒音源を特定した．特定された騒音源は，表 12.1 のうち，

浴室での桶とシャンプーボトルの落下音であった．この事例では，上階住戸の居住者にも発生音を耳で確認してもらい，話合いにより解決がなされた．

この種の測定で重要なことは，音源側住戸の居住者にも立ち会ってもらい，それぞれの音源がどのように聞こえるのかを確認してもらうことである．音源側住戸居住者の生活行為により生じる音への理解が，対策での話合いに非常に役立つことを認識してほしい．このような解決方法も，居住者の協力が得られれば有効なものとなる．

表12.1 苦情の内容を特定するための上階住戸測定対象音源

歩行者	LD室（カーペット敷）	普通歩行
	LD室（カーペット敷）	強めの歩行
	LD室（フローリング）	普通歩行
	LD室（フローリング）	強めの歩行
	玄関⇔LD室廊下	普通歩行
	玄関⇔LD室廊下	強めの歩行
開閉音	和室ふすまA	
	和室ふすまB	
	洗面所引戸	
	洋室2クローゼット扉	
浴室床桶落下		
浴室床シャンプーボトル落下		
浴室床浴室用椅子引きずり		
浴槽ふた開閉		
浴槽ふた立てかけ		
LD室椅子移動		
LD室掃除機使用	LD室床カーペット	
	LD室床フローリング	
毛取りローラーかけ	LD室カーペット	
	LD室フローリング	
椅子後足3cmより落下		

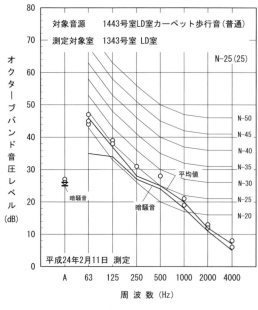

図12.4　LD室（カーペット敷）普通歩行

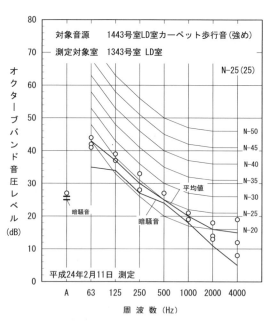

図12.5　LD室（カーペット敷）強めの歩行

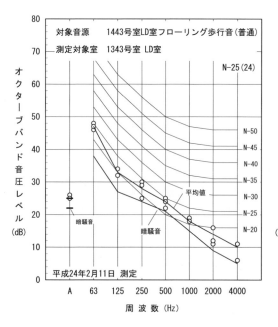

図12.6　LD室（フローリング）普通歩行

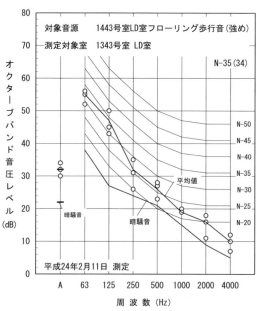

図12.7　LD室（フローリング）強めの歩行

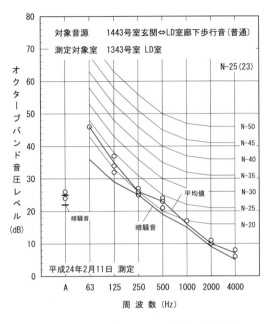

図 12.8　玄関⇔LD 室廊下普通歩行

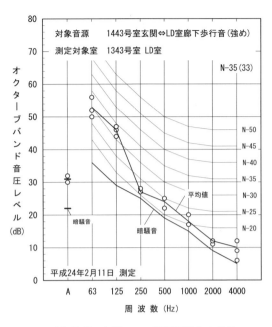

図 12.9　玄関⇔LD 室廊下強めの歩行

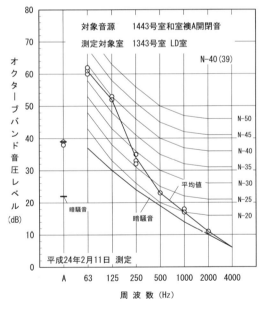

図 12.10　和室ふすま A 開閉

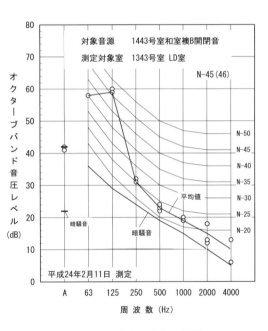

図 12.11　和室ふすま B 開閉

- 198 - 集合住宅の音に関する紛争予防の基礎知識

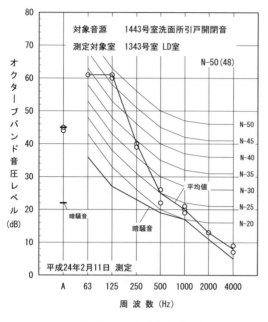

図 12.12 洗面所引戸開閉

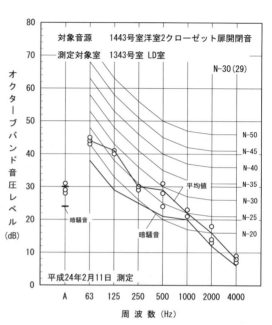

図 12.13 洋室2クローゼット扉開閉

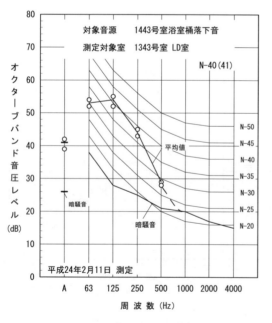

図 12.14 浴室桶落下

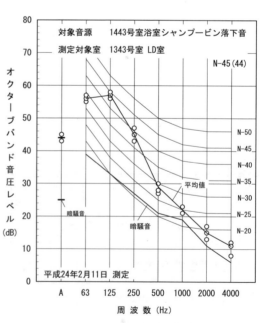

図 12.15 浴室シャンプーボトル落下

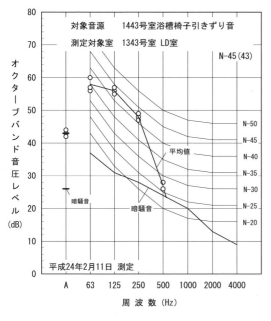

図 12.16 浴室椅子引きずり

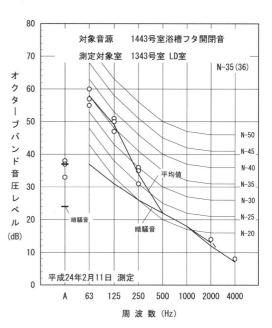

図 12.17 浴槽ふた開閉

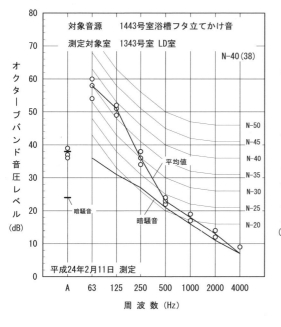

図 12.18 浴槽ふた立てかけ

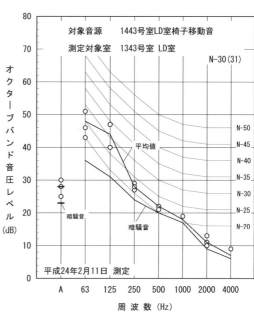

図 12.19 LD室椅子移動

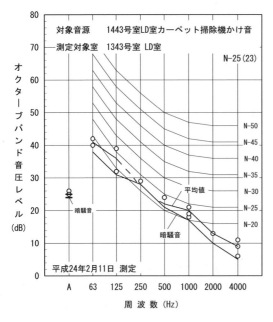

図12.20 LD室（カーペット敷）掃除機かけ

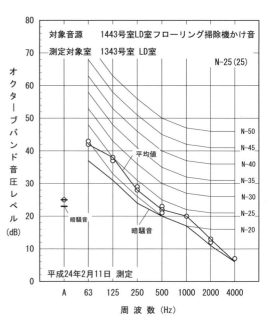

図12.21 LD室（フローリング）掃除機かけ

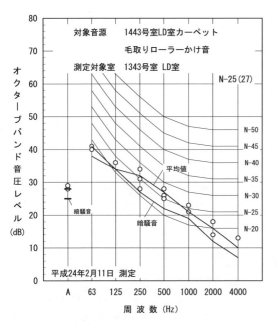

図12.22 LD室（カーペット敷）毛取りローラーかけ

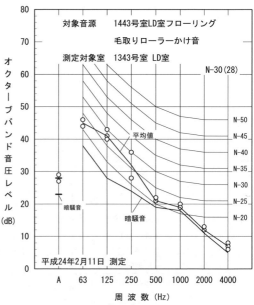

図12.23 LD室（フローリング）毛取りローラーかけ

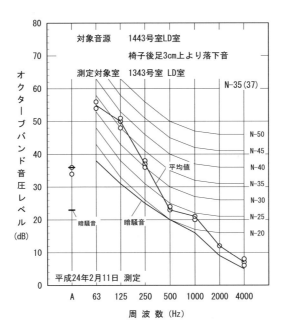

図 12.24　LD室椅子後足 3 cm より落下

第4編　訴訟事例の解説

第13章　裁判例

13.1　隣戸からの透過音に関する裁判例 [13-1]

　隣戸間の遮音性能に関する訴訟にはさまざまなケースが存在する．事例を挙げれば，(1)建築性能としての遮音性能が不足していることから生活に支障が生じているとした事件，(2)隣戸の居住者が異常に大きい音を発生させているために透過音により生活に支障が生じているとした事件，(3)リフォーム等の改修に伴って遮音性能が低下し，生活に支障が生じたとする事件などが多い．とくに最近の傾向では，区分所有している一室を「楽器演奏室に改修」したため，周辺の居住者から支障が生じたとする事件が多発している．

　これらの事件は，建築性能としての「遮音性能」を明示していないこと，発生音の強度（大きさ）による透過音の事前予測が十分に行われていないこと，透過音の程度が居住者にわかりやすくアナウンスされ，理解されていないことが原因である場合が多い．

　現状では，建築基準法（30条）に見られるように，界壁の音の遮断性能（透過損失）のみが法的に規制されているだけであり，界壁居室間のいわゆる空間性能（室間音圧レベル差：D値）に関する規準は，日本建築学会の遮音性能基準で推奨値が示されている程度である．よって，界壁に接する居室の使い方（音の発生程度）次第で隣接住戸への透過音は変化することとなる．

　設定された遮音性能と隣戸における聞こえ方については，住宅販売時に「生活実感」として説明し，納得してもらうことが必要である．これは，リフォームによって「音楽演奏室」に改修する場合も同様であり，居室内で発生する音の強度（大きさ）の増大に伴う必要遮音性能を明確にし，透過音に関する理解を十分に得ることがトラブル発生を防止するために必要なことである．

　本項目に対応する裁判例として，① 13-1-1，② 13-1-3，③ 13-1-4を紹介している．①の例はマンション賃貸借契約時に遮音性能を生活実感として納得できる説明が行われなかったために発生した訴訟である．結果として，遮音性能の判断が「聞こえる，聞こえない」のレベルであったため，過度な要求と判断され原告の請求が棄却されているが，トラブルの原因は，供給者側の説明不足にあると考えられる．また，②の例は，マンションにおいて音楽鑑賞を行った場合の発生音による他住戸への影響と影響を受けた側の過度な反応（対応）に関する事件，③の例はマンションの一部を音楽演奏室に改修した場合の遮音性能に関するトラブルを扱ったものである．この事件は，改修工事の請負時における達成すべき遮音性能の契約に関する問題を指摘するものと思われる．

13.2　外周壁からの透過音に関する裁判例 [13-1]

　外部騒音に対する建物の遮音性能に関する訴訟は，戸建住宅の場合に多い．戸建住宅は木構造や鉄骨構造が多いことから，開口部等にすき間が発生しやすく，遮音性能上，問題となりやすい．コンクリート系の集合住宅でも開口部回りや換気口など，遮音欠損となりやすい部分が多いために，

外部騒音の強度（大きさ）によっては，問題となる場合がある．

　この訴訟の特徴としては，幹線道路や鉄道に面した敷地に建設された場合を除くと，対象音が建設工事等に伴う発生騒音となり，原告がマンション居住者で，被告が外部騒音の発生者（工事業者または監理者）である場合が多い．訴訟理由としては，工事騒音がマンションの敷地境界線上で規制値（条例等）を上回っているとする場合やマンションの居室内で工事騒音が許容値（受忍限度）を超えているとしたものが多い．

　工事騒音の強度（大きさ）については，公法的規制値を上回っていたかどうかが第一に問われるが，工事の目的や工事期間中の周辺住民への対応，事前説明などもトラブル発生に大きく影響しているようである．

　本項目に対応する訴訟事例として，2つの判例を紹介した．④13-2-6の判例は，周辺での建築工事騒音が原告宅の居室に対して受忍限度を超える騒音が侵入したとする損害賠償事件であるが，敷地境界線上での規制値を超える騒音の頻度，騒音測定された点が代表する点であったか，施工方法が大きな音が発生する特殊な工法を用いてはいなかったなどを理由に到達音は受忍限度以下であるとの判断を下し，原告の要求を棄却している．また，⑤13-2-10の判例も同様に，建築工事騒音がマンションの居室等に及ぼす影響として受忍限度，都条例に違反すると主張された事件である．この事件例でも受忍限度の判断基準として「騒音の程度」，「発生時間帯」，「継続性」，「防止措置の有無」などが示され，受忍限度を超える騒音であったとは認められないとして原告の請求を棄却している．

13.3　床衝撃音に関する裁判例[13-1)]

　集合住宅における音に関する訴訟では，床衝撃音に関わる事件が最も多い．この傾向は3章の図3.1や図3.5で示した居住者評価の結果からも理解される．具体的な訴訟の内容を分類してみると，(1)居住者間での住まい方による問題（⑥13-3-1，⑦13-3-2，⑧13-3-3，⑨13-3-4），(2)専有部分のリフォームに伴う床衝撃音遮断性能の低下に関する問題（⑩13-3-6，⑪13-3-8，⑫13-3-9），(3)住戸販売時と入居後の生活実感の相違に関する問題（営業担当者の説明やパンフレット等の記載内容等を含む）（⑬13-3-10），(4)設計性能の不足に関わる問題などに分けられる．最近の訴訟事例では，特に(1)，(2)を理由とするものが多くなっている．

　上記(1)は，建築仕様として(4)との関係が深いが，具体的な訴訟は上階居住者の住まい方に伴う床衝撃音レベルの増大が理由であり，特に子供の室内における走り回りや飛び跳ね時の発生音が受忍限度を超えるとする訴訟が多い．床衝撃音の強度（大きさ）は，住まい方による衝撃力の変化と建築性能としての床衝撃音遮断性能の双方によって決定されるものであるが，直接の原因である「子供の衝撃力の増大」等が指摘され，不法行為責任を問う一般訴訟事件となることが多い．この点は，今後問題として指摘する前に再度検討した上で，トラブルの原因を明確化することが望まれる．

　(2)に示すリフォームによる床衝撃音の変化は，下階に居住する居住者にとって時間的に急激な変化(低下)であり，感覚的に性能低下を検知しやすいために問題化する場合が多い．この訴訟は，カーペット仕様を木質系フローリングにリフォームした場合がほとんどであり，とくに中周波数域の性

能低下が感覚的に影響することが挙げられる．

また，(3)の訴訟はマンション販売用パンフレットに記載されていた遮音性能に関する表現（例えば良質な遮音性能，高遮音性能など）が入居後の印象と対応しない，予期していた性能をかなり下回る性能であったとする理由を掲げている事件が多い．言葉による性能の表現は，消費者側にしてみればかなり高い性能を期待するものであり，消費者－業者間での乖離を生じやすい．よって，業者側の性能の説明は十分な配慮が必要である．床衝撃音に関する判例としては，集合住宅内で発生するトラブルが最も多いことから，8事例を紹介している．

13.4　設備機器稼動音に関する裁判例[13-1)]

集合住宅において，設備機器系から発生する音を理由に訴訟が起こされるケースは，大きく分けると2つに分類される．1つは，(1)共用設備機器からの騒音影響であり，もう1つは(2)専有住戸から発生する設備系騒音の影響である．共用設備機器騒音としては，1章で分類したように，エレベータ，揚水ポンプ，機械式立体駐車施設，汚水ポンプ，エントランスの自動ドアなどが挙げられる．この音源を対象とした訴訟は，被告を設計者，施工者，装置の納入・設置業者などとする場合が多く，不法行為責任を問う訴訟がほとんどである．

また，専有住戸から発生する設備機器騒音が訴訟対象となる場合は，各住戸に設置されたトイレの行為音・給排水音，台所の給排水音・作業音，洗面・浴室の給排水音・物の落下音，ベランダ等に設置されたエアコンの室外機の稼動音などが対象となる．この種の騒音については，不法行為に伴う生活環境の悪化を理由とする心理的・生理的被害に対する損害賠償を要求する場合が多い．

この問題に関する判例として，⑭ 13-4-2，⑮ 13-4-3 の2事例を掲載した．⑭の事例は，専有部分に設置されたエアコンの室外機の発生騒音が，原告の敷地境界線で条例による基準値を上回り，原告の受忍限度を超えているとして損害賠償の支払いが下された事件であり，⑮の事例もエアコンの室外機の発生音が居住部分の境界線上で条例による値を上回っており，違法なものであると判断された事件である．

この種の訴訟では，判断基準として環境基準，対象地域の条例が用いられるケースが多く，数値および時間継続的な状況による判断が行われる場合が多い．

① 整理番号：13-1-1　事件番号：平成13年（ワ）第25417号　東京地方裁判所
争　点
（1）被告Y1の説明義務違反
（原告の主張）
　ア　原告は，被告の従業員に対し，間違っても隣室の話し声等が聞こえてこない物件等の具体的な複数の条件を明確に述べ，原告の職業についても明確に説明していた．その上で，被告は，原告の条件に合っている物件として本件建物を紹介したが，原告の入居後，被告の説明と違う次のような事実が判明した．
　　（ア）本件建物は，隣室等から，くしゃみや咳払い等に至るありとあらゆる騒音が聞こえてくる．

イ　被告 Y1 は，本件建物の仲介にあたって，重要事項説明等の際に次の事実を説明すべきにもかかわらず，これをしなかった．
　　（エ）本件建物はラーメン構造という壁の薄い構造である．
（被告 Y1 の主張）
　ア　被告の営業担当者は，原告から，「原告は翻訳の仕事をしており，外国とのファクシミリのやりとり等があるが，時差があるので仕事が深夜に及ぶこともある．その際生じる音により隣室の居住者に迷惑がかかることのないような物件を探して欲しい」「環境の静かな街がよい」「南向きの部屋がよい」「衛星アンテナが設置できる物件がよい」等の要望を受け，他のいくつかの物件に比べ，本件建物は鉄筋コンクリート造りで構造的には音の遮断性がよく，また静かな環境にあると思われたので，原告に対しこれを勧めたものである．
　　（ア）本件建物は，鉄筋コンクリート造りであり，音の遮断性はよく，原告が主張するような隣室からの騒音が聞こえてくるようなことはない．
　イ　本件建物には，原告が主張するような不具合はない．

裁判所の判断
(1)　争点(1)アの原告の主張について
　　原告は，隣室等からくしゃみや咳払いなどありとあらゆる騒音が聞こえてくる旨を主張し，その旨の陳述書および録音テープを提出するが，本件建物が他の同種の鉄筋コンクリート造りの建物に比べ著しく遮音性に欠けるとの点は，上記認定の事実に照らし不自然であり，にわかに採用できない．騒音に関する原告の希望内容は，完全防音というものではなく，遮音性の優れた物件という内容に過ぎないものというべきであり，本件建物がその要望に反するものとはいえず，その他の原告の希望も概ね満たしていることが認められる．よって，争点(1)アに関する原告の主張は理由がない．

主　文
1. 原告の請求をいずれも棄却する．
2. 訴訟費用は原告の負担とする．

視　点
　上記は隣戸からの騒音についての部分を中心に抜粋したが，この事例では「「間違っても」隣室の話し声が聞こえない物件として紹介することは通常考えられないところ」，「騒音に関する原告の希望内容は，完全防音というものではなく，遮音性の優れた物件という内容に過ぎないものというべき」や「本件建物が他の同種の鉄筋コンクリート造りの建物に比べ著しく遮音性に欠けるとの点は，上記認定の事実に照らし不自然であり，にわかに採用できない」という判断から，原告の請求が棄却された事例である．遮音性能が生活実感として十分に説明できなかったことにより発生した訴訟であり，営業担当者からの説明が十分でなかったこともトラブルの原因として考えられる．

② 整理番号：13-1-3　事件番号：平成17年（ワ）第14257号　東京地方裁判所

争　点

（本訴請求原因）

(1) 被告（反訴原告）は，平成16年1月8日から，自室において，重低音スピーカによる音楽鑑賞を行うようになった．

(2) 被告（反訴原告）は，自室の重低音スピーカでの音楽鑑賞によって，原告（反訴被告）の部屋に騒音をもたらすようになり，同騒音は，被告（反訴原告）が同年8月11日に原告（反訴被告）に対する謝罪文を書くまで継続した．

(3) 原告（反訴被告）は，被告（反訴原告）の部屋からの騒音によって，神経過敏となり，仕事が手につかない，胃が痛く食欲がない，夜は眠れないなどの症状が出て，平成16年2月5日，精神科医の診察を受け，その後も，毎週1回の通院および薬物治療を継続中である．

　　よって，原告（反訴被告）は，被告（反訴原告）に対し，不法行為に基づき，慰謝料60万円の支払を求める．（本訴原告の主張）

（請求原因に対する認否）

・(1) 同(1)のうち，被告（反訴原告）が自室で重低音スピーカを使用したことは認める．ただし，被告（反訴原告）が同スピーカを購入したのは平成15年10月であり，平成16年1月以前から使用していた．

・(2) 同(2)のうち，被告（反訴原告）が平成16年8月11日に原告（反訴被告）に対する謝罪文を書いたことは認めるが，被告（反訴原告）が同スピーカによって原告（反訴被告）の部屋に騒音をもたらしたことは，知らない．

・(3) 同(3)は知らない．

（反訴請求原因（原告（本訴原告）の主張に対する反論））

　別紙反訴請求の原因記載のとおり

裁判所の判断

1. 原告（反訴被告）は，八王子簡易裁判所における本件第1回，第2回口頭弁論期日には，許可代理人として妻のAが出頭したが，当裁判所における第3回から第5回までの本件口頭弁論期日には，いずれも出頭しない．証拠および弁論の全趣旨によれば，反訴請求原因事実を認めることができ，認定した不法行為の内容，本件訴訟の経過等，本件に現れたすべての事情を総合すると，被告（反訴原告）の精神的苦痛を慰謝するための慰謝料は，100万円をもって相当と認める．

主　文

1. 原告（反訴被告）の本訴請求を棄却する．
2. 原告（反訴被告）は，被告（反訴原告）に対し，100万円およびこれに対する平成17年3月31日から支払済みまで年5分の割合による金員を支払え．
3. 訴訟費用は，原告（本訴原告）の負担とする．
4. この判決は，第2項，第3項に限り，仮に執行することができる．

視　点

「被告（反訴原告）は，自室の重低音スピーカでの音楽鑑賞によって，原告（反訴被告）の部屋に騒音をもたらすようになり，同騒音は，被告（反訴原告）が同年8月11日に原告（反訴被告）に対する謝罪文を書くまで継続した」という訴訟理由であるが，そういう事実は認められないとして棄却された事例である．一方，「反訴原告は，反訴被告に対し何ら責められるべき行為は行っていないにもかかわらず，反訴被告は，反訴原告に対し，根拠のない文句を言うにとどまらず，反訴原告に対し，暴力を振るったり，脅迫的言動を繰り返し」「こうした反訴被告の一連の行為により，反訴原告は恐怖心を感じるとともに反訴被告が大学に対して脅迫的言辞を用いて行った強要行為により，大学との間で精神的圧力を受け，最終的には退学せざるを得なくなったものである」という判断から，反訴請求が認められた事例である．原告（反訴被告）の騒音被害としては過度な要求であり，逆に原告（反訴被告）の不法行為により損害賠償請求が認められた．

③　整理番号：13-1-4　事件番号：平成10年（ワ）第5644号　東京地方裁判所
争　点
1. 本件防音工事契約で定められた防音の水準がいかなるものであったか．

（原告らの主張）

　被告が原告らから請け負った防音工事は，人に迷惑をかけない防音であり，これをA株式会社の防音基準等級に当てはめれば，S防音（遮音性能50ないし55 dB）である．このことは，集合住宅におけるピアノ室の防音工事の目安が一般的にS防音程度とされていることや，被告の孫請けにあたる株式会社B作成の設計図の床，壁，天井防音構造にA社S防音程度との記載や二重サッシの記載があることなどからも明らかである．そして，ピアノ室におけるS防音においては，防音性能の目安が50ないし55 dBとされているところ，JIS A 1417に準拠した騒音性能測定結果によると，室間音圧レベル差は26 dBから34 dBの間で，右防音性能の基準を達成していない．そして，原告らは，右不備のため，本件建物を演奏用練習室として使用することが不可能であり，右使用目的を実現するためには，新たに防音工事をやり直す必要があり，そのためには金5326090円の経費がかかる．

（被告の主張）

　原告らが，被告に対し，本件建物の売買代金と合わせて，合計6000万円の範囲内で防音工事を見積もることを依頼し，原告がプロの演奏家としてコンサートのための練習や，仕事での伴奏の合わせなどで使用するとは言わなかったことから，被告は，C株式会社に対し本件建物の防音工事をA社のA仕様（子供のピアノ練習の部屋に適合するレベル）で発注し，同社は株式会社Bに委託した．A仕様の防音性能の目安は40ないし45 dBである．しかし，C株式会社は，原告らからの入念な施工を求める要請を受けて，洋室1および洋室2の床，壁，天井をA社S防音程度の設計で施工したから，現実にはA防音の防音性能を上回る結果となっている．このことは，本件建物内部と隣家との間の遮音性能を測ったところ，D-55からD-65という，日本建築学会遮音等級上，特級に該当する測定結果が得られたことからも明らかである．

裁判所の判断

　原告らが本件防音工事契約を締結する際に，被告に対し要求した防音性能としては，人に迷惑をかけない防音というあいまいなもので，A株式会社が定める防音基準等級のうち，S防音に相当するような現在の技術水準における最高水準の本格的な防音工事を施すよう明確に求めたものではなかったこと，かえって，原告らは，被告に対し，本件建物の売買代金と本件防音工事代金の合計が6000万円以内に収まるよう要求したほか，原告は，被告の担当者Cから，事前に本件建物には窓や換気扇などの換気口があるから，多少の音漏れは避けられないと告げられながら，人に迷惑がかからない程度の防音をすることを求めたにすぎなかったこと，本件防音工事契約の請負代金はS防音を前提とする算定となっていないことなどからすると，本件防音工事契約で原告らと被告との間で，S防音の性能を前提とする契約が成立したと認めることはできない．

主　文

1．原告らの請求をいずれも棄却する．
2．訴訟費用は，原告らの負担とする．

視　点

「いかなる防音程度を要求するかは，求めたい防音性能の程度とそれにかかる費用との相関で定まるものというべきであるから，集合住宅ではS防音以外の選択肢がないとはいえず，当事者間において明確な防音程度の合意があったといえない」「集合住宅における室間音圧レベル差において，特級（特別の遮音性能が要求される使用状態の場合に適用）に当たるD-55からD-65の性能があったこと，窓を閉めた状態で洋室1ないし洋室2でピアノを弾いた場合に，隣家から音がうるさいとの苦情が申し立てられた形跡がないことからすると，被告の防音性能の選択は不適切であったとも言い難い」という判断から原告らの請求が棄却された事例である．原告らが被告に請け負わせた防音工事の性能の水準が争点であるが，原告らが具体的に要求性能を告げていないことや被告も防音工事の性能水準を十分に説明していないこともトラブルの原因として考えられる．

④　整理番号：13-2-6　事件番号：平成22年（ワ）第14298号　東京地方裁判所

争　点

①　本件工事による騒音の程度は，原告らにおいて，受忍限度の範囲を超えるものであったか否か
②　上記の騒音発生につき，被告らの本件工事に係る注文または指図に過失があったか否か
③　原告らの損害額

（原告らの主張①）

　条例等の規制を遵守して騒音・振動が最小限となるよう配慮することを約していたのであるから，本件工事による騒音を条例の定める80 dB以下に抑える義務があったにもかかわらず，これを怠り，本件工事期間中，恒常的に80 dBを超える騒音を発生させ，原告らの日常生活または業務に多大な支障を生じさせたものであり，上記の騒音は，原告らにとって社会通念上受忍すべき限度を超えるものであった．

（被告の主張①）

条例の定める騒音の規制基準値は努力目標，訓示規定にすぎず，実際，本件工事について，条例に基づき，行政上の措置が講じられた事実もなく，同基準値を超える騒音が発生したからといって，そのことのみによって，当該騒音が周辺住民において受忍限度を超えるものであったということはできない．

裁判所の判断①

確かに，本件工事期間中，条例の定める基準値を上回る 85 dB 以上の騒音が発生する事態が生じていたことはあったものの，それは，本件工事の工程のうち，もっぱらコンクリートの搬入，圧送，はつり等が行われた一定期間に限定しており，その余の測定日における騒音は，いずれも 85 dB を超えるものではなかったのである．また，その測定方法は，工事の箇所ごとに最も大きな騒音が測定できる場所を選んで行われたものであって，こうした測定結果のみから，周辺において居住し，または業務を行っている原告らにおいて，上記期間中，一様に同程度の騒音被害を受けていたと断ずることはできない．

本件工事現場が住宅地域に位置することを考慮したとしても，本件工事による騒音が，原告らとの関係で受忍限度の範囲を超えるものであったとまでは認めるに足りない．

裁判所の判断②

すなわち，被告らが注文した本件工事は，一般の建物建築工事であって，被告らにおいて，通常の工事よりも多大な騒音を発生させるような工法を特に指示したという事情も見当たらないのであり，また，建築業者である訴外 E は，被告らから独立して工事を遂行する立場にあり，建築業者として本件工事について騒音対策を含めた専門的な知識を有しているとみられる一方，被告らは必ずしもこうした専門的な知識を有しているとはいえないことも踏まえると，被告らが訴外 E に対し本件工事を発注した際に，特に騒音対策について積極的な指示を与えていなかった点に，過失があったということはできない．

本件工事により発生した騒音につき，被告らにおいて，本件工事に係る注文または指図に過失があったということはできないから，注文者として，民法第 716 条ただし書に基づく不法行為責任を負うものではないというべきである．

主　文

1. 原告らの請求をいずれも棄却する．
2. 訴訟費用は原告らの負担とする．

視　点

「条例の定める基準値を上回る 85 dB 以上の騒音が発生する事態が生じていたことはあったものの，それは，本件工事の工程のうち，もっぱらコンクリートの搬入，圧送，はつり等が行われた一定期間に限定しており」「最も大きな騒音が測定できる場所を選んで行われたもの」「上記期間中，一様に同程度の騒音被害を受けていたと断ずることはできない」という判断から，原告らの請求が過剰であるため，棄却された事例である．限定した期間の測定値が基準値を上回っても，それだけでは損害賠償請求が認められないという判断である．

⑤　整理番号：13-2-10　事件番号：平成17年（ワ）第9336号　東京地方裁判所

争　点

(1) 本件工事により発生した騒音が原告の受忍限度を超えるか（争点1）

（原告らの主張）

本件工事の騒音は，次のとおり受忍限度を超えている．

　ア　本件工事によって発生した騒音を原告居室ベランダまたは室内で測定したところ，次のとおりであった．

　イ　本件工事現場付近は，「都民の健康と安全を確保する環境に関する条例」（平成12年東京都条例215号．以下，本件条例という．）の第2種区域に指定されており，×××小学校から50m以内に位置しているので，午前8時から午後7時までに定められた音量は45dBである．

（被告の主張）

本件工事の騒音は，次のとおり受忍限度の範囲内である．

　ア　原告らが測定した騒音測定器の値は，騒音が一時的に特に激しかった日時に測定されたものであり，それ以外の騒音は原告らが提出している騒音の値ほどにはうるさくなかったのではないかと思われる．騒音は，一定の期間，基準を超える音量が継続して発生するのでなければ，一時的に基準値を超えたとしても，それが不法行為を構成するものではない．

　イ　本件条例において，騒音の規制が行われているのは「工場」および「指定作業場」の敷地と隣地との境界線における音量であり，「指定作業場」の意味につき同条例第2条8号は，「別表第二に掲げる作業場等（工場に該当するものは除く．）をいう．」と規定しており，建設現場は「指定作業場」に該当しないから，建設現場には，同条例による騒音規制の適用はない．

裁判所の判断

(1) これが違法となるのは，当該騒音が客観的に見て社会生活上受忍すべき限度を超える場合に限られ，受忍限度を超えるか否かは，当該騒音の程度，発生の時間帯，その継続状況，被害防止措置の有無および内容等のほか，公法上の規制を含めた関係事情を総合的に勘案して判断すべきである．

(2) 原告らの指摘する本件条例に基づく基準は，騒音等規制法第4条1項に基づき特定工場等において発生する騒音の規制に関するものであり，建設工事として行われる作業の騒音についてのものではない．

(3) 騒音の数値には，上記基準値を超えるものがあり，原告が本件工事による騒音に苦痛を感じ，原告会社の業務である翻訳作業を行うのに支障があったことがあることが認められる．しかしながら，上記の測定方法の正確性はおくとしても，1日の工事時間帯においてそうした程度の騒音が継続し，工事の相当期間中それが継続していたとは認められないし，工事施工にあたり，騒音の防止について通常程度の配慮はしており，本件工事の施工過程に他の同種の建設工事とは異なる特段の騒音発生の原因があるなどの理由で同種の工事と比較して特に騒音の程度が著しかったとは認められないのであり，本件の証拠上，本件工事による騒音が受忍限度を超える

程度のものであったと認めることはできない．そして，被告は，騒音を発生させた工事施工者ではなく設計者，工事監理者であり，本件工事が受忍限度を超える程度の騒音の発生が予想されるものであったなどの事情は認められないし，被告は原告らからの騒音に係る苦情を伝えて善処を求めており，被告において原告らに対する関係で違法な行為があったと認めることはできない．

主　文
1. 原告らの請求をいずれも棄却する．
2. 訴訟費用は原告らの負担とする．

視　点
「違法となるのは，当該騒音が客観的に見て社会生活上受忍すべき限度を超える場合に限られ，受忍限度を超えるか否かは，当該騒音の程度，発生の時間帯，その継続状況，被害防止措置の有無および内容等のほか，公法上の規制を含めた関係事情を総合的に勘案して判断すべきである」「1日の工事時間帯においてそうした程度の騒音が継続し，工事の相当期間中それが継続していたとは認められない」という判断から，原告の請求が過剰であるため，棄却されている．限定した期間の測定値が基準値を上回っても，それだけでは認められないという判断であり，「総合的に勘案して判断すべきである」としている．

⑥　整理番号：13-3-1　事件番号：平成20年（ワ）第37366号　東京地方裁判所

争　点
本件不法行為の成否，原告らの損害

（原告らの主張）
ア A　被告の子は，平成18年4月以降，毎晩深夜まで204号室の室内を走り回り，104号室内で45 dBから66 dBの音量に達する歩行音を発生させた．

　B　104号室の階上にある204号室に居住する被告は，その階下にある104号室に居住する原告らに対し，被告の子を204号室内で走り回らないように，あるいは走り回っても階下に歩行音を侵入させないように配慮する義務があるのにこれを怠り，前記のとおり40 dBを超える歩行音を104号室に到達させていることは，原告らの受忍限度を超え，原告らの人格権ないし原告の104号室に対する所有権を侵害する不法行為である（以下，本件不法行為という．）．

（被告の主張）
ア　原告らの主張アAの事実は否認し，同Bは否認し争う．

裁判所の判断
床は玄関たたき部分を除き厚さ200 mm以上のコンクリートの上に約4 mm厚の防音緩衝材を施工し，その上に遮音性能 L_L-45の規格の約9 mm厚のフローリング材を施工している（乙一の三）．
二　以上の認定事実によれば，平成20年7月3日から同月30日までの間に104号室のリビングルーム内で前記一エのとおり測定された音のうち46 dB以上のピーク値を示したものは，別紙二のと

おりであり，うち同月 28 日の測定時に録音した音は，別紙三のとおり 125 Hz の周波数の成分が一番大きいというのであり，前記一カ A および D の一般的知見に照らし，重量衝撃音に該当し，同ア B および C で認定した本件マンションの床の状況および設置された防音緩衝材の仕様に照らすと，204 号室の床ないし 104 号室の天井は固体伝搬音としての重量衝撃音を遮断するのには必ずしも十分でないことが窺われるから，前記重量衝撃音に該当する音は，人の歩行，飛び跳ねによる床衝撃で発生したものと認められる．

そして，前記イ B およびオ A の認定事実によれば，204 号室には被告の子が居住しており，前記認定した重量衝撃音の発生原因に照らすと，前記の床衝撃は，被告の子の飛び跳ねによるものと推認できる．

主　文

一　被告は，原告に対し，被告所有の別紙物件目録一記載の建物から発生する騒音を，同原告が所有する同目録二記載の建物内に，午後 9 時から翌日午前 7 時までの時間帯は 40 dB を超えて，午前 7 時から同日午後 9 時までの時間帯は 53 dB を超えて，それぞれ到達させてはならない．

二　被告は，原告に対し，940500 円およびこれに対する平成 20 年 12 月 27 日から支払済みまで年 5 ％の割合による金員を支払え．

三　被告は，原告妻に対し，324890 円およびこれに対する平成 20 年 12 月 27 日から支払済みまで年 5 ％の割合による金員を支払え．

四　原告のその余の請求を棄却する．

五　訴訟費用はこれを 4 分し，その 3 を被告の負担とし，その余を原告の負担とする．

六　この判決は主文第二項および第三項に限り仮に執行することができる．

視　点

「床は玄関たたき部分を除き厚さ 200 mm 以上のコンクリートの上に約 4 mm 厚の防音緩衝材を施工し，その上に遮音性能 L_L-45 の規格の約 9 mm 厚のフローリング材を施工している」ことから，建築性能が低いとはいえない．一方，床衝撃音の強度は，建築性能と上階の衝撃力で決まり，夜に 40 dB を超え，昼に 53 dB を超えており，相当の頻度であったことが不法行為を構成すると判断している．居住者間のトラブルであるが，住まい方や下階への配慮が問題であると考えられる．

⑦　整理番号：13-3-2　事件番号：平成 17 年（ワ）第 24743 号　東京地方裁判所

争　点

本件音が一般社会生活上原告が受忍すべき限度を超えていたか否か

（原告の主張）

被告が平成 16 年 2 月頃に被告住戸に転居して以来，被告住戸から本件音が原告住戸に及ぶようになった．被告は，原告および本件マンションの管理組合から再三にわたり注意や要請を受けたにもかかわらず，一向に改善する意思を見せなかった．これは，本件で最も問題とされるべきである．

(被告の主張)

原告の上記主張は争う．

被告は，その長男が原告住戸に音を生じさせないように細心の注意を払うとともに，床にマットやカーペットを敷くなどの対処をしていた．被告は，原告が一方的に被告の言い分を聞かずに静かにするようにと言うだけであるので，原告に対し，これ以上は静かにできない，文句があるなら建物に言うようにと述べたものである．

裁判所の判断

本件は，被告の長男（当時3～4歳）が廊下を走ったり，跳んだり跳ねたりするときに生じた音である．本件マンション2階の床の構造によれば，重量床衝撃音遮断性能（標準重量床衝撃源使用時）は，L_H-60程度であり，日本建築学会の建築物の遮音性能基準によれば，集合住宅の3級すなわち遮音性能上やや劣る水準にある上，本件マンションは，3LDKのファミリー向けであり，子供が居住することも予定している．しかし，平成16年4月頃から平成17年11月17日頃まで，ほぼ毎日，本件音が原告住戸に及んでおり，その程度は，かなり大きく聞こえるレベルである50～65 dB程度のものが多く，午後7時以降，時には深夜にも原告住戸に及ぶことがしばしばあり，本件音が長時間連続して原告住戸に及ぶこともあったのであるから，被告は，本件音が特に夜間および深夜には原告住戸に及ばないように被告の長男をしつけるなど住まい方を工夫し，誠意のある対応を行うのが当然であり，原告の被告がそのような工夫や対応をとることに対する期待は切実なものであったと理解することができる．そうであるにもかかわらず，被告は，床にマットを敷いたものの，その効果は明らかではなく，それ以外にどのような対策を採ったのかも明らかではなく，原告に対しては，これ以上静かにすることはできない，文句があるなら建物に言ってくれと乱暴な口調で突っぱねたり，原告の申し入れを取り合おうとしなかったのであり，その対応は極めて不誠実なものであったということができ，そのため，原告は，やむなく訴訟等に備えて騒音計を購入して本件音を測定するほかなくなり，精神的にも悩み，原告の妻には，咽喉頭異常感，食思不振，不眠等の症状も生じたのである．

主 文

1. 被告は，原告に対し，36万円およびこれに対する平成17年12月18日から支払済みまで年5分の割合による金員を支払え．
2. 原告のその余の請求を棄却する．
3. 訴訟費用は，これを6分し，その5を原告の，その余を被告の負担とする．
4. この判決は，1項に限り，仮に執行することができる．

視 点

建築性能からみれば，L_H-60程度であるため，遮音性能上やや劣る性能である．一方，「ほぼ毎日本件音が原告住戸に及んでおり，その程度は，かなり大きく聞こえるレベルである50～65 dB程度のものが多く，午後7時以降，時には深夜にも原告住戸に及ぶことがしばしばあり」と判断されている．住まい方の工夫がなく，誠意のある対応が行われていないことがトラブルの原因であり，「被告の住まい方や対応の不誠実さを考慮すると，本件音は，一般社会生活上原告が受忍すべき限

度を超えるものであったというべき」と判断されている．

⑧　整理番号：13-3-3　事件番号：平成 14 年（少コ）第 2457 号　東京簡易裁判所

争　点

（請求原因の要旨）
(1) 原告は，平成 11 年 3 月から東京都新宿区 ab 丁目 c 番 d 号所在被告所有の 3 階のワンルームマンション（以下，本件マンションという．）に居住していたが，平成 14 年 3 月頃から，真上の 4 階に居住の被告の家族が計 3 名増え，連日騒がしい音を立て，とくに小さな子供の暴れ回ったり，跳んだりする騒音が激しかった．
(2) 原告は，被告に対し，約 4 か月の間 10 回近くも改善するように苦情を訴えたが，同年 9 月ころまでの間全く改善されなかったため，原告は，その間勉強等に集中できないなど作業効率低下による時間的損失を被っただけでなく，いつまた騒音が出るかという恐怖感，不安感などさいなまれ，精神的苦痛を受けた．
(3) そこで，原告はやむなく転居せざるを得ないと判断し，同年 10 月，他に転居した．
(4) よって，被告に対し，不法行為に基づき，上記精神的苦痛による慰謝料 30 万円，新居探しや引越措置に要した費用 15 万円（1 日 1 万円で 15 日分），および新居契約費用 40 万円（礼金 16 万円，敷金 16 万円，仲介手数料 8 万円）の合計 85 万円のうち，精神的苦痛による慰謝料 30 万円を求める．

（被告の主張）
原告の主張する騒音は，日常生活する上でのやむを得ない範囲の生活音である．被告は，生活音を抑えるように注意していたし，他の居住者からは苦情の申し出は全く出ていない．

裁判所の判断

2. 以上の事実に他の証拠および弁論の全趣旨を総合すれば，被告の居室から子供らの騒ぐ声や駆け回る音が発生していたことは明らかであるが，原告がそれらの音を聞く時間帯は，本年 3 月の平日は午前中，4 月からは休日くらいで，子供らのいる時間とそれほど重なっておらず，日中の比較的短い時間であること，子供らの騒ぎ回る音とはいっても，原告の健康状態や生活環境を著しく害するほどの異常な騒音とはいえず，また，そのような状態が長い期間継続していたとは思われないこと，そして，被告は普段子供らに対し，騒音をなるべく立てないようにそれなりの注意を与えていたことなどが認められ，これに反する証拠はない．

主　文

1. 原告の請求を棄却する．
2. 訴訟費用は，原告の負担とする．

視　点

「侵害行為の態様，侵害の程度，侵害される利益の内容等の事情を総合的に判断されなければならないが，社会生活上受忍すべきとされる範囲内である場合には違法性がないことになり，受忍限度を超えているかどうかについては，通常人を基準として判断すべき」と判断されており，「社会

生活をしていく上では，受忍限度内のものと認められ，被告の行為が違法性を帯びたものであるとまでは考えられない」とされている．なお，騒音の大きさや建築性能については言及されていない．

⑨　整理番号：13-3-4　事件番号：平成 14 年（レ）第 283 号　東京地方裁判所
争　点
(1) 争点（1）（本件振動の違法性－本件振動の有無および程度）について
　ア　控訴人の主張
　　(ア) 本件振動は，日常生活に必然的に伴う生活音を大幅に超えるものであった．平成 13 年 4 月 26 日から同月 29 日までの本件振動を測定した結果は，別紙測定結果表のとおりであり，46 dB から 57 dB までの振動と 50 dB から 56 dB までの騒音があった．また，本件振動は，子供が断続的に走行したり，戸の開閉などに伴うものであり，40 分間に 60 回を超えることもあった．
　　(イ) 控訴人は，居住開始直後から，被控訴人に対し，再三にわたり本件振動について苦情を述べるとともに，本件マンションの管理組合理事長である B（以下，B 理事長という）を通じて注意を申し入れた．しかし，本件振動は収まらず，また，被控訴人は，B 理事長の妻である C（以下，C という）から，本件振動を防止するためのカーペットが敷かれていないことを指摘された際に，「金がないからできない」「そっちが後からこのマンションに移ってきたのだから，文句があるなら一番上に住めばいい」などと開き直るような言動に及んだ．その後も，被控訴人は，本件振動の発生を抑止するための措置を何ら講じていない．
　イ　被控訴人の主張
　　(ア) 本件振動は，日常生活に必然的に伴う生活音にとどまり，仮にある程度の振動や騒音が控訴人居宅に伝播しているとしても，集合住宅の居住者が社会生活上相互に受忍すべき限度を超えるものではない．
　　(イ) 被控訴人は，平成 12 年 7 月上旬，控訴人から本件振動について苦情を申し入れられた後，誠実に対応策を協議するとともに，被控訴人らは，足音やドア，ふすまの開閉音を発生させないよう注意し，また，被控訴人の子にも注意するなどして振動や騒音が発生しないよう努めた．さらに，同月上旬ころ以降，床にカーペットやじゅうたんを，玄関にゴムシートをそれぞれ敷き，市販の消音テープをドアやふすまに張り，さらに居間と台所の間のふすまを開放したままにしておくなどの措置を講じている．

裁判所の判断
(1) 本件マンションのような集合住宅にあっては，その構造上，生活音や振動が他の居宅に伝播する事態の発生が予想されるところ，このような集合住宅において，振動や騒音を完全に防止することには大きな困難が伴うものである上，振動や騒音に対する受け止め方も個々人の感覚や感受性に大きく依存する主観的な面もあることは否定できないところである．したがって，騒音等による生活妨害が不法行為に当たるか否かを判断するにあたっては，平均人の通常の感

覚ないし感受性を基準に，加害行為の有用性，妨害予防の簡便性，被害の程度およびその存続期間等の双方の主観的および客観的な事情を総合的に考慮し，一定の限度までの生活妨害は，集合住宅における社会生活上やむを得ないものとして互いに受忍すべきであり，その受忍の限度を超えた振動や騒音を発生させた場合に限り不法行為を構成すると解すべきである．

主 文
1. 本件控訴を棄却する．
2. 控訴費用は，控訴人の負担とする．

視 点
「振動や騒音を完全に防止することには大きな困難が伴うもの」「振動や騒音に対する受け止め方も個々人の感覚や感受性に大きく依存する主観的な面もあることは否定できない」と判断されており，「受忍の限度を超えた振動や騒音を発生させた場合に限り不法行為を構成する」としている．振動原因から，「長時間にわたり恒常的に継続して発生しているのではなく，短時間ないし瞬間的に発生しているにすぎないものと考えるのが相当である」と判断されている．事情を総合し，「集合住宅における社会生活を営む上で通常発生する生活音にとどまるものというべきであり，受忍すべき限度を超えているとはいえないと判断するのが相当である」としている．

⑩ 整理番号：13-3-6　事件番号：平成6年（ワ）第2699号　東京地方裁判所八王子支部

争 点
1. 本件フローリング敷設により，被告建物に発生する歩く音・椅子を引く音等の生活音全てが断続的に，階下に響き聞こえてくるようになったか否か．
2. 原告らに対し，受忍限度を超える日常生活上の騒音被害・生活妨害等をもたらしたかどうか．
3. 損害の有無，程度．
4. 差止めの可否
5. 本件勧告の効力

裁判所の判断
被告は本件フローリング施工に際し，本件フローリング敷設による階下への騒音等の問題を認識しながら，右騒音等の問題に対する事前の対策は不十分なまま，本件マンションの管理組合規約・使用細則に違反する形で，すなわち，原告らの承認を得ることおよび本件マンションの管理組合理事会への正規の届け出なく，本件フローリングを施工し，しかも，本件フローリングは，じゅうたん張りの場合と比べ防音・遮音効果が4倍以上悪化する防音措置（遮音材）の施されていない一階用床板材を使用して敷設されたものであったことから，本件フローリング敷設により平成5年11月中旬頃から，従前静ひつが保たれていた原告ら建物において，被告建物に生ずる歩く音・椅子を引く音等の生活音全てが断続的に，階下の原告ら建物内に響き聞こえてくるようになり，このため，原告は被告一家（被告本人および子供〔成人男女2名〕）が寝静まるのを待って就寝し，原告は被告らが起床して歩き出す音で目が覚めるという生活が続くに至ったものであるが（なお，前記認定の（六）（七）の各事実は，右判断を左右するとまではいえない．），右のとおり，被告における本件フ

ローリング敷設による右騒音被害・生活妨害は，被告の右騒音等の問題に対する事前の対策が不十分なまま，原告らの承認を得ることおよび本件マンションの管理組合理事会への正規の届け出なくなされた本件フローリング敷設によりもたらされたもので，本件フローリングに防音措置（遮音材）の施されている床板材を使用すれば相当程度防音・遮音され，また，その費用もそれほど掛かるものではないことをも勘案すれば，右加害行為の態様は芳しくないものであり，しかも，多数回，かつ，現在まで約2年半にわたり継続して，従前より4倍以上の防音・遮音悪化の状態でなされたものであり，その上，早朝または深夜にわたることも度々であったのであるから，確かに，この種の騒音等に対する受け止め方は，各人の感覚ないし感受性に大きく左右され，気にすれば気にするほど我慢ができなくなるという性質を免れないものではあるが，平均人の通常の感覚ないし感受性を基準として判断してもなお，本件フローリング敷設による騒音被害・生活妨害は社会生活上の受忍限度を超え，違法なものとして不法行為を構成すると言うことができる．

主　文

1. 被告は原告らに対し，各金75万円およびこれに対する平成6年11月27日から支払済みまで年5分の割合による金員を支払え．
2. 原告らのその余の請求をいずれも棄却する．
3. 訴訟費用はこれを10分し，その1を被告の，その余を原告らの各負担とする．
4. この判決は第1項に限り，仮に執行することができる．

視　点

「被告の右騒音等の問題に対する事前の対策が不十分なまま，原告らの承認を得ることおよび本件マンションの管理組合理事会への正規の届け出なくなされた本件フローリング敷設によりもたらされたもので，本件フローリングに防音措置（遮音材）の施されている床板材を使用すれば相当程度防音・遮音され，また，その費用もそれほど掛かるものではない」と判断されており，「騒音被害・生活妨害は社会生活上の受忍限度を超え，違法なものとして不法行為を構成すると言うことができる」としている．非防音床材を敷設し，発生音が大きくなり生活妨害をもたらした事例である．

⑪　整理番号：13-3-8　事件番号：平成3年（ワ）第10131号　東京地方裁判所

争　点

（一　原告の請求の原因）

1. 被告は，昭和62年7月頃，被告居宅のうち別紙図面表示の洋室，居間・食堂および和室（4.5畳）の部分に木質フローリング工事を施工した．

　　右工事によって被告居宅に敷設された木質フローリング床（以下，本件フローリング床という）は，床衝撃音の遮断性能値が「L-60」のものであって，十分な遮音効果を持たないために，被告居宅の本件フローリング床における足音，椅子の移動音等の生活音は，ただちに原告居宅に伝播することになった．

2. 原告らは，老齢であって，就業していないため，終日原告居宅に在室することが多いが，被告居宅からの騒音に日夜悩まされ続け，特に，被告は，午後10時頃に帰宅して午前1時頃まで

就寝しないことが多いため，不眠症に陥り，また，ストレス等が原因となって，原告においては右顔面神経麻痺の症状を，原告妻においては両側遠位撓尺関節障害の症状を呈するようになった．

原告は，再三にわたって，被告に対して，本件フローリング床の改善等を申し入れたが，被告は，なんらの対応をしなかった．

そこで，原告らは，永年住み慣れた原告居宅で生活することを諦めて，原告らの現住所地に転居することとし，原告は，平成5年10月7日，原告居宅を第三者に売却した．

原告居宅は，本来は少なくとも6345万円以上の価額を有するものであるが，本件フローリング床の遮音効果が不十分であるために減価を来し，結局，6000万円で売却せざるを得なかった．

(二　請求原因事実に対する被告の認否)
1. 同1の事実中，被告が昭和62年7月頃に原告ら主張のような木質フローリング工事を施工したことは認め，その余の事実は争う．
2. 同2の事実中，原告が被告に本件フローリング床の改善等を申し入れたことがあることは認めるが，その余の事実は争う．

裁判所の判断
一　以上のとおりであって，被告が本件フローリング床を敷設したことまたは被告もしくはその家族の被告居宅での起居や振る舞いが不法行為を構成するものということはできず，原告らの本訴請求はすべて理由がないから，これを棄却することとし，訴訟費用の負担については民事訴訟法第89条および93条の各規定を適用して，主文のとおり判決する．

主文
1. 原告らの請求を棄却する．
2. 訴訟費用は原告らの負担とする．

視点
「被告が敷設した本件フローリング床の仕様は，必ずしも遮音性能の優れたものではなく，当時の建築技術の水準に照してむしろ最低限度の仕様のものであって，これによって少なくとも軽量床衝撃音の遮断性能が低下したことは，容易に推認することができる」と建築性能に対して判断されている．一方，「騒音の発生する時間帯も，比較的短時間であったことに照らすと，右のような仕様の本件フローリング床を敷設したこと自体をもってただちに不当又は違法とすべき理由はなく」「必要な配慮をしているのであるから，これをもって注意義務に欠けるところはなかったものとするのが相当である」と原告の対応について判断されている．遮音性能だけで判断されず，原告の対応，騒音の発生する時間帯などから不法行為を構成するものではないとしている．

⑫　整理番号：13-3-9　事件番号：平成2年（ワ）第13944号　東京地方裁判所
争点
（原告の主張）

1. 被告は，右1012号室に入居するにあたり，原告の承諾を得ることなく，平成2年4月1日から同室にいわゆるフローリング工事等を行い，木製の床（以下，本件木製床という）を設置してしまったため，原告およびその家族は，右工事開始後その工事騒音に悩まされるとともに，被告およびその家族が被告方に入居した後は，同人らが本件木製床を歩く足音，椅子などを引きずり動かす音，掃除機の音，戸の開閉の音，特に子供らが椅子などから本件木製床に飛び降りたり本件木製床上を飛び跳ねかけずり回ったりする音等に悩まされ続けている．被告およびその家族が発する右の音は，重低音を伴うもので原告ら家族4人の我慢の限界をはるかに超えたものであり，まさに騒音であって，その音は，階下である原告方に，毎日，朝6時頃からひどいときには真夜中の2時頃まで，頭上より響きわたっている．原告が管理人を通じて注意の電話をすると，ことさらに右の騒音を発生させる始末である．

（被告の主張）

被告が本件1012号室に入居するにあたり，同室の床をいわゆるフローリング工事により木製の床にしたことは認めるが，原告主張のような騒音を原告方に与えているとの点は否認する．むしろ，フローリング工事は遮音性を高めるために行ったものであって，実際には，原告方に伝播する音の程度は被告が入居する前より著しく小さくなっているはずである．少なくともいわゆる受忍限度を超えることはない．

裁判所の判断

しかし，問題は，本件床音が原告の状態に置かれた平均人を基準にしていわゆる受忍の限度を超えているかである．右の検証によって聞くことのできた音の大小をここで言葉によって表現するのははなはだ困難であるが，しいて一言でいえば，その音はそれほど大きくはなく，前記青年男子が通常歩行したときの歩行音についてはほとんど気にならない程度，前記中学2年生の男子がスキップ走行したときの振動音については少し気になる程度であったということができる．これによって考えてみると，被告およびその家族が発する本件床音のうち，本件木製床を歩行する足音，椅子を引きずり動かす音，掃除機の音，戸の開閉の音については，受忍の限度内にあるものということができる．その余の子供らが椅子などから本件木製床に飛び降りたり本件木製床上を飛び跳ねかけずり回ったりする音については，それが反復的になされるものであろうことは否定できず，また，それ自体を一回的にとらえれば受忍の限度を超えるものがあるかもしれない．しかし，右の音はその性質上必ずしも長時間にわたって続くものではなく，通常は短時間で終わるものと考えられ，そもそもそれは子供らが日常生活を営む上において不可避的に発生するものであること，他方，本件マンションは20年以上も前に建築されたものであり，都心の湯島に存在していること，原告自身も本件マンションで二子を育てあげていること，以上の点を考慮すると，右の音も，それを全体的にとらえれば，なお受忍の限度内にあるものというべきである．

主　文

1. 原告の請求を棄却する．
2. 訴訟費用は原告の負担とする．

視　点

受忍限度を超えているかの判断であり，裁判所での検証の結果によれば，「歩行する足音，椅子を引きずり動かす音，掃除機の音，戸の開閉の音については，受忍の限度内にあるものということができる」「飛び跳ねかけずり回ったりする音」については1回で捉えれば受忍の限度を超えるかもしれないが，「その性質上必ずしも長時間にわたって続くものではなく，通常は短時間で終わるものと考えられ」と判断されている．一方，「騒音がどの程度のものであったかを認めるに足る証拠はなく，それが受忍の限度を超えているかどうかを判断することもできない」としている．

⑬　整理番号：13-3-10　事件番号：平成15年（ワ）第8904号　東京地方裁判所

争　点

（一）原告の主張の要旨

（1）被告は，本件売買契約を締結するにあたり，パンフレット等において，本件マンションが極めて良質な遮音性能を有し，静ひつな生活環境が確保されていること，その遮音性能は，遮音等級 L_L-45 を満たすものであることを約束し，原告は，これを信じて本件建物を購入したものである．したがって，本件建物が上記の基準を満たす優れた遮音性能を備えていることが本件売買契約の内容となっていた．ところが，原告が本件建物に入居した後，隣や階下の区分所有建物から子供の走る足音等が頻繁に響いてくるため，静ひつな生活環境が妨げられるようになった．そこで，本件マンションの遮音性能について検査を実施した結果，上記遮音等級を満たさないことが判明した．これは，本件建物の床および壁の構造や施工に欠陥があることを表している．また，本件建物は，モータ，コンプレッサ等による低周波音の振動音が発生しているため，夜間には安眠できる状況にない．以上によれば，本件建物は，契約上満たすべき遮音性能を備えていない瑕疵がある．

（二）被告の主張の要旨

（1）被告のパンフレット等は，本件マンションが極めて良質な遮音性能を有することを約束したものではない．これが契約の内容となっていたことは否認する．本件建物において実施された遮音性能の検査の結果は，とくに遮音性能が劣ることを示すものではない．以上によれば，本件建物の遮音性能に瑕疵があるということはできない．

裁判所の判断

一　争点1（瑕疵の有無および瑕疵担保責任の成否）について

1. 遮音性能に関する瑕疵について

　　前述のとおり，本訴においては，原告が遮音性能に関する瑕疵を主張することは，許されないものというべきであるが，本件の審理の経過に照らし，なお念のため，この点に関する瑕疵の有無についても，判断を示すこととする．

（一）遮音性能に関する契約内容

　　被告が本件売買契約の締結にあたり原告に交付した本件マンションの仕様に関するパンフレット等には，本件建物の遮音性能を高めるために，床の施工は，日本建築学会の定める遮音等級

L_L-45 の製品性能を有する床材を用いた二重床工法を採用するほか,床スラブ厚を 200 mm と厚くすること等が記載されており,被告担当者が原告に対してこのパンフレット等の記載に従って本件建物の床構造等を説明したことが認められる.

また,上記にいう遮音等級とは,日本建築学会の定めた床材に使用される製品の性能基準を指すものであって,建物全体の遮音性能に関する基準ではないのであるから,上記パンフレット等の記載をもって本件建物全体が特定された一定レベルの遮音性能を備えていることを保証したものであると認めることはできない.そして,被告が上記性能を有しない床材を用いたり,パンフレットと異なる工法を採ったと認めるに足りる証拠はないから,これらの点において瑕疵を認める余地はない.

(二) 本件建物の遮音性能および騒音レベル

ア 株式会社A研究所による遮音性能調査:集合住宅居室としての適用等級によって評価すると,①の床衝撃音レベルの適用等級は,特級(和室および居間居室における L-40),②のうち,界床の室間音圧レベル差の適用等級は,特級(居間・食堂における D-55 および台所,洗面室における D-60),界壁の室間音圧レベル差の適用等級は,特級(洗面室における D-55)または1級(居間・食堂における D-50)に該当する.

イ 財団法人Bによる遮音性能調査:集合住宅居室の適用等級によって評価すると,①のうち,軽量衝撃源に対する床衝撃音レベルの適用等級は,特級(和室における L_r-35,居間・食堂における L_r-40),重量衝撃源に対する床衝撃音レベルの適用等級は,特級(和室における L_r-45)または2級(居間・食堂における L_r-55)にあたり,②のうち,階下室を受音室とする軽量衝撃源に対する床衝撃音レベルの適用等級は,1級と2級の中間値(和室および居間・食堂における L_r-50),階下室を受音室とする重量衝撃源に対する床衝撃音レベルの適用等級は,2級(居間・食堂における L_r-55)または3級(和室における L_r-60)にそれぞれ該当するほか,③のうち,界床の室間音圧レベル差の適用等級は,特級(居間・食堂における D_r-55),界壁の室間音圧レベル差の適用等級は,玄関を除き,いずれの測定箇所(浴室,和室および洗面所)も1級以上に該当する.

主 文

1. 原告の請求をいずれも棄却する.
2. 訴訟費用は原告の負担とする.

視 点

「遮音等級とは,日本建築学会の定めた床材に使用される製品の性能基準を指すものであって,建物全体の遮音性能に関する基準ではないのであるから,上記パンフレット等の記載をもって本件建物全体が特定された一定レベルの遮音性能を備えていることを保証したものであると認めることはできない」と判断されている.「調査結果によると,隣室および階下室からの騒音に対する本件建物の遮音性能は,床衝撃音レベル,室間音圧レベル差ともにいずれも2級以上の適用等級に該当し,その多くは,むしろ1級以上に該当するのであって,その水準は,全体として見て劣っていると評価することはできない」としている.

⑭ 整理番号：13-4-2　事件番号：平成18年（ワ）第316号　京都地方裁判所

争　点

（1）原告らの室外機撤去請求の可否

（原告らの主張）

　原告らにとって被告が設置したエアコン室外機の発生音は受忍限度を超えて違法であり，原告らは，静ひつな環境の下で平穏な生活を営む人格権を侵害されているから，人格権に基づく差止めとして，被告に対し，請求の趣旨1項記載のエアコン室外機19台の撤去を求めることができる．

ア　本件騒音は，再三，騒音規制値である50 dBを上回っている．

イ　本件騒音によって，原告らには，不快感，圧迫感，落ち着かない，立腹しやすい，集中力や思考能力の低下，神経過敏，焦燥感等が生じている．また，胃液の分泌減少，自律神経のアンバランス，内分泌系の異常，体調不良，慢性疲労，ストレスによるアレルギー症状等を来している．

（被告の主張）

ア　被告が第1校舎のエアコン室外機を第1校舎南側地上に設置したのは，記載したとおりの理由によるものであって，これはやむを得なかった．

イ　被告は，原告らの要請に応え，多額の費用をかけて4度にわたって防音壁設置工事をしてきた．

ウ　近時，被告は，電力消費を少しでも少なくし，経費を節約するため，使用していない部屋にはエアコンを作動させないよう工夫している．

裁判所の判断

ア　騒音が受忍限度を超えているか否かを検討するにあたって大きな考慮要素になるのは，その騒音が公法上の基準を超えているか否かである．

イ　そこで，本件各室外機から発する騒音が規制基準を超えているか否かを検討する．

　（ア）本件各室外機が発する騒音について，受忍限度判断の基準とすべき規制基準は，昼間において，50 dBであると解するべきである．

　（イ）第1回ないし第5回測定の評価

　　e　第5回測定は，被告に知らされないで行われたから，第1校舎のエアコンが作為なく運転された時の騒音が測定されたものと認められる．そして，その測定方法も評価の手法も，規制基準について定められた方法に則っていると認められる．そうすると，第5回測定の評価値は，51, 50, 52であるから，3回のうち2回は規制基準を超過していたことになる．もっとも，弁論の全趣旨によると，JIS Z 8731では，暗騒音と対象音との差が4ないし5 dBのときは「−2」の，6ないし9 dBのときは「−1」の暗騒音補正を要することが認められるから，第5回測定においても，少なくとも「−1」の補正が必要であるというべきである．

　（オ）以上の事実を総合すれば，本件騒音は，原告らが受忍すべき限度を超えているというべきであり，今後も規制基準を超える騒音が原告方敷地に到達する現実的な危険性があるから，原告らは，被告に対し，規制基準を超える騒音が原告方敷地に到達することの差止め

を求めることができるというべきである．

主　文
1. 被告は，原告らに対し，高等学校の第1校舎南側に設置したエアコン室外機から発する騒音を原告らが居住する居宅敷地内に，50 dB（特定工場等において発生する騒音の規制に関する基準（昭和43年11月27日厚生省・農林水産省・通商産業省・運輸省告示1号）に定める測定方法による）を超えて到達させてはならない．
2. 被告は，原告らに対し，各10万円を支払え．

視　点
「騒音が受忍限度を超えているか否かを検討するにあたって大きな考慮要素になるのは，その騒音が公法上の基準を超えているか否かである．」「被告は，特定工場等である被告高校の設置者として，規制基準の遵守を義務づけられているのであるから，本件騒音が規制基準を超えている場合は，特段の事情がない限り，受忍限度を超えているものと認めるのが相当である．」と判断されており，5回の測定結果のうち，「第5回測定は，被告に知らされないで行われたから，第1校舎のエアコンが作為なく運転された時の騒音が測定されたものと認められる．」とされ，「原告らが受忍すべき限度を超えているというべきであり」としている．測定結果の妥当性を検証し，規制基準を超えていることから，「規制基準を超える騒音が原告方敷地に到達することの差止めを求めることができる」としている．

⑮　整理番号：13-4-3　事件番号：平成10年（ワ）第19861号　東京地方裁判所
争　点
(1) 争点1　本件室外機の騒音・振動による損害賠償責任の有無
（原告らの主張）
ア　本件室外機に面する原告ら居住部分の境界線上においては，平成元年11月頃より，本件室外機によって，本件条例基準を著しく上回り受忍限度を超えた騒音および振動が発生している．これらの騒音・振動により，原告らは，夜間の安眠を妨害され，不快感，焦燥感等に苛まれてきた．本件室外機による騒音は，本件条例基準を超えており，受忍限度を超えた騒音であることは明らかである．
（被告の主張）
ア　本件室外機による騒音・振動は，受忍限度を超えるものではない．

裁判所の判断
二　争点1について
(1)（ア）前記認定事実によれば，本件室外機による騒音は，午後9時30分に原告ら居住部分と本件室外機の設置場所の境界線付近である，原告ら居住部分の北側洋室の窓際（窓を開けた状態）で60 dBから65 dB程度であり，本件条例基準，旧環境基準および新環境基準のいずれの基準も超えていること，午後11時から午前零時ころの本件の冷暖房室外機と原告ら居住部分の間の地点（屋外）における騒音は，65 dBから70 dBであり，本件室外機の設置場所と原告ら居住

部分との境界の地点では，この値から5dB程度の減少する可能性を考慮しても，なお前記各基準を上回ること，日中は，冷蔵ケース室外機の他に冷暖房室外機も稼動し，騒音のレベルが高くなること，これらの騒音は，毎日継続して発生しており，就寝時間にあたる深夜，早朝も続いていること，このような状態は，長期間にわたること，原告らは，耳栓をして就寝するという生活を強いられていること等の事情が認められ，これらの事情によれば，本件室外機による騒音は，社会生活上受忍すべき限度を超えた違法なものであると認めることができる．

主 文

一 被告らは，連帯して，原告X1およびX2それぞれに対し，金236700円および内金109600円に対する年5分の割合による金員を，原告X3およびX4それぞれに対し，金473400円および内金219200円に対する年5分の割合による金員を，原告X5に対し，金267000円および内金219200円に対する平成10年9月1日から支払済みまで年5分の割合による金員を支払え．

二 被告は，午前6時から午前8時までの間，55dBを超える，午前8時から午後8時までの間，60dBを超える，午後8時から午後11時までの間，55dBを超える，午後11時から翌午前6時までの間，50dBを超える音量の騒音を別紙図面赤斜線の部分に侵入させてはならない．

視 点

「境界線付近である，原告ら居住部分の北側洋室の窓際（窓を開けた状態）で60dBから65dB程度であり，本件条例基準，旧環境基準および新環境基準のいずれの基準も超えている」「これらの騒音は，毎日継続して発生しており，就寝時間にあたる深夜，早朝も続いていること」と判断されており，「これらの事情によれば，本件室外機による騒音は，社会生活上受忍すべき限度を超えた違法なものであると認めることができる」としている．

引用・参考文献

13-1）判例検索データベース Lexis® AS ONE（LexisNexis JP）:http://www.lexis-asone.jp/

第5編　集合住宅の音響性能について理解を深めるための用語解説

第14章　基礎的音響関連用語の説明

14.1　音の性質

1）周波数 f（frequency）

周波数 f は，媒質の疎密の繰返しの周期的な現象が，1秒間に繰り返される回数をいい，単位はヘルツ，単位記号は Hz で表示する．

周波数の低い音は低く感じられ，高い音は高く感じられる．周波数は主観的な高さ（pitch）の印象を左右する要因である．

2）波長 λ（wave length）

音が媒質中を伝搬する速度は，温度の影響を受けて変化する．音速は1秒間に音が伝搬する距離で定義され，音の伝搬速度 c（m/s）を周波数 f（Hz）で割ると，疎密の繰返しの1つの長さである波長 λ（m）が式14.1で求められる．

$$\lambda = \frac{c}{f} \quad \cdots\cdots\cdots\cdots\cdots\cdots\cdots\cdots\cdots\cdots\cdots\cdots\cdots\cdots\cdots\cdots\cdots\text{(式 14.1)}$$

一般に，騒音の問題は1気圧下の常温の状態で取り扱うことが多いので，空気中の音の伝搬速度は約 340 m/s と考えてよい．常温における空気中で音の周波数と波長の関係を式14.1で計算すると，可聴周波数範囲では最小の周波数 20 Hz の波長は 17 m，最大の周波数 20000 Hz では 1.7 cm となる．

3）音の強さ I（sound intensity）

音の強さ I は，音の存在する空間（音場）において，音の進行方向に垂直な単位面積（＝ 1 m²）を単位時間に通過する音響エネルギーのことをいう．単位は W/m² である．

耳の感度が最も良いとされる周波数 3000～4000 Hz で，聴力の正常な人が，聞き取ることのできる最小の音の強さは 10^{-12} W/m² である．逆にこれ以上になると耳が痛くなるという限界の値は 1.0 W/m² 程度であるといわれている．

また，ある方向に進行していく音の方向性を考慮に入れた音の強さを音響インテンシティと呼ぶ．音響インテンシティは，音場のある一点の音圧の瞬時値を p とし，音が伝搬する方向の粒子速度の瞬時値を U_a とすると，a 方向への音響インテンシティ I_a（W/m²）は，式14.2で定義される．

$$I_a = \frac{1}{T} \int_0^T p(v)\, \upsilon(t)\, dt \quad \cdots\cdots\cdots\cdots\cdots\cdots\cdots\cdots\cdots\cdots\cdots\text{(式 14.2)}$$

4）音圧 p（sound pressure）

空気中を伝搬する音波は，空気の疎密の連続として縦波を形成して伝搬する．したがって，濃（密）部では圧力が大気圧よりわずかに上昇し，淡（疎）部では圧力は下降することが繰り返される．すなわち，この大気圧上の微弱な変化を音圧 p と呼び，単位はパスカル，単位記号は Pa で表す．

聴力の正常な人の耳で聞き取ることのできる音圧の範囲は，2×10^{-5} Pa から 20 Pa ぐらいまでであるから，大気の 1 気圧約 101300 Pa に比較して音圧は，極めて微弱な圧力変動にすぎない．

平面進行波の場合，伝搬方向への音の強さは，音圧（実効値）との間に式 14.3 の関係がある．

$$I = \frac{p^2}{\rho c} \quad \cdots\cdots\cdots\cdots\cdots\cdots\cdots\cdots\cdots\cdots\cdots\cdots\cdots\cdots\cdots\cdots\cdots\cdots\cdots\cdots\cdots\cdots\cdots\text{（式 14.3）}$$

ここで，

ρ ：空気の密度（kg/m³）

c ：音の伝搬速度（m/s）

ρc：空気の固有音響抵抗（kg/m²·s）

常温の空気は，$\rho = 1.2$（kg/m³），$c = 340$（m/s）となるので，ρc の値は約 400（kg/m²·s）となる．

5）音の強さのレベル IL と音圧レベル SPL (sound intensity level, sound pressure level)

音の強弱は式 14.4 で示すように定義し，これを音の強さのレベル IL と呼んでいる．式 14.3 より，音圧を基準とすると式 14.5 のように表され，音圧レベル SPL が定義される．単位はデシベル，単位記号は dB である．

強さ I の音の強さのレベル IL は式 14.4 で，実効音圧 p の音圧レベル SPL は式 14.5 で定義される．

$$IL = 10 \log_{10} \frac{I}{I_0} \quad \cdots\cdots\cdots\cdots\cdots\cdots\cdots\cdots\cdots\cdots\cdots\cdots\cdots\cdots\cdots\cdots\text{（式 14.4）}$$

$$SPL = 20 \log_{10} \frac{p}{p_0} \quad \cdots\cdots\cdots\cdots\cdots\cdots\cdots\cdots\cdots\cdots\cdots\cdots\cdots\cdots\text{（式 14.5）}$$

ここに，I_0 と p_0 は，それぞれ基準の音の強さと基準の音圧で，それぞれ次の値が採用されている．

$I_0 = 10^{-12}$ W/m²

$p_0 = 2 \times 10^{-5}$ Pa

対数の前の係数が 10 または 20 となっているのは，式 14.3 に示した関係から音の強さ I が音圧の 2 乗と比例関係にあることによる．

この関係を具体的に数値によって示せば，$I = 10^{-6}$ W/m² の音の強さのレベルは，式 14.4 より，

$$IL = 10 \log_{10} \frac{10^{-6}}{10^{-12}} = 10 \log_{10} 10^6 = 60 \text{（dB）}$$

式 14.3 より求めた，$p = \sqrt{\rho c I} = \sqrt{400 \times 10^{-6}} = 2 \times 10^{-2}$ Pa を式 14.5 に代入すると

$$SPL = 20 \log_{10} \frac{2 \times 10^{-2}}{2 \times 10^{-5}} = 20 \log_{10} 10^3 = 60 \text{（dB）}$$

となり，音の強さのレベル IL と音圧レベル SPL は，ともに 60 dB となる．

6）音響出力 W と音響パワーレベル PWL (sound power, sound power level)

単位時間に音源が放射する音の全エネルギーを音響出力 W と呼び，単位はワット，単位記号は W で表す．

音響出力 W の点音源 S が自由空間にあると考えたとき，その音源からすべての方向に一様に

音が放射されているとすれば，音源の中心から r (m) 離れた点の音の強さ I (W/m²) は，半径 r (m) の球の表面積 $4\pi r^2$ (m²) として，式14.6 で求められる．

$$I = \frac{W}{4\pi r^2} \quad \cdots\cdots\cdots\cdots (式14.6)$$

また，自由空間でなく，地上や床面上のように平らで滑らかな平面上（半自由空間）に音源があるときは，音のエネルギーは，半空間に放射される．したがって，音の強さ I (W/m²) は，半空間の表面積 $2\pi r^2$ を用いて式14.7 で求められる．

$$I = \frac{W}{2\pi r^2} \quad \cdots\cdots\cdots\cdots (式14.7)$$

音響出力もワット数でそのまま表示すると，音の強さや音圧と同じように桁数の多い量となり，実用上，取扱いが不便である．このため，音響出力の表示にも対数尺度が定義されて使用される．音響出力 W (W)，基準音源出力を $W_0 = 10^{-12}$ W として式14.8 で表示した PWL (dB) を音響パワーレベル（または単にパワーレベル）と呼ぶ．

$$PWL = 10 \log_{10} \frac{W}{W_0} \quad \cdots\cdots\cdots\cdots (式14.8)$$

音響パワーレベルの単位も音圧レベルなどと同じくデシベルで，単位記号は dB である．

7) 音響パワーレベル PWL と音圧レベル SPL

音響パワーレベル PWL と音圧レベル SPL との関係は，自由空間においては式14.9，半自由空間では式14.10 に示した関係がある．

$$SPL = PWL - 20 \log_{10} r - 11 \quad \cdots\cdots\cdots\cdots (式14.9)$$
$$SPL = PWL - 20 \log_{10} r - 8 \quad \cdots\cdots\cdots\cdots (式14.10)$$

これらの式は点音源の音響パワーレベルと，点音源から r (m) 離れた点（受音点）における音圧レベルとの関係を示す式である．これらの式を利用して，逆に測定することのできる SPL から PWL を求めることもできる．

8) オクターブバンドレベル (octave band level)

音響設計・騒音防止設計を効果的に行うには，サウンドレベルメータで測定された A 特性音圧レベル（騒音レベル）の値だけでなく，対象となる騒音の周波数帯域ごとの音圧レベルを求める周波数分析が重要な測定項目となる．

騒音の周波数分析には，周波数幅 1 Hz ごとの音の強さのレベルであるスペクトルレベルが求められることもあるが，音響設計・騒音対策を考えたときの周波数分析は，1 Hz ごとのような詳細な分析を行ってもあまり意味がなく，一般にはオクターブ帯域幅，やや詳細に騒音の特性を知るためには 1/3 オクターブ帯域幅のバンドパスフィルタを通した音圧レベル，オクターブバンドレベル，または 1/3 オクターブバンドレベルを測定する．

バンドパスフィルタは，周波数の範囲をいくつかの周波数帯域（frequency band）に分けているが，分割するフィルタの分担する周波数範囲を通過帯域と呼び，その範囲は下限遮断周波数 f_1

と上限遮断周波数 f_2 で示されて，オクターブバンドフィルタは $f_2/f_1 = 2$ となり，その中心周波数 f_m は f_1 と f_2 の幾何平均 $\sqrt{f_1 \cdot f_2}$ で与えられる．

また，分析した結果から，騒音の周波数特性を示す場合の周波数軸の目盛は，対数尺が用いられる．対数軸の上では f_m は f_1 と f_2 の中点になり，f_m は等間隔に並ぶ．表 14.1 は JIS C 1514 によるオクターブバンド，1/3 オクターブバンドの中心周波数およびオクターブバンドの遮断周波数を示したものである．

表 14.1　バンドパスフィルタの中心周波数（単位：Hz）

オクターブバンドフィルタ		1/3 オクターブバンドフィルタ		
中心周波数 $\sqrt{f_1 \cdot f_2}$	遮断周波数 $f_1 \sim f_2$	中心周波数		
31.5	22.5 〜 45	25	200	1600
63	45 〜 90	31.5	250	2000
125	90 〜 180	40	315	2500
250	180 〜 355	50	400	3150
500	355 〜 710	63	500	4000
1000	710 〜 1400	80	630	5000
2000	1400 〜 2800	100	800	6300
4000	2800 〜 5600	125	1000	8000
8000	5600 〜 11200	160	1250	10000

9) 可聴範囲 (area of audibility)

人間が聞くことのできる音の周波数範囲は，20〜20000 Hz であると言われている．しかし，この周波数範囲の音であれば誰もが聞こえるということではない．これは聴覚特性を測定するための実験環境にも関係するが，一般には，聴覚の正常な人が聞こえると言われている周波数範囲である．

また，人間の聴覚は，図 14.1 の例に示したように年齢が増していく（加齢化）と少しずつ衰え，とくに高音域で加齢による影響が大きい．図 14.2 は，実験室で試験用の単音節の試験音のレベル（刺激音レベル）によって，試験音を正確に聞きとることができる割合を示したもので，試験音のレベルが低い場合は，聞き取りにくいことがわかる．とくに高齢者の場合には，図 14.1 で明らかなように，試験音のレベルの影響が大きいこと，また，それは個人差が大きいことを示している．

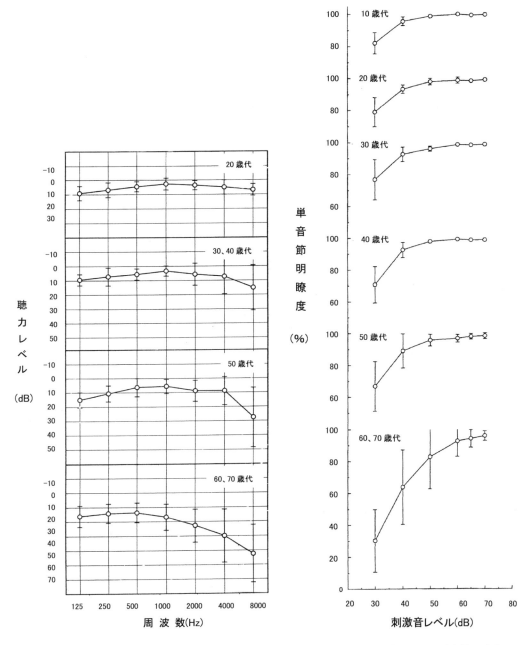

図 14.1 聴力レベル（年代別の平均）

図 14.2 刺激音レベルの単音節明瞭度への影響（年代で分類した平均）

10) 純音の等ラウドネス曲線（equal loudness ocntour）

　物理的には同じ強さの音であっても，人間の耳は，周波数によって聞こえる大きさは異なる．人間の耳で 1000 Hz の音を基準として，それぞれの周波数で同じ大きさの音に聞こえる純音の音圧レベルを結ぶと，図 14.3 のようになることが実験的に明らかにされており，国際標準として ISO 226 に採用されている．この曲線を純音に対する等ラウドネス曲線と呼んでいる．図の最も下の線は，人間が聞き取ることのできる最小音圧レベル（最小可聴音圧レベル）を示している．

これを見ると，1000 Hz の純音の最小可聴値は約 4 dB であるが，周波数が低くなるにしたがって人間の耳の感度は落ち，100 Hz の最小可聴音圧レベルは約 25 dB，50 Hz では約 42 dB となる．

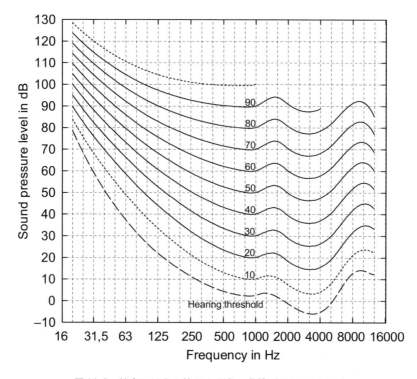

図 14.3 純音に対する等ラウドネス曲線（ISO 226:2003）

11）ラウドネスレベル（音の大きさのレベル）（loudness level）

ラウドネスレベル（音の大きさのレベル）は，JIS Z 8106 で，「ある音について，正常な聴力をもつ人がその音と同じ大きさに聞こえると判断した 1000 Hz の純音の音圧レベルで表現した値．単位はフォン」と定義されている．純音のラウドネスレベルについては，前述した等ラウドネス曲線が ISO 226 として国際標準になっているのでグラフから読み取ることができるが，複合音のラウドネスレベルについては，定義のとおり，1000 Hz の純音との大きさのマッチングをする必要がある．それには大変手数がかかるので，計算から求めるためのさまざまなモデルが提案されてきたが，1975 年に ISO 532 として，Stevens の方法（A）と Zwicker（B）の方法が国際標準として制定された．特に，Zwicker の方法（以下，LL_z という）は，臨界帯域やマスキングに関する精緻な聴覚の実験に基づいて提案された計算方法であり，多くの音について，主観的な大きさの印象とよい対応を示す．なお，ISO 532 は，本来は定常音を対象としており，変動音には適用できない．難波・桑野らは，1/3 オクターブバンドごとにエネルギー平均値を求め，その値に基づいてラウドネスレベルを算出することにより，ISO 532 をレベル変動音にも適用する方法を提案し，主観量との間に良い対応があることを報告している ［$LL_z(\mathrm{E})$］．また，100 ms ごとのラウドネスレベルを求め，それを全時間にわたってエネルギー平均しても同様に音の大きさとの間に良い対応が認められる ［$LL_z(\mathrm{P})$］．Zwicker の方法をさらに改訂したラウドネスレベルの計

算方法が Moore らによって提案され，アメリカの規格（ANSI S 3.4）として採用されている．ラウドネスレベルは適用範囲が広いが，その算出は必ずしも容易ではないので，測定の対象となる音に含まれる周波数成分や求められる測定精度などの場合に応じて，簡便な A 特性音圧レベルと使い分けることが望ましい．なお，現在，ISO 532 の改定作業が ISO TC43/WG9 で進められており，ISO 532-1 として Zwicker の方法を ISO 532-2 として Moore & Glasberg の方法を採用し，いずれも変動音を含める方向で検討がなされている．

14.2 dB 尺度による表示

1) dB 尺度

音の聞こえ方は，周波数に依存している．人間の耳の感度は 3000〜4000 Hz 付近が最も良く，この周波数で聞くことのできる最も小さい音は，先にも述べたように 2×10^{-5} Pa で最小可聴値と呼ばれている．

これに対して，音として聞くことのできる最も大きな音圧は，20 Pa 程度と言われ，最大可聴値と呼ばれている．この値を超えると耳に痛みを感ずるなど，可聴限界の音と言われている．

ここで，最小可聴値と最大可聴値の 2 つの値を同じ単位で表示すると，最小可聴値は 0.0000000002 bar，最大可聴値は 0.0002 bar となり，2 つの値の比は 100 万倍（10^6）となる．この値を音圧ではなく音のエネルギー（音圧の 2 乗に比例する）で表せば，その比は 1 兆倍（10^{12}）ということになる．

音圧，音の強さのエネルギーを可聴範囲で取り扱うとしても，その数値は，

$$音圧：\frac{P}{P_0} \text{ は } 1 \sim 10^6 \qquad 音の強さ：\frac{I}{I_0} \text{ は } 1 \sim 10^{12}$$

となり，通常私達が取り扱う数値の桁数とは大きく異なる．

この数値を取り扱いやすい桁数にする方法として「常用対数」が用いられている．常用対数を用いれば音の強さの可聴範囲 $\log_{10} I/I_0$ は 0〜12 となり，単位はベル，単位記号は B である．

これが「ベル表示」と呼ばれるものである．さらに取扱いのしやすさを考え，「B」の 1/10 を表す SI 単位系の接頭語 d（deci-）を用い dB とし，B を 10 倍して表すこととした．音の強さのレベル IL を表わすと式 14.11 となる．

$$IL = 10 \log_{10} \frac{I}{I_0} \text{ (dB)} \quad \cdots\cdots\cdots\cdots\cdots\cdots\cdots\cdots\cdots\cdots\cdots （式 14.11）$$

これと同様に音圧も常用対数を用いて dB 表示すると，音圧 P と音の強さ I との間には $I \propto P^2$ の関係があるから，

$$SPL = 10 \log_{10} \left(\frac{P}{P_0}\right)^2 = 20 \log_{10} \frac{P}{P_0} \text{ (dB)} \quad \cdots\cdots\cdots\cdots\cdots\cdots （式 14.12）$$

で表すことができ，これを音圧レベルと呼んでいる．式 14.11，式 14.12 によって可聴範囲は 0〜120 dB となり，取り扱いやすい数値となる．

音圧の基準値として 2×10^{-5} Pa が用いられ，この基準値に基づいて測定された値が表示される．

2) 対数尺度（dB 尺度）を用いることのもう1つの意味

対数尺度を用いると大きな値も小さくした数値で扱えるという利点があることを前述した．対数尺度を用いることには，さらに，もう1つの大きな意味がある．それは，対数尺度上での音の測定値は，人間の主観的な感覚の強さに関係していることである．この関係は Weber・Fechner の法則とよばれ，ドイツの天文と物理の科学者である E. H. Weber（1795〜1878年）によって 1834年にこの法則の原理が論文として発表されている．その後，ドイツの哲学者で心理物理学の始祖ともいわれた G. T. Fechner（1801〜1887年）によって，この法則は次の数式の形で示された．

$$感覚の強さ = C \log \cdot (物理的な刺激の強さ)$$
$$C：実験で定まる常数$$

この関係式を言葉で示せば「人の刺激に対する感覚の大きさは，それを生じる刺激の物理的なエネルギーの対数に比例する」ということになる．この法則は，音，光（聴覚と視覚）の心理学の基本式として現在でも広く応用されている．

3) dB 尺度を取り扱う上での留意点

dB 尺度を用いる上で，以下に示す重要な3項目がある．これらは，疑問に思っていながら今まではっきりしなかったために，dB 尺度になじめなかった原因の1つになっていたのかもしれない．

(a) 0 dB というのは，音がないということではない．音圧レベルが 0 dB というのは，測定された音圧の値が基準となる音圧と等しいということである．

$$10 \log_{10} \frac{2 \times 10^{-5} \mathrm{Pa}}{2 \times 10^{-5} \mathrm{Pa}} = 10 \log_{10} 1 = 0$$

(b) dB 尺度で表した値が負の値になった時，それは「負の音」を意味するのではなく，測定された音圧が基準値 P_0 より小さいことを意味し，負の dB 値は，単にその測定された音圧が，基準音圧より小さいことを意味する．

(c) dB 尺度で示された数値は，通常行われているような足し算や引き算などの算法は適用できない．

4) dB 尺度で表示される値の計算

「dB 尺度で表示された数値は，通常行われているような足し算，引き算などの算法は適用できない」ということは，音を取り扱う上で重要な知識の1つである．

騒音を実際に取り扱うときの基本的な事項として，以下に示す dB 計算という方法に習熟しておく必要がある．

a) dB の和（パワー合成値）

複数の音源からの発生音を合成して全体の音圧レベル L を求めることを，dB 和あるいは dB 合成という．いま，それぞれの音圧レベルを $L_1, L_2 \cdots L_n$（dB）とし，これに対する音圧を $P_1, P_2 \cdots P_n$ とすると，

$$L_1 = 10 \log_{10} \frac{P_1^2}{P_0^2}, \quad L_2 = 10 \log_{10} \frac{P_2^2}{P_0^2}, \quad \cdots, \quad L_n = 10 \log_{10} \frac{P_n^2}{P_0^2} \quad \cdots\cdots \text{(式 14.13)}$$

ここで，P_0 は基準値（$P_0 = 2 \times 10^{-5}$ Pa）

前の式を指数表記で表すと，

$$\frac{P_1^2}{P_0^2} = 10^{\frac{L_1}{10}}, \quad \frac{P_2^2}{P_0^2} = 10^{\frac{L_2}{10}}, \quad \cdots, \quad \frac{P_n^2}{P_0^2} = 10^{\frac{L_n}{10}}$$

となり，これらの和の dB 値 L は

$$L = 10 \log_{10} \left(\frac{P_1^2 + P_2^2 + \cdots + P_n^2}{P_0^2} \right)$$
$$= 10 \log_{10} \left(10^{\frac{L_1}{10}} + 10^{\frac{L_2}{10}} + \cdots + 10^{\frac{L_n}{10}} \right) \quad \cdots\cdots\cdots\cdots\cdots\cdots \text{(式 14.14)}$$

となる．この L が求める値で，n 個の音圧レベルを加算したときの音圧レベルとなる．

例えば，実際の機器の発生音 80 dB ともう 1 台の発生音 70 dB の和は，次のように計算される．

$$L = 10 \log_{10} (10^8 + 10^7) = 10 \log_{10} 10^7 (10 + 1)$$
$$= 10 \log_{10} 10^7 + 10 \log_{10} 11 = 70 + 10.4 = 80.4 \text{ dB}$$

b）dB 平均（パワー平均値）

n 個の音圧レベルの平均値 $\overline{L}$ は，次の式 14.15 によって求められる．

$$\overline{L} = 10 \log_{10} \left(\frac{1}{n} \frac{P_1^2 + P_2^2 + \cdots + P_n^2}{P_0^2} \right) = L - 10 \log_{10} \cdot n \quad \cdots\cdots\cdots \text{(式 14.15)}$$

ここで，計算式をよく見れば，dB 和のところで求めた和の値から $10 \log_{10} n$ の値を引けば，平均値が求まることになる．

例えば，2 台の設備機器の発生音が 80 dB と 70 dB のとき，パワー平均値は，次のように計算される．

$$\overline{L} = 10 \log_{10} \left\{ \frac{1}{2} (10^8 + 10^7) \right\} = 10 \log_{10} (10^8 + 10^7) - 10 \log_{10} 2 = 80.4 - 3 = 77.4 \text{ dB}$$

c）dB の減算（パワー差）

dB の減算の計算は，例えば，対象とする騒音の測定における暗騒音の補正を行うときなどに使用される．対象騒音に暗騒音（対象騒音のないときの測定値）が含まれた測定値を L_1（dB）とし，暗騒音を L_2（dB）としたとき，その差を算出することによって，対象騒音そのもののレベル L'（dB）を求めることができる．

L_1（dB）と L_2（dB）の差の L' は，次式となる．

$$L' = 10 \log_{10} \left(\frac{P_1^2 - P_2^2}{P_0^2} \right) = 10 \log_{10} \left(10^{\frac{L_1}{10}} - 10^{\frac{L_2}{10}} \right) \quad \cdots\cdots\cdots\cdots \text{(式 14.16)}$$

例えば，2 台の設備機器の発生音 80 dB と 70 dB の差は，

$$L' = 10 \log_{10} (10^8 - 10^7) = 10 \log_{10} 10^7 (10 - 1)$$

$$= 10 \log_{10} 10^7 + 10 \log_{10} 9 = 70 + 9.5 = 79.5 \text{ dB}$$

となる．

14.3 A特性音圧レベル (A-weighted sound pressure level)

1) 騒音の定義

騒音とは，人間が生活，作業などをしていく上で望ましくないと感じられる音のことで，どのような音であっても，聞き手にとって不快な音，じゃまな音と受け止められると，その音は騒音ということになる．

どのような音が騒音と呼ばれるのか，これを簡単に定義した例として，次のものがある．

　　　JIS　　（日本）「望ましくない音」
　　　BS　　 （英国）「undesired sound」
　　　ANSI　（米国）「unwanted sound」

2) 騒音の評価法

聞き手の印象によって，同じ音でも騒音になったり，ならなかったりするので，物理的な測定で騒音かどうかを決めることはできない．しかし，一般に多くの人にとって騒音と受け止められる音や，騒音問題が発生した場合の対策や予測を検討するためには，人が受け止める印象と対応の良い物理量で測定，予測などをする必要がある．

3) A特性音圧レベル（騒音レベル）(A-weighted sound pressure level)

図14.3に示すように，人が感じる音の大きさの印象は，周波数によって異なる．さまざまな周波数成分を含む音について，大きさを表すためには，音の物理的な強さではなく，人間の感覚に基づいた量を用いなければならない．そのためには，前述したラウドネスレベルを用いるとよいが，より簡便な方法として，現場ではA特性音圧レベル（騒音レベル）が広く用いられている．A特性音圧レベルは，等ラウドネス曲線〔図14.3参照〕を勘案して提案された周波数重みづけをした音圧レベルである．サウンドレベルメータには，周波数重みづけ特性Aが内蔵されており，現場で容易に測定することができる．また，A特性音圧レベルは，騒音評価の基礎量とも言われており，A特性音圧レベルを用いたいくつかの評価量がある．

4) A特性音圧レベルによる評価量

a) A特性音圧レベル：L_A（騒音評価の基礎量）

日常生活の中に，また，作業環境の中に存在する音のほとんどは，広い範囲の周波数成分を含んでいる．そのため，騒音の評価には周波数の要素を直接取り入れて行うのが望ましいが，その方法はやや複雑になるため，比較的簡便に音の感覚的な大きさを評価するための量として，A特性音圧レベルが広く用いられている．この評価量は，対象とする音をA特性と呼ばれている周波数特性の重みづけをした回路を持つ計測器（サウンドレベルメータ）で測定をした値で，騒音レベルとも言われている．

また，騒音は時間的に変動するものがほとんどであり，時間軸上でのレベル変化も考慮してA特性音圧レベルを測定・表示する必要があり，そのために測定・評価の基礎量であるA特

性音圧レベルを基にした評価量が用いられている.

b) A特性音圧レベルの最大値:L_{Amax} (maximum sound pressure level)

　騒音の発生ごとにサウンドレベルメータの指示値が示すA特性音圧レベルの最大値を用いる.ただし,サウンドレベルメータには,時間重みづけ特性F(速い)と時間重みづけ特性S(遅い)の2種類があるので,注意しなければならない.FとSとの違いによって最大値は異なり,Sで測定した方が値は小さく指示される.通常,時間重みづけ特性Fで測定された値は$L_{A,Fmax}$,時間重みづけ特性Sで測定された値は$L_{A,Smax}$と表記する.

　騒音の測定では,特に指定がない限りは,時間重みづけ特性Fを用いて測定をするのが一般的である.

c) 単発騒音暴露レベル:L_{AE} (sound exposure level)

　衝撃騒音や間欠騒音などを対象とする場合,1回の発生ごとにその騒音の全エネルギーを評価するための測定量で,それは式14.17によって表すことができる.

$$L_{AE} = 10 \log_{10} \left[\frac{1}{T_0} \cdot \int_{t_1}^{t_2} \frac{P_A^2(t)}{P_0^2} \cdot dt \right] \quad \cdots\cdots\cdots\cdots\cdots\cdots\cdots\cdots\cdots\cdots\cdots (式14.17)$$

ここで,

　　　L_{AE}:単発騒音暴露レベル(dB)

　　　$P_A(t)$:対象とする騒音の瞬時A特性音圧(Pa)

　　　P_0:基準音圧 2×10^{-5} (Pa)

　　　T_0:基準時間1(秒)

　　　$t_1 \sim t_2$:対象とする騒音の継続時間(秒)

　この測定量の意味は,図14.4に示すように,単発的な騒音の大きさをその全エネルギーと等しいエネルギーを持つ継続時間1秒の定常騒音の大きさ(騒音レベル)に換算したものである.

　単発騒音暴露レベルは,積分型騒音計を用いて測定することができる.また,継続時間が1秒以内の音として定義される衝撃音の印象は,瞬時的な最大値だけでなく,残響部分なども影響するので,すべてのエネルギーを積分したL_{AE}と良い対応を示すことが報告されている[14-1].

　なお,1秒以内の音については,L_{AE}と$L_{A,Smax}$とは良い対応が見られるので,簡便法として,継続時間が短い衝撃音の場合には,サウンドレベルメータの時間重みづけ特性Sにより,対象音の最大値を読み取ることによっても,L_{AE}とほぼ同等の値を得ることができる.

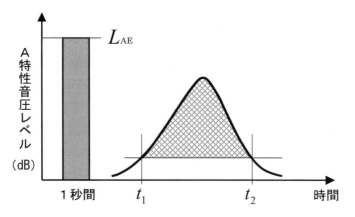

図14.4　単発的に発生する騒音の単発騒音暴露レベル

d) **等価騒音レベル**：$L_{\text{Aeq,T}}$（equivalent continuous A-weighted sound pressure level）

変動する騒音（変動騒音）の騒音レベルをエネルギー的な時間平均値として表した量で，式14.18によって表すことができる．

$$L_{\text{Aeq,T}} = 10 \log_{10} \left[\frac{1}{T} \int_{t_1}^{t_2} \frac{P_A^2(t)}{P_0^2} dt \right] \quad \cdots\cdots\cdots\cdots\cdots\cdots\cdots\cdots \text{（式14.18）}$$

ここで，

$L_{\text{Aeq,T}}$：等価騒音レベル（dB）
$P_A(t)$：対象とする騒音のA特性音圧（Pa）
P_0：基準音圧 2×10^{-5}（Pa）
T：観測時間 $t_2 - t_1$（秒）

この量の意味は，図14.5に示すように，対象としている変動騒音のある時間 T の間の全エネルギー（音圧の2乗の時間積分値）をこれと等しい（等価）エネルギーを持つ定常音の騒音レベルに換算して表すということである．

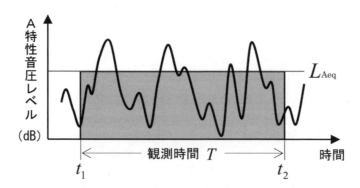

図14.5　変動する騒音レベルと等価騒音レベル

等価騒音レベルは，物理的に明確な意味を持っているだけでなく，変動する騒音に対する人間の生理・心理的反応とも比較的良く対応することが，多くの研究によって明らかにされてい

る.そのため最近では,一般的な環境騒音の大きさを表す統一的な測定・評価量として,この等価騒音レベルが ISO（国際標準化機構）による国際規格（ISO 1996）で採用され,欧米諸国をはじめ,国際的に広く用いられている.わが国でも,1983 年に行われた JIS Z 8731 の改定の際に,一般環境騒音を表す場合の代表値として採用され,その後も JIS Z 8731 は ISO 1996 に準じて改定され,$L_{Aeq,T}$ が採用されている.

また,わが国の主として自動車騒音を対象とする一般環境の「騒音に係る環境基準」も 1998 年に $L_{Aeq,T}$ を採用する形に改正され,さらに,2007 年には,「航空機騒音に係る環境基準」も $L_{Aeq,24}$ に昼夜のウエイトをつけた L_{den} を採用し,改正された.

$L_{Aeq,T}$ は,種々の音について主観的印象と対応が良いことだけでなく,エネルギー平均であるので,音源が変化した場合の予測も容易であり,複数の音源からなる環境全体の評価も可能であるという多くの利点をもつ.また,時間「T」の値を明記することにより,短い音から長期間にわたる音環境の評価にも適用できる.ただし,上述したように,継続時間が 1 秒以内の短い衝撃音については,エネルギー平均（$L_{Aeq,T}$）ではなく,総エネルギー量を表す L_{AE} を用いる必要がある.

等価騒音レベルは,積分型騒音計を用いて式 14.18 の定義どおりに測定すればよい.また,これとは別に,一定時間間隔で騒音レベルをサンプリングし,式 14.19 によってエネルギー平均値を計算することによっても近似的に等価騒音レベルを求めることができる.

$$L_{Aeq,T} = 10 \log_{10} \left[\frac{1}{n} \left(10^{\frac{L_{A1}}{10}} + 10^{\frac{L_{A2}}{10}} + \cdots + 10^{\frac{L_{An}}{10}} \right) \right] \quad \cdots\cdots\cdots (式 14.19)$$

ここで,

L_{A1}, L_{A2} $\cdots$ L_{An}：騒音レベルのサンプル値（dB）

n：サンプル総数

また,鉄道騒音など,間欠的に発生する特定の騒音だけに着目して,ある一定時間内の $L_{Aeq,T}$ を求める場合は,1 回の発生ごとに単発騒音暴露レベル L_{AE} を測定し,それらのエネルギー和を求めて対象とする時間（観測時間）の長さについて,式 14.20 によって平均すればよい.

$$L_{Aeq,T} = 10 \log_{10} \left[\frac{T_0}{T} \left(10^{\frac{L_{AE1}}{10}} + 10^{\frac{L_{AE2}}{10}} + \cdots + 10^{\frac{L_{AEn}}{10}} \right) \right] \quad \cdots\cdots\cdots (式 14.20)$$

ここで,

L_{AE1}, L_{AE2} $\cdots$ L_{AEn}：発生ごとの単発騒音暴露レベル（dB）

T_0：基準化時間 1（秒）

T：観測時間（秒）

e) 時間率 A 特性音圧レベル：L_{AX} (parcentile level)

図 14.6 の(a)に示すように,ある時間（実測時間）内の変動騒音について,A 特性音圧レベルがあるレベルを超えている時間の合計が全体の時間の X ％であるとき,そのレベルを対象としている騒音の X ％時間率 A 特性音圧レベル（L_{AX}）と言う.このような関係を横軸に時間率 A 特性音圧レベル,縦軸にパーセント時間率をとって表すと,同図の(b)のようになる.時

間率A特性音圧レベルのうち，環境騒音の評価量としてよく用いているのは，50％時間率A特性音圧レベル L_{A50}（中央値），あるいは5％時間率A特性音圧レベル L_5，95％時間率A特性音圧レベル L_{A95}（それぞれ，90パーセントレンジの上端値，下端値と言う）などである．わが国では，道路交通騒音をはじめ，一般環境騒音の評価量として L_{50} が行政面で広く用いられていたが，1998年に環境基準が改正され，現在では，わが国の環境基準においても等価A特性音圧レベルが用いられている．

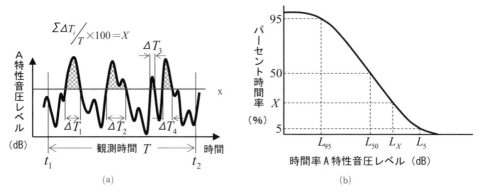

図14.6　騒音レベルのサンプル値と時間率A特性音圧レベル

5）騒音の時間特性による分類

各種騒音レベルの評価量に関係する対象騒音の時間特性による分類について，次に示す．

a) 定常騒音（steady noise）

測定点において，ほぼ一定レベルの騒音が連続しており，または多少変動しても変動がわずかである騒音を定常騒音という．

b) 変動騒音（fluctuating noise）

騒音レベルが不規則かつ連続的にかなりの範囲にわたって変動する騒音を変動騒音という．例えば，ある程度の自動車交通量を有する道路の近くで測定される騒音は，ほとんどの場合は変動騒音である．

c) 間欠騒音（intermittent noise）

ある時間間隔をおいて間欠的に発生する騒音のうち，発生時ごとの継続時間が数秒以上の騒音を間欠騒音という．

d) 衝撃騒音（impulsive noise）

1つの騒音発生の継続時間が極めて短い騒音を衝撃騒音という．

e) 分離衝撃騒音（an isolated burst of sound energy）

個々の騒音が分離できる衝撃騒音を分離衝撃騒音という．分離衝撃騒音は，単発の場合もあり，間欠的に発生する場合もある．また，発生ごとのレベルがほぼ一定の場合や，かなりの範囲にわたって変化する場合がある．

f) 準定常衝撃騒音（quasi-steady impulsive noise）

ほぼ一定レベルの衝撃音が極めて短い時間間隔で繰り返して発生する騒音を準定常衝撃騒音

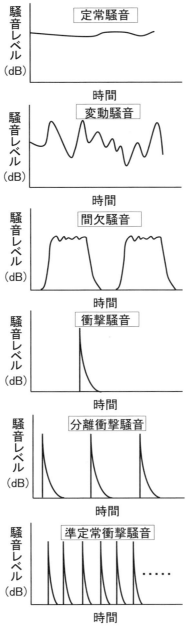

図 14.7 騒音の時間的変動の傾向

という．

14.4 オクターブバンド音圧レベルから A 特性音圧レベルへの換算

　室内騒音の予測計算，騒音対策のための計算を行う場合には，オクターブバンド音圧レベルを用いる．その結果の表示，騒音対策の必要量の算出には，日本建築学会より提案されている騒音等級の基準曲線（N 曲線）が用いられるのが一般的である．対策必要量は，設計目標とする N 曲線の

値と測定値との差によって求める．

　しかし，性能値を表示する場合には，N 値によるものよりも騒音レベルによる表示の方が一般になじまれており，騒音レベルによる結果表示を求められることが多い．このような場合には，計算値または測定値であるオクターブバンド音圧レベルの値を式 14.21 を用いて騒音レベルに換算する．

$$L_\mathrm{A} = 10 \log_{10} \sum_{fi} 10^{\{L_\mathrm{P}(fi) + \alpha_\mathrm{A}(fi)\}/10}$$ ……………………………………（式 14.21）

ここで，

　　　L_A：室内騒音レベル（dB）
　　　$L_\mathrm{P}(fi)$：中心周波数 fi におけるオクターブバンド音圧レベル（dB）
　　　$\alpha_\mathrm{A}(fi)$：中心周波数 fi における A 特性補正値（dB）〔表 14.2 参照〕

表 14.2　A 特性補正値

周波数（Hz）	63	125	250	500	1000	2000	4000
補正値（dB）	−26	−16	−9	−3	0	+1	+1

14.5　音響技術用語

1）遮音等級 D, D 値（classification of air-borne sound insulation：D, D-value）

　中心周波数 125，250，500，1000，2000，4000 Hz のオクターブ帯域ごとの音圧レベル差の測定値または設計値を，日本建築学会の規定する音圧レベル差に関する遮音等級の基準曲線（D 曲線）に当てはめ，その値がすべての周波数帯域においてある基準曲線を上回るとき，その最大の基準曲線の呼び方により遮音等級 D を表す．ただし，建物の現場測定結果においては，各周波数帯域で 2 dB を許容することができる．

　遮音等級 D は 5 dB 間隔で表され，500 Hz 帯域の音圧レベル差で表記し，建築物の遮音性能を単一の数値で表示するのに用いる．遮音等級 D の数値を D 値と呼ぶ．なお，記号 D は音圧レベル差（sound pressure level difference）の D をとったものである．

2）D 数（D-Number）

　音圧レベル差の測定値または設計値を音圧レベル差に関する遮音等級の基準曲線（D 曲線）に当てはめ，その値がすべての周波数帯域において，D 曲線に平行に 1 dB 間隔に設定したある曲線を上回るとき，その最大の曲線の 500 Hz 帯域における音圧レベル差の数値を D 数と呼ぶ．

　D 数は，1 dB 間隔で表され，遮音性能の相互の比較などによく用いられるが，建築物の遮音性能の表示には，D 数ではなく，遮音等級（5 dB 間隔）の D 値を用いることとしている．

3）遮音等級 L, L 値（classification of floor impact sound insulation：L, L-Value）

　軽量床衝撃音の場合は，中心周波数 125，250，500，1000，2000，4000 Hz の，重量床衝撃音の場合は，中心周波数 63，125，250，500 Hz のオクターブ帯域ごとの床衝撃音レベルの測定値または設計値を，日本建築学会の規定する床衝撃音レベルに関する遮音等級の基準曲線（L 曲線）に当てはめ，その値がすべての周波数帯域においてある基準曲線を下回るとき，その最小の基準

曲線の呼び方により遮音等級 L を表す．ただし，建物の現場測定結果においては，各周波数帯域の測定値から 2 dB を減ずることができる．

遮音等級 L は 5 dB 間隔で表され，建築物の床衝撃音遮断性能を単一の数値で表示するのに用いる．遮音等級 L の数値を L 値と呼ぶ．

4) L 数 (L-Number)

床衝撃音レベルの測定値または設計値を，床衝撃音レベルに関する遮音等級の基準曲線（L 曲線）に当てはめ，その値がすべての周波数帯域において，L 曲線に平行に 1 dB 間隔に設定したある曲線を下回るとき，その最小の曲線の 500 Hz 帯域における床衝撃音レベルの数値を L 数と呼ぶ．

L 数は 1 dB 間隔で表され，床衝撃音遮断性能の相互の比較などによく用いられるが，建築物の床衝撃音遮断性能の表示には，L 数ではなく，遮音等級（5 dB 間隔）の L 値を用いることとしている．

また，日本建築学会推奨測定規準 D.3 に規定する軽量床衝撃源を用いた場合の床衝撃音遮断性能を L_L 値，重量床衝撃源を用いた場合の床衝撃音遮断性能を L_H 値と表示する場合がある．

記号 L は床衝撃音レベル（Floor Impact Sound Level）の L をとったもので，L_L，L_H の添え字は，それぞれ軽量床衝撃源（Light-Weight Floor Impact Source），重量衝撃源（Heavy-Weight Floor Impact Source）の L，H をとったものである．

5) 騒音等級 N, N 値 (classification of indoor noise level：N, N-Value)

中心周波数 63，125，250，500，1000，2000，4000 Hz のオクターブ帯域ごとの室内音圧レベルの測定値または設計値を，日本建築学会の規定する建物の内部騒音に関する騒音等級の基準曲線に当てはめ，その値がすべての周波数帯域においてある基準曲線を下回るとき，その最小の基準曲線の呼び方により，騒音等級 N を表す．ただし，建物の現場測定結果においては，各周波数帯域から 2 dB を減ずることができる．

騒音等級 N は 5 dB 間隔で表され，室内騒音を単一の数値で表示するのに用いる．騒音等級 N の数値を N 値と呼ぶ．

記号 N は，騒音レベル（noise level）の N をとったものである．

6) N 数 (N-Number)

室内音圧レベルの測定値または設計値を，建物の内部騒音に関する騒音等級の基準曲線（N 曲線）に当てはめ，その値がすべての周波数帯域において，N 曲線に平行に 1 dB 間隔に設定したある曲線を下回るとき，その最小の曲線の 500 Hz 帯域における室内音圧レベルの数値を N 数と呼ぶ．N 数は 1 dB 間隔で表され，室内静ひつ性能の相互の比較などによく用いられるが，建築物の室内静ひつ性能の表示には，N 数ではなく，騒音等級（5 dB 間隔）の N 値を用いることとしている．

7) 逆 A 特性 (inverse A-weighting function)

騒音計の A 特性をちょうど逆にした形に低音を持ち上げた周波数特性を逆 A 特性と呼ぶ．床衝撃音レベルや室内騒音のオクターブバンドレベルを単一の数値で表示し，評価するための遮音

等級 L，騒音等級 N の基準周波数特性として逆 A 特性が用いられている．

騒音レベルは，世界的に共通した評価尺度として多方面に広く用いられ，騒音の大きさやうるささなどの感覚量との対応もかなり良いとされていることから，レベルそのものが聴感的に問題になる床衝撃音や室内騒音を騒音計の A 特性のウエイトを掛けて表示し評価する方法，すなわち基準曲線として逆 A 特性を用いる方法は，適切なものと考えられる．

8) 床衝撃音レベル低減量 (reduction of floor impact sound level by floor covering)

床の躯体構造（通常は普通コンクリート床板 150～200 mm 厚を用いる）上に，床仕上げ構造または床仕上げ材を施工した場合（$L_f,\, L_{f,im}$）とそれらを施工しない場合（コンクリート床板素面状態 L_f）について，直下室空間で測定したオクターブ帯域ごとの床衝撃音レベルの差を床衝撃音レベル低減量 $\varDelta L$（dB）と呼ぶ．

9) 軽量床衝撃音 (floor impact sound by Light-weight impact source)

JIS A 1418-1 または日本建築学会推奨測定規準 D.3 に規定する標準軽量衝撃源（標準軽量床衝撃音発生器）で床に衝撃を加えたとき，受音室で発生する床衝撃音を軽量床衝撃音と呼ぶ．標準軽量衝撃源による床衝撃音の略称．

10) 重量床衝撃音 (floor impact sound by Heavy-weight impact source)

JIS A 1418-2 または日本建築学会推奨測定規準 D.3 に規定する標準重量衝撃源（標準重量床衝撃音発生器）で床に衝撃を加えたとき，受音室で発生する床衝撃音を重量床衝撃音と呼ぶ．標準重量床衝撃源による床衝撃音の略称．

11) 適用等級 (evaluation criteria of sound insulation and indoor noise)

遮音等級 D，L，室内騒音の騒音レベル，騒音等級 N の値について，建築物の用途別，部位別などの要求水準に応じて適用するための性能基準を適用等級と呼ぶ．日本建築学会の遮音性能基準では，建物・室用途別の適用等級を，特級，1 級，2 級，3 級として規定している．特級は特別に高い性能が要求される場合の性能水準，1 級は日本建築学会が推奨する好ましい性能水準，2 級は一般的な性能水準，3 級はやむを得ない場合に許容される性能水準と位置づけられている．

14.6 遮音と吸音

14.6.1 遮音

1) 遮音性能の表示

遮音性能を表す指標として，式 14.22 に示すように，入射音の強さ I_i と透過音の強さ I_t の比で定義される音響透過率 τ が用いられている．

$$\tau = \frac{I_t}{I_i} \quad \cdots\cdots\cdots\cdots\cdots\cdots\cdots\cdots\cdots\cdots\cdots\cdots\cdots\cdots\cdots\cdots \text{（式 14.22）}$$

τ は，1 以下の値であり，その値が小さいほど遮音性能が優れていることを表している．$\tau = 1$ では，遮音材料・構造への入射音が低下することなく，そのまま裏面に透過してしまうことを意味している．

しかし，この音響透過率は，建築分野において遮音材料・構造を工学的に取り扱う場合に用い

られることはほとんどない．建物の遮音設計では，例えば，音が壁をどの程度透過するかというよりも，音をどの程度遮断するかといった方が取り扱いやすく，感覚的にも理解しやすいといった理由から，式 14.23 のように τ の逆数を対数表示した音響透過損失 R（dB）が用いられている．

$$R = 10 \log_{10} \frac{1}{\tau} \quad \cdots\cdots\cdots\cdots\cdots\cdots\cdots\cdots\cdots\cdots\cdots\cdots\cdots\cdots\cdots\cdots\cdots\cdots\cdots\cdots \text{（式 14.23）}$$

また，遮音設計で対象とする騒音源発生音は，単一の周波数の音であることはなく，さまざまな周波数成分を含んだ音であるのが普通である．一方，遮音材料・構造の音響透過損失も入射音の周波数によって異なった値を示す．したがって，遮音材料・構造の遮音性能として周波数別の音響透過損失を示さなければ，設計資料としては十分でないことになる．

周波数ごとの音響透過損失を求めるには，JIS A 1416 に規定された方法によって実験室で測定される．また，得られた結果の表示には，1/3 オクターブバンドまたはオクターブバンドの中心周波数を横軸に，音響透過損失値を縦軸にとった図で表示することが同 JIS に規定されている．この形式で示された一連の値を音響透過損失の周波数特性，または簡単に透過損失特性と言っている．音響透過損失の周波数の範囲は，一般にはオクターブバンド表示で 125〜4000 Hz 帯域である．

2) 一重壁構造（均質単板）の透過損失

遮音材料・壁構造の音響透過損失は，JIS A 1416 に規定された実験室測定方法によって求めなければならないが，均質な単板で構成される一重壁に限れば，透過損失性能はその一重壁の質量に最も左右され，材料の密度が高く板厚が厚いほど音響透過損失は大きくなるという関係がある．この関係を示したものが質量則と呼ばれるもので，これを実用的な形で示せば次のようになる．

いま無限に広い寸法を持った均質な板の法線方向から，入射角度 θ で周波数 f の平面音波が入射したとき，音波による板振動が板の質量だけによると仮定すると，その音響透過損失 R_θ（dB）は，式 14.24 で求めることができる．

$$R_\theta = 10 \log_{10} \{1 + (a \cdot \cos\theta)^2\} \quad \cdots\cdots\cdots\cdots\cdots\cdots\cdots\cdots\cdots\cdots\cdots \text{（式 14.24）}$$

ここで，

$\quad a = 2\pi f m / 2\rho_0 c_0$ （m^2）
$\quad m$ ：材料の面密度（kg/m^2）
$\quad f$ ：音の周波数（Hz）
$\quad \rho_0$ ：空気の密度（kg/m^3）
$\quad c_0$ ：空気中の音速（m/s）

音波が材料に垂直に入射（$\theta = 0$）するときは，その音響透過損失 R_θ（dB）は，

$$R_\theta = 10 \log_{10} \{1 + a^2\} \quad \cdots\cdots\cdots\cdots\cdots\cdots\cdots\cdots\cdots\cdots\cdots\cdots\cdots\cdots \text{（式 14.25）}$$

となり，また，平面音波があらゆる方向からランダムに板に入射するときの音響透過損失は，式 14.26 で表すことができる．

$$R_0 = 20 \log_{10}(f \cdot m) - 10 \log_{10}\{\log_e(1+a^2)\} \quad \cdots\cdots\cdots\cdots\cdots\cdots\cdots (\text{式 14.26})$$

建築の分野では，遮音材料・構造の音響透過損失を求めるときは，ランダム入射条件での質量則による．

この質量則による計算例として，異なる面密度をもついくつかの単板について，式 14.26 によって求めた音響透過損失の値を図 14.8 に示した．この結果から明らかなように，音響透過損失は，周波数または面密度が 2 倍になるごとに，5 dB ずつ値が増加する．

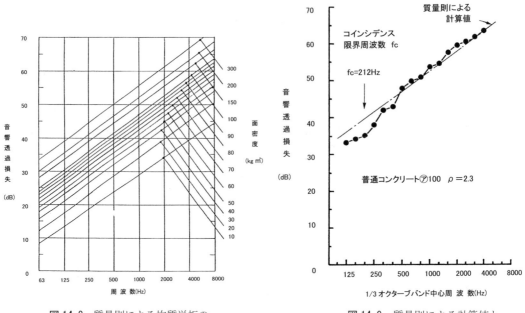

図 14.8　質量則による均質単板の音響透過損失計算値

図 14.9　質量則による計算値と実測値との対応

また，計算値と実験室測定で得られた値を比較したものが図 14.9 であるが，特定の周波数領域において実測値が計算値より小さくなっているのは材料の曲げ剛性の影響によるもので，質量則では考慮されていない要因によるものである．これはコインシデンス効果と呼ばれているもので，コインシデンス効果の生じる周波数 f_c（Hz）は，式 14.27 で与えられる．

$$f_c = \frac{c_0^2}{2\pi h}\sqrt{\frac{12\rho(1-\sigma^2)}{E}} \quad \cdots\cdots\cdots\cdots\cdots\cdots\cdots\cdots\cdots (\text{式 14.27})$$

ここで，

c_0：空気中の音速（m/s）

h：部材の厚さ（m）

ρ：部材の密度（kg/m³）

E：部材のヤング率（N/m²）

σ：ポアソン比

周波数 f_c はコインシデンス限界周波数と呼ばれ，質量則の場合と同様に実測値とよく合うこ

とが明らかにされている．

また，質量則とコインシデンス効果も含めた実測値と質量則による計算値とを比較する意味で，グラフの横軸に単板の面密度と周波数の積の対数をとった値をとり，縦軸に音響透過損失をとったものを図 14.10.1，14.10.2 に示した．これらの結果も明らかなように，質量則による計算値と実測値はよく合うことがわかる．図中において，質量則による値より実測値が落ち込んでいるのは，コインシデンス効果による遮音欠損を示している．

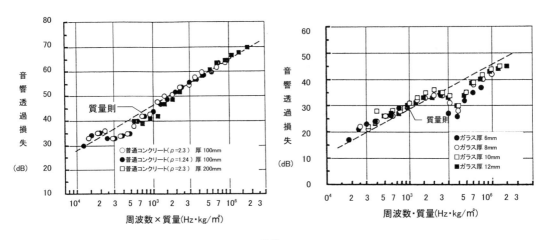

図 14.10.1 コンクリート壁の音響透過損失 [14-2]　　図 14.10.2 ガラス単体（ガスケット押え）の音響透過損失 [14-2]

3) 複層壁構造の透過損失

複層構造壁と呼ばれる遮音構造は，その材料の構成方法によって分類され，大別すると次のようになる．

a．中空二重壁構造
b．建築物の躯体構造に内装壁を附加したような複層壁構造
c．サンドイッチ構造

これらの遮音構造うち，a．の中空二重壁構造の遮音特性の特徴について，以下に述べる．

中空層を持つ中空二重壁構造では，質量則によって音響透過損失を予測することはできない．また，構成部材全体の質量を一重壁に換算して求めた音響透過損失は，中空二重壁構造の音響透過損失と大きく異なる．中空二重壁構造の音響透過損失が低音域において低下するこの現象は，低音域共鳴透過現象と呼ばれるものであり，この現象の影響を最も大きく受ける周波数は，式 14.28 によって予測することができ，実測値ともよく合うことが明らかにされている．

$$f_{rmd} = \frac{1}{2\pi} \sqrt{\frac{m_1 + m_2}{m_1 \cdot m_2} \cdot \frac{\rho_0 c_0^2}{d}} \quad \cdots\cdots\cdots\cdots\cdots\cdots\cdots\cdots (式 14.28)$$

$$= 60 \sqrt{\frac{m_1 + m_2}{m_1 \cdot m_2} \cdot \frac{1}{d}} \quad \cdots\cdots\cdots\cdots\cdots\cdots\cdots\cdots (式 14.29)$$

ここで，

f_{rmd}：共鳴透過周波数（Hz）

m_1, m_2：表面材それぞれの面密度（kg/m^2）

ρ_0：空気密度（kg/m^3）

c_0：空気中の音速（m/s）

d　：中空層の厚さ（m）

　式14.28は垂直入射条件のときに成立する式であるが，実用的には，拡散入射条件の場合にも適用できることが実証されている．

　共鳴透過周波数のところで質量則の値より落ち込んだ音響透過損失は，図14.11に示したように，$\sqrt{2}f_{rmd}$ の周波数で一重壁に換算したときの質量則での値とほぼ同じになる．それ以上の周波数領域での音響透過損失は，一重壁に換算した質量による質量則の値より大きくなる特徴がある．

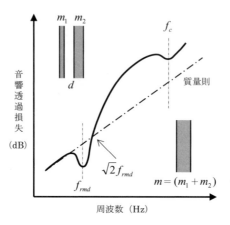

図14.11　複層構造の音響透過損失の傾向

14.6.2　吸　音

1）吸音材料の種類

　現在，市販されている吸音材料・構造には非常に多くの種類がある．同じ原材料でも綿状のもの，板状のもの，孔のあいたものなど，材料の質・形状・外観など製法によってさまざまな製品があるが，吸音構造を構成する材料は，表14.3のように区分される．この表は，材料の質・形状から見た特徴によって区分したもので，同時に吸音構造を構成した場合の吸音特性の特徴にほぼ対応するものである．

表14.3　吸音構造を構成する吸音材料の種類

区　分	吸音材料の例
多孔質材料	ロックウール，グラスウール，軟質ウレタンフォーム
多孔質板材料	ロックウール化粧吸音板，木毛セメント板
膜材料	ビニールシート，ポリエチレンシート，カンバス
あなあき板材料	あなあき石こうボード，あなあきスレートボード，あなあきハードファイバーボード，あなあき金属板
板材料	合板，ハードファイバーボード，石こうボード，スレートボード，プラスチック板，金属板

2) 吸音性能の表示方法

吸音材料・構造の性能表示には「吸音率」が使われる．

吸音率は，材料の表面に入射する音のエネルギーを E_i，その表面から反射する音のエネルギーを E_r，吸音率を α としたとき，式 14.30 に示される値となる．

$$\alpha = 1 - \frac{E_r}{E_i} \quad \text{(式 14.30)}$$

吸音率 α は 0（完全反射）から 1（完全吸音）までの値をとり，α の値が大きいほど吸音効果が高いことを意味する．

また，吸音率は，音の入射条件によって垂直入射吸音率，斜入射吸音率，ランダム入射吸音率に区分されるが，建築の分野では，ランダム入射の条件に対応する「残響室法吸音率」が使われる．したがって，ここではすべて残響室法吸音率によって吸音特性を考える．

吸音率は，材料の種類，音の入射条件のほかに，材料の使用条件（背後空気層，表面仕上状態など）や入射音の周波数に関係することにも留意しておかなければならない．

3) 多孔質材料・多孔質吸音構造の吸音特性

ロックウール・グラスウールに代表される多孔質材料について，剛壁に密着した状態での吸音率は一般に周波数の増加とともに大きくなり，ある周波数でほぼ一定の値に達する．この場合の吸音特性に関係する要因は，材料厚さ，密度，繊維径などの材料仕様，表面仕上げまたは多孔質材料の背後に設けた空気層などの施工条件による．

a) 材料の厚さ（剛壁密着）

多孔質材料としての吸音率は，一般に周波数の増加とともに大きくなり，ある周波数でほぼ一定値に達する．

そして，材料の厚みを増すことによって，図 14.12 に示したように低・中音域の吸音率が大きくなる．

b) かさ比重（密度）

同一品種の多孔質材料において，一定の厚さでかさ比重を変えた場合の吸音特性の例を図 14.13 に示す．この例では，かさ比重が大きいほど吸音率も大きくなる傾向にある．

c) 背後空気層

多孔質材料の背後に空気層を設けて構成した多孔質吸音構造では，図 14.14 の例のように背後空気層の厚さを増すことによって，低音域までの広い周波数範囲にわたって吸音率を大きくすることができる．

d) 表面仕上げ工法

多孔質材料・多孔質吸音構造では，内装材料としての強度や意匠的な面から吸音材料の表面に仕上げをして使うことが多い．このときの仕上げ工法が吸音特性に大きく影響することはよく知られているが，多孔質材料・多孔質吸音構造の吸音特性にはほとんど影響のない表面処理の主要な方法を示せば，表 14.4 のようになる．

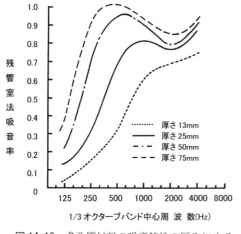

図 14.12　多孔質材料の吸音特性の厚みによる変化[14-3]

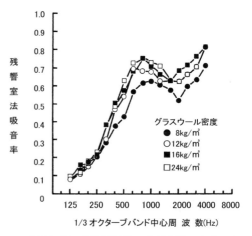

図 14.13　多孔質材料の吸音特性の密度による変化[14-3]

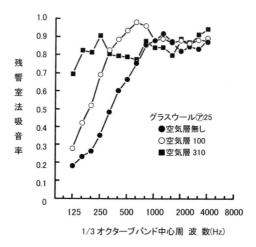

図 14.14　多孔質材料の吸音特性の背後空気層による変化[14-3]

表 14.4　多孔質材料・吸音構造の吸音特性に影響を与えない表面処理方法

材　料	使用条件，使用上の注意
通気性の大きい織物（サランクロス，ヘシアンクロス，グラスクロス等）	接着剤，塗料などで布目をふさがないこと．全面にのり張り，和紙裏打ちを避ける．
薄幕（ポリエチレン，ビニールフィルム等）	厚さ 0.05 mm 程度以下．張力をかけないで張ること．
あなあき金属板	開口率＞0.02，なるべく小さい穴
リブ構造	リブ幅数センチメートル程度以下．リブ中心間隔は 2 倍以上

4）あなあき板吸音構造の吸音特性

　あなあき板，例えばあなあき石こうボードを図 14.15 に示すように背後に空気層を設けて施工し吸音構造を構成すると，空気層（背後空気層）が非常に厚い場合を除いて，その吸音特性は，

一般には，ある周波数領域において山形をなす特性を示す．

合板，石こうボード，けい酸カルシウム板，ハードボードなどに一定の間隔で貫通した穴を多数あけた材料は，いわゆる吸音板として市販され普及しているが，あなあき板そのものを吸音材料として取り扱うのは適当ではない．あなあき板は，図14.15のように背後に空気層（背後空気層）をもたせて吸音構造を構成するための吸音用あなあき板と考えるべきである．

また，あなあき板吸音構造では，使用目的に適合するように共鳴周波数を中心とする周波数範囲の吸音特性を設計することができ，これがあなあき板の吸音構造の特徴であるといえる．その吸音特性の設計に関係する主な要因には，次のようなものがある．

a．板厚
b．穴径
c．穴ピッチ
d．背後空気層の厚さ
e．下地材料

これらの要因を基に吸音領域を決める共鳴周波数 f_0（Hz）は，背後空気層の厚さが500 mm 程度以内であれば，式14.31 が用いられる．

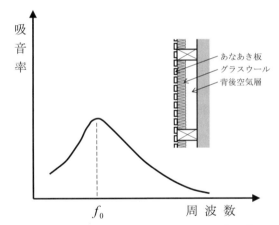

図14.15 あなあき板吸音構造の吸音特性と吸音構造の構成

$$f_0 = \frac{c_0}{2\pi} \sqrt{\frac{p}{(t + 0.8d)L}} \quad \cdots\cdots\cdots\cdots\cdots\cdots\text{（式 14.31）}$$

ここで，

c_0：空気中の音速（m/s）
t　：板厚（m）
d　：穴の直径（m）
p　：開口率
L　：背後空気層の厚さ（m）

各要因 a．～ d．は，吸音率が最大となる共鳴周波数に関係するが，背後空気層に多孔質材料を

挿入すると，共鳴周波数を中心として吸音率は大きくなる．

5）板状吸音構造の吸音特性

合板，石こうボードなどを背後に空気層を設けて枠組みに固定した板状吸音構造では，入射する音の周波数が板状吸音構造の共鳴周波数に一致したとき，板は共鳴して振動し，内部損失などによる吸音効果を示す．

その共鳴周波数は，板の寸法や質量，剛性，背後空気層の厚さのほかに，枠組み構造や枠組みへの板の取付け方法などに関係するので，計算によって求めることは容易ではない．

合板を用いた板状吸音構造の吸音特性の例を図 14.16 に示す．普通のボード類の場合には板振動の共鳴周波数は 80～300 Hz ぐらいの範囲に表れる．そしてこの領域での吸音率は 0.20～0.50，それ以上の周波数では 0.10 程度になることが多く，主に低音域を対象にした吸音構造となる．

また，板状吸音構造の背後空気層に多孔質材料を挿入した場合の吸音特性に対する影響は，図 14.17 に示すように共鳴周波数付近の吸音率が大きくなる傾向にあり，他の周波数領域では，その効果は小さい．

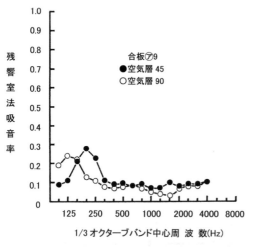

図 14.16　板状吸音構造の吸音特性 [14-3]

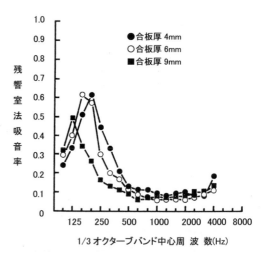

図 14.17　背後空気層に多孔質材料を充填したときの板状吸音構造の吸音特性 [14-3]

14.7　振動関連用語

1）加振力レベル（exciting force level）：L_f

床や壁，振動系等に加えられる振動外力を加振力と言い，その値の 2 乗値を基準の加振力の 2 乗値で割り，常用対数を取って 10 倍した値を加振力レベル L_f（dB）と表現する．本書では，固体音の計算や対策等に用いている．

$$L_f = 10 \log_{10} \left(\frac{F_{(t)}^2}{F_{(0)}^2} \right) \quad \text{(dB)} \quad \cdots\cdots\cdots\cdots\cdots\cdots\cdots\cdots\cdots\cdots\cdots\cdots\cdots\text{（式 14.32）}$$

ここで，

　　　　F_0：基準加振力（1 N）

$F_{(t)}$：加振力（N）

2) 衝撃力暴露レベル（impact force exposure level）：$L_{F,E}$

　床上に物を落としたときに床に及ぼす力や人が飛び跳ねたときに床に及ぼす力など，比較的短い時間内に作用して終わる力を衝撃力という．衝撃力の2乗値を全時間にわたって積分し，基準の力の2乗値で割った値の常用対数を取り，10倍して表現したものを衝撃力曝露レベル $L_{F,E}$（dB）という．

　本書では，5.3.2の床衝撃音遮断設計などで用いている．

$$L_{F,E} = 10 \log_{10} \left\{ \frac{1}{t_0} \int_{t_1}^{t_2} \frac{F_{(t)}^2}{F_0^2} dt \right\} \quad \cdots\cdots\cdots\cdots\cdots\cdots\text{（式 14.33）}$$

ここで，

　$F_{(t)}$：瞬時衝撃力（N）
　F_0　：基準衝撃力（1 N）
　$t_1 \sim t_2$：衝撃力の継続時間（s）
　t_0　：基準継続時間（1 sec）

3) 駆動点インピーダンス（driving point impedance）：Z_b（dB）

　床面などの点に加えられた力をその点に発生した振動速度で割った値をいう．本書では，5.3.2の床衝撃音遮断設計等で用いている．駆動点インピーダンス Z_b（dB）は，床板の場合，次式で示すように力と速度の比を表すことから対象とする床板の振動に対する抵抗の程度を表しており，便利な物理量として利用されている．

$$Z_b = \frac{F_{rms}}{V_{rms}} = 2.31 \, C_l \, \rho \, h^2 \quad \text{（kg/s）} \quad \cdots\cdots\cdots\cdots\cdots\cdots\text{（式 14.34）}$$

ここで，

　F_{rms}：衝撃力の実効値（N）
　V_{rms}：振動速度の実効値（m/s）
　C_l：部材中の縦波伝搬速度（m/s）
　ρ：部材の密度（kg/m^3）
　h　：床板の厚さ（m）

4) 振動加速度レベル（vibration acceleration level）：VAL

　振動の物理的大きさを表す指標であり，物理量として振動加速度を用いて表現したものである．本書では室内壁面からの音の放射等，固体音の計算や対策などに用いている．

$$VAL = 20 \log_{10} \left(\frac{\alpha_{rms}}{\alpha_0} \right) \quad \text{（dB）} \quad \cdots\cdots\cdots\cdots\cdots\cdots\text{（式 14.35）}$$

ここで，

　α_{rms}：振動加速度実効値（m/s^2）
　α_0　：振動加速度の基準値（10^{-5} m/s^2）

5) 振動レベル (vibration level)：VL

物理的な式は 4) の振動加速度レベルと同じであるが，振動加速度として図 14.18，14.19 に示すような振動感覚補正を行った振動加速度を用いているところが異なる．この物理量は，振動に対する恕限度や振動障害の判断基準等に関連して広く用いられている．

$$VL = 20 \log_{10} \left(\frac{\alpha_{w,rms}}{\alpha_0}\right) \text{ (dB)} \quad \cdots\cdots\cdots\cdots\cdots\cdots\cdots\cdots\cdots\cdots \text{(式 14.36)}$$

ここで，

VL ：振動レベル (dB)

$\alpha_{w,rms}$ ：振動加速度実効値に振動感覚補正を行った振動加速度 (m/s^2)

α_0 ：振動加速度の基準値 (10^{-5} m/s^2)

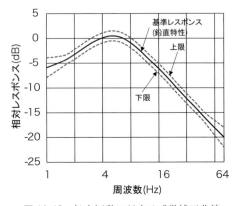

図 14.18 鉛直振動に対する感覚補正曲線

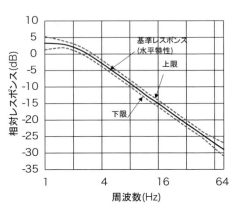

図 14.19 水平振動に対する感覚補正曲線

引用・参考文献

14-1) 難波精一郎，桑野園子：衝撃音のラウドネス，騒音制御，vol.13，No.6，pp.297-302，1989.12

14-2) 日本建築学会編：建物の遮音設計資料，p.96，技報堂出版，1988

14-3) 日本音響材料協会編：建築音響シリーズ 材料編1 吸音材料，pp.35-36 56-57，技報堂出版，1976

集合住宅の音に関する紛争予防の基礎知識

2016年7月25日　第1版第1刷

　　　　　　編集著作人　一般社団法人　日本建築学会
　　　　　　印 刷 所　株式会社　愛　甲　社
　　　　　　発 行 所　一般社団法人　日本建築学会
　　　　　　　　　108-8414　東京都港区芝5-26-20
　　　　　　　　　　　電話（03）3456－2051
　　　　　　　　　　　FAX（03）3456－2058
　　　　　　　　　　　http://www.aij.or.jp/

　　　　　　発 売 所　丸善出版株式会社
　　　　　　　　　101-0051　東京都千代田区神田神保町2-17
　　　　　　　　　　　神田神保町ビル
ⓒ 日本建築学会 2016　　電話（03）3512－3256

ISBN978-4-8189-4502-9 C3352